Allerliebste Zeit
… mit Gott

**Gebete, Rituale und Andachten,
die Deiner Seele guttun**

Marija Hardenberg

© tao.de in: J. Kamphausen Mediengruppe GmbH, Bielefeld

1. Auflage (2014)

Autor: Marija Hardenberg
Umschlaggestaltung, Illustration: menschenklang.com
Umschlagfoto: menschenklang.com
Lektorat, Korrektorat: Sabine Kopp
Printed in Germany

Verlag: tao.de in: J. Kamphausen Mediengruppe GmbH, Bielefeld
www.tao.de, eMail: info@tao.de Bibliografische Information der Deutschen
Nationalbibliothek:
Die Deutsche Nationalbibliothek verzeichnet diese
Publikation in der Deutschen Nationalbibliografie;
detaillierte bibliografische Daten sind im Internet über http://dnb.d-nb.de abrufbar.

ISBN: 978-3-95529-344-4

Das Werk, einschließlich seiner Teile,
ist urheberrechtlich geschützt.
Jede Verwertung ist ohne Zustimmung des Verlages unzulässig.
Dies gilt insbesondere für die elektronische oder sonstige
Vervielfältigung, Übersetzung, Verbreitung und sonstige
Veröffentlichungen.

Inhalt

Prolog 9

Ein Lebensweg zur „Allerliebsten Zeit" 11

Einführung – Glückliche Chancen für uns Christen 20

    Christliches „Damals" und christliches bewusstes „Heute" 20

    Sind wir alle Sünder? 21

    Es geht nicht um die Ablehnung der Kirche 23

    Darf man Gebete verändern? 25

Zwischengedanken – Ein bewegtes Herz 29

    Das Buch möchte Dich bewegen 34

Kapitel 1
– Unsere Ursprungsgebete 37

    Das Gebet – Hinwendung zum Göttlichen 37

    Alte Gebete, zeitgemäß betrachtet 41

    Die Wirkung der alten Gebetspassagen 43

        Das Vater unser 43

        Gegrüßet seist Du, Maria 52

        Ehre sei dem Vater und dem Sohn 54

        Herr, ich bin nicht würdig 54

Kapitel 2
– Beten in Bewusstsein und Stimmigkeit 56

    Der Unterschied zwischen Seele und Ego 57

    Beten ohne Ego 59

    Das seelische Einmaleins in Kürze 62

    Das seelische Vater unser 71

    Das seelische „Gegrüßet seist Du, Maria" 88

    Herr, ich bin es würdig 90

    Das seelische „Ehre sei dem Vater" 94

Das Kreuzzeichen 95
Die Seelenmeditation 97

Kapitel 3
– Gott bei Dir zu Hause 99

Gotteshäuser 100
Gott ist bei Dir zu Hause – „Raum der Allerliebsten Zeit" 101
Dein Gebetsplatz, Dein „Heiliger Raum" 102
Dein Altar 103
Dein Seelenbuch 105
Das ewige Licht und andere Kerzen 107
   1. Das ewige Licht 108
   2. Deine Seelenkerze 110
   3. Die Gotteskerze 112
   4. Die Anliegenkerze 112
   5. Weihe der Kerzen für andere Menschen 114
   6. Kerzen für die Seelen Jesu und Marias und für die Engel 115
Kerzen für den Jahreskreis 116
Geliebte Devotionalien 118
Weihen und Einsatz von eigenen Devotionalien – Buch, Kerzen,
Rosenkranz und andere Gegenstände 120
Persönliches Weihwasser 122

Kapitel 4
– Deine „Allerliebste Zeit" 127

Beten bewirkt etwas 127
Das Gebet „einzeln" praktizieren 129
Das Gebet in der Sorge und Not 130
Das Gebet in der bewussten Achtsamkeit 131
Das Kurzgebet 132
Gebetsrhythmen 133

Der Rosenkranz – intensiver Gebetsrhythmus für Deine Anliegen 144

Kapitel 5
– Segen und Segnen 159

Deine Segenskraft aktivieren 159

Vorschlag für Deine Segnungen 163

Segne Deine Werte 166

Regelmäßige Segensrhythmen 169

Persönlich gestalteter Segensrhythmus 169

Morgensegen 172

Abendsegen 176

Dein großer Lebenssegen 178

Kapitel 6
– Seelenandacht – Gebet und Lebensreflexion 184

Messen und Andacht „damals" und „heute" 184

Deine Seelen-Andacht an Sonntagen 185

Dein Sonntagsleben neu erleben 186

Die Seelenandacht 187

Deine Stunde der Andacht für den beginnenden Monat 200

Kleine Andacht zur Geburt eines Menschen 200

Dein Geburtstag mit Gott – Geburtstagsandacht 205

Kleine Andacht für einen Verstorbenen 208

Kapitel 7
– Allerliebste „Festtags-Zeiten" im Jahreskreis 213

Feste im Jahreskreis 213

Der Advent – Der seelische Adventskalender 215

Die Adventssonntage – Der Adventskranz 227

Weihnachten teilen mit Liebe und Bewusstsein 229

Ankommen im Seligen 229

Deine persönliche Weihnachts-Andacht 233

Die Weihe Deiner Weihnachtskerze 238

Neubeginn des Jahres – Lebensthemen klären 239

Ablauf der Silvester-Seelenandacht 240

Teil 1 – Jahresrückblick 241

Teil 2 Deiner Silvester Seelen-Andacht – „Das neue Jahr" 250

Fastenzeit – Das Ego-Fasten 256

Karfreitag und Ostern 264

    Auferstehung Deiner Seele – Fest der Befreiung aus Deinem Ego 264

    Das Osterlicht wird entzündet 264

    Das Osterritual 265

    Ostern 268

Pfingsten 273

    Ausgießung des Heiligen Geistes – Impulsfest des beseelten
Menschen 273

    Deine Seelen-Pfingstandacht 274

Kapitel 8
– Dein Leben mit der „Allerliebsten Zeit" 279

    Schöne Zeit! 279

    Guten Morgen, lieber Gott – „Göttliches Aufwachen" 281

    Guten Abend, lieber Gott – „Göttliches Einschlafen" 285

Leben mit Gott 289
Über die Autorin 290
Dank und Widmung 291

Prolog

Niemals wird die Liebe vergehen.
(1. Korinther, 13.8)

Für Dich!

Der Geist dieses Buches trägt Leidenschaft in sich:

Es möchte Dein Sehnen nach spürbarer Nähe und Klarheit zu Gott zutiefst stillen. Es möchte Gott für Dich greifbar und erfahrbar werden lassen und Dein Herzblut für unsere christliche Tradition zum Pulsieren bringen.

Mit Deinem Bewusstsein, Einfachheit und Liebe!

Marija

Der gute Hirte
Ein Psalm Davids

Der Herr ist mein Hirte,
mir wird nichts mangeln.
Er weidet mich auf einer grünen Aue
und führet mich zum frischen Wasser.
Er erquicket meine Seele.
Er führet mich auf rechter Straße um seines Namens willen.
Und ob ich schon wanderte im finstern Tal, fürchte ich kein Unglück;
denn Du bist bei mir, dein Stecken und Stab trösten mich.
Du bereitest vor mir einen Tisch im Angesicht meiner Feinde.
Du salbest mein Haupt mit Öl
und schenkest mir voll ein.
Gutes und Barmherzigkeit werden mir folgen mein Leben lang,
und ich werde bleiben im Hause des Herrn immerdar.
(Übersetzung Lutherbibel)

Ein Lebensweg zur „Allerliebsten Zeit"

„Ich bin ja ein Mensch, der durch keinerlei Schulwissen über äußere Dinge unterwiesen wurde. Nur innen in meiner Seele bin ich unterwiesen."
(Hildegard von Bingen)

Als ich ein kleines Mädchen war, gehörte meine größte Liebe dem „lieben Gott".

Sicher habe ich bereits mit sechs oder sieben Jahren ungewöhnlich viel Zeit im Gotteshaus, unweit meines Zuhauses, verbracht. Wobei der Begriff „Zuhause" bei meinen Eltern schon damals nicht für mich stimmte.

Ich hatte nicht so viel „Glück" mit meinem Vater und meiner Mutter, die deshalb ganz gut zusammenpassten, weil jeder für sich weder etwas mit Liebe oder Nächstenliebe noch Elternliebe zu tun hatte. Leider hatte ich nicht einmal Geschwister. Meine Eltern setzten meiner Kinderseele regelmäßig mit gelebter Kälte, entwürdigenden Worten, Ignoranz, Verurteilungen und Schlägen zu.

Das war kein Zuhause!

Also verzog ich mich, sobald es mir möglich war und immer wenn ich Ruhe und Kraft, ja auch kindlichen Glauben an das Leben schöpfen wollte, in das nächste Gotteshaus. Mit der Institution „Kirche" hatte ich nichts zu schaffen und machte mir auch keine Gedanken darüber.

Ich besuchte, wann immer es ging, zum Beispiel am Samstagabend die Vorabendmesse und am Sonntag die zwei Vormittagsmessen und auch noch die Abendmesse, denn „zu Hause" hatte ich nichts zu verlieren und leider auch keine Liebe oder Mitgefühl zu erwarten.

Da war es in der Kirche – beim „lieben Gott" – viel, viel besser.

Am liebsten war ich mit „ihm, Maria und Joseph und Jesus" alleine. Wenn es keine Messe oder ein anderes „Programm" gab, kein Mensch oder nur vereinzelte Menschen in der Kirche waren, fühlte ich mich am wohlsten und Gott am nächsten.

Du bist mein Kind.
(Apostelgeschichte 17.28)

Ich war so froh, als Kind, dass ich den „lieben Gott" an meiner Seite hatte. Meine Geschenke an ihn waren zahlreiche Teelichter, die ich in der Kirche von meinem Taschengeld kaufte, um auch zwischendurch ein Licht für meine Bitten an den „lieben Gott" anzünden zu können.

Und ich betete so inbrünstig für ein besseres Leben, ohne eine Idee oder eine Ahnung davon zu haben, wie das wohl in meinem Fall, mit diesen Eltern, aussehen könnte.

Ohne meine damalige, regelmäßige Zuflucht zu Gott im Gotteshaus hätte ich sicher die Kaltherzigkeit meiner Eltern nicht überlebt. Spürbare, ja wirklich schon als Kind spürbare Wärme fand ich bei meinem „lieben Gott" in der Kirche. Da konnte mir nichts geschehen, zumal meine Eltern keine Kirchengänger waren und andererseits bekennend froh, wenn sie mich nicht sehen „mussten".

Zwischen Stimmigkeit und Unbehagen
Ich war eine Mischung aus einem introvertierten, lustigen, neugierigen und gleichzeitig einem ernsten Kind. Ich nahm Worte von Menschen und gerade Worte in der Kirche sehr ernst. Ich war allerdings auch ein kritisches Kind (weil ich die Dinge eben ernst nahm) und so kam ich schon ziemlich früh in ein regelrechtes Unbehagen mir selbst gegenüber, während des Erlernens der Grundgebete und der Messen mit ihren Gebeten und Riten.

Andererseits gaben mir diese christlichen Gebete und Riten Sicherheit. Und „lieben" soll man bedingungslos, hatte ich in den Messen gelernt, also auch die Gebete und Worte, die ich währenddessen nach alter Tradition zu sprechen hatte.

Doch es zwickte mich schon als kleines Mädchen! Es gab immer diesen komischen Beigeschmack in mir, wenn ich gebetet hatte „Herr, ich bin nicht würdig, dass Du eingehst unter mein Dach …", denn wie gesagt, ich nahm es ja mit den Worten des Herrn oder des

Gotteshauses ernst und fragte mich immer wieder „Warum bin ich es nicht würdig?" Ich suchte nach Gründen, die dieses in meinem Gebet bestätigen würden.

Dann ging es weiter, indem ich zum Beispiel sprach „Durch meine Schuld, durch meine Schuld, durch meine große Schuld".

Ich erinnere mich so gut daran, wie ich innerlich förmlich verzweifelte, weil ich so etwas sagen musste, während es doch schon mein kindliches Bestreben war, in keinem Fall etwas zu machen, was eine Schuld auslösen würde. Aber da ich es ja betete, musste es wohl die Wahrheit sein, denn der „liebe Gott" sagt nur die Wahrheit, war schon damals meine feste Überzeugung. Ich fühlte mich, besonders nach dieser Wortpassage, hundsmiserabel, weil ich es vor mir selbst nicht verstand oder erklären konnte.

Genauso war es mit dem „Vater unser" und den Worten „Und vergib uns unsere Schuld, wie auch wir vergeben unseren Schuldigern und führe uns nicht in Versuchung, sondern erlöse uns von dem Bösen". Also es musste wohl die Wahrheit sein, dass ich Schuld hatte.

Schon früh „schuldlos schuldig"

Während ich im Alltag als Kind darauf achtete, liebenden und warmen Herzens durch die Welt zu gehen und es in jedem Fall anders zu machen als meine Eltern, ging es mir nach so einem Gebet, besonders in der Messe, nicht gut. Ich überprüfte stets, wo ich wohl jetzt „Schuld" hatte. Und ich saugte mir fast schon, aus schlechtem Gewissen, dass ich keine Schuld finden konnte, die Schuld aus den Fingern, indem ich eben keine Schuld finden konnte, was vielleicht schon die Schuld an sich war.

Jedenfalls war es so, dass mein Grundgefühl mir selbst gegenüber innerhalb der Messen, während der Passagen, sich anders entwickelte, als in Geborgenheit und Freude, mehr in Unwohlsein und Ratlosigkeit.

Wandte ich mich dann an Maria, betete ich mit sechs Jahren bereits für meinen Tod und empfahl mich Maria, für die Stunde meines Todes vor Gott ein gutes Wort für mich einzulegen. Ich sollte also schon jetzt an meinen Tod denken und für ihn beten.
Doch selbstverständlich versuchte ich – trotz Beigeschmacks – mich so gut es ging anzupassen und darüber, was mir so unstimmig erschien, hinwegzugehen. Immerhin beteten es alle, sagten es alle, leierten es alle, murmelten es alle. Da musste ja dann etwas dran sein, erklärte ich mir selbst diese Sache. Und dann war da wieder meine Genauigkeit mit den Worten …

Also, doch am liebsten mit „dem lieben Gott" alleine in der Kirche, sagte ich mir im Laufe der Zeit und ging immer seltener in die Messen. Ich habe bis zu einem bestimmten Punkt sicher tausende Mal das „Vater unser" und auch das „Gegrüßet seist Du Maria" in seiner alten Form gebetet und ein ganzes Fußballfeld (oder sogar zwei) an „Kerzenlichtern" in den unterschiedlichsten Gotteshäusern entzündet. Und ich habe es geliebt, es war mein Zuhause, es war meine einzige Zuversicht und es war mein Trost. Die leisen Gespräche mit Gott waren meine „Allerliebste Zeit", ebenso wie mit Jesus und Maria, vor deren Skulpturen in der Kirche ich stand oder saß. Heute würde man sicher sagen, ich habe Kontakt „mit der geistigen Welt" aufgenommen.

Neue Alternativen – weg von meinen Wurzeln?
Parallel dazu verging mein Unwohlsein darüber nie so ganz. Ende der achtziger Jahre kam zu den sakralen Riten der Kirche eine sich mehr und mehr entwickelnde „esoterische Welle" auf. Ein Angebot an all die Menschen, die sich in der Kirche und deren Worten nicht mehr zu Hause fühlen konnten oder auch wollten. Ein Angebot von Meditation bis hin zu Energieeinweihungen, Engelarbeit und Orakelsets, unzählige esoterische Ratgeber – es überschlugen sich die Angebote und sie versprachen, auf die eine oder andere Weise, göttliche Essenz.

Mittlerweile besuchte ich nur noch selten Messen und schaute mich auch im Esoterikbereich um, ob mich hier etwas essentiell seelisch erfüllen und bereichern könnte.

Als meine Kinder geboren waren, wurden sie selbstverständlich getauft und auch in meinem Sinne christlich erzogen. Im Sinne der Nächstenliebe und was diese praktisch bedeutet. Ich vermittelte ihnen das religiöse Leben, indem ich mit ihnen betete nach alter Tradition, Tisch- und Abendgebete sprach, ja, und mit ihnen zur Sonntags- oder Festtagsmesse spazierte.
Ich ging nach wie vor gerne in Gotteshäuser, so gerne.
Bei allen Bemühungen überkam mich jedoch immer wieder der alte Beigeschmack bei den Worten „Unwürdig, Sünder, Schuld …" und dergleichen.

Deshalb hörte ich auf, an den entsprechenden Passagen mitzubeten. Und wenn ich etwas wusste, dann, dass meine Kinder es „würdig" waren, dass Gott bei ihnen eingehen kann. Irgendwie ging es innerlich in mir und mit der Kirche bergab. Auch mit den Gebeten und dieser gesamten Unstimmigkeit.
Ich war ein bewusster Mensch geworden, nahm es mit dem Leben und der Liebe ernst, mein Wort galt und damit hatte ich gute Erfahrungen gemacht. Und hier, beim Beten, als Christin, sollte ich das „Wissen" über den Haufen werfen und mich in „Unbewusstheit" wiegen, weil es so verlangt, üblich oder anderen Menschen egal war.
Ich spürte einen Schmerz in mir. Den auftretenden Schmerz, dass, wenn ich es aus Selbsttreue nicht über mein Herz bringe, die Wortunstimmigkeiten in den Gebeten weiterhin zu sprechen, es die Konsequenz zur Folge hätte, dies alles loszulassen. Und damit für mich „den lieben Gott" loszulassen, wie er mir in Kindertagen schon so nahe war.

Ich habe Pläne für Dich,
die voller Zukunft und Hoffnung sind.
(Jeremia, 29.11)

Da ich mich auch als Vorbild für meine Kinder sah und ich ihnen beibrachte, nicht zu allem „Ja" und „Amen" zu sagen – und über das, was sie sprechen und ob sie diese Worte sagen wollen, auch nachzudenken – musste ich mich von dem „alten" christlichen Leben und den Gebeten sehr schweren Herzens abwenden.

Es ging so nicht mehr weiter.

Und ich vergaß immer mehr mein sakrales, christliches Leben. Ich vergaß sogar die Gebete. Ich vergaß nicht den „lieben Gott" – den konnte ich nicht vergessen. Aber ich konnte ihn auch nicht durch eine esoterische „Alternative" gleichermaßen finden oder in Andacht und Meditation „einbauen".

Mein Preis?
Muss ich denn immer – weil ich in Wahrhaftigkeit, Liebe und Authentizität leben und geben will – einen Preis zahlen? Hier den Preis, sakrales Christsein aufzugeben? Ein großes Bedauern über diese Ausweglosigkeit breitete sich in mir aus.

Es dauerte etwa 10 Jahre, die ich nicht mehr intensiv gebetet hatte und wo ich mich bemühen musste, die Texte der Gebete überhaupt noch zusammenzubekommen. Das fand ich traurig und es gab viele Menschen in meinem Umfeld, die so wie ich empfanden, sakrales Christsein vergaßen und sich von der Kirche und ihren Relikten abgewandt hatten.

Ich konnte es jedoch nicht einsehen, dass es für den modernen Menschen keine Möglichkeit geben sollte, nicht doch eine Form zu finden, in der sakrales, traditionelles, christliches Beten möglich wäre.

Ein Stoßgebet gen Himmel brachte den Durchbruch. Ich betete an „den lieben Gott", „Jesus und Maria", *„Es kann doch nicht Eurer Wunsch sein, dass ich mich selbst so niederbeten muss, um mit Euch zusammen sein zu können"*.

Mittlerweile war es aufgrund der „Bewusstseinswelle" ja förmlich klar, dass dieses Sich-selbst-klein-Reden nicht gesund sein konnte. Ebenso wenig wie negative Gedanken oder Gefühle aller Art zu hegen.
Aber ich spürte meinen tiefen inneren Wunsch und Ruf, mich meinem sakralen und wahren christlichen Leben wieder öffnen zu wollen. Das praktizieren zu wollen, was mir als Kind so viel gegeben hatte.
Ja, ich wusste, ich bin ein freier Mensch und ich habe einen freien Geist. Doch mich da heranzutrauen, die Gebete an den Stellen kraftspendend und seelisch-logisch zu verändern, zum Wohl der Menschen, das kam mir wie „Blasphemie" vor, unanständig, wie Überheblichkeit und Arroganz. Einfach ein altes Grundgebet zu ändern, was seit Jahrtausenden rezitiert wird. Das war eine Nummer für sich.

Sakrale Freiheit

Es dauerte bestimmt zwei Jahre, in denen ich diese Frage in meinem Herzen bewegte, und ich entschied mich, wie Du lesen kannst, für die Wahrheit im Gebet – für die Kraft im Gebet, die Logik im Gebet zwischen Gott und dem Menschen und für das neue Bewusstsein als Betende. Eine Wahrheit, die mit ihren Worten vor Gott nicht nur Worte ausspricht, sondern auch eine Lebenshaltung mit *folgenden* Lebenstaten gemäß dem Gebet dokumentieren will.
Vom gläubig Betenden zum wissenden, handelnden Betenden.
Dafür habe ich mich entschieden und es ging mir, als dieser Punkt der inneren „Einsicht und Toleranz" für diese Stimmigkeit im Gebet gekommen war, sehr, sehr gut. Es war die Toresöffnung für mich, wieder zu beten, was ich so sehr liebte, und sakral zu leben, wie ich es nirgendwo in der Esoterik fand. Ich bin eben eine Christin, aber eine moderne und bewusste Christin.
Und ich will nicht alleine bleiben, so als moderne, bewusst betende Christin. Ich möchte mit Dir und vielen Menschen neu beten, weil wir so beten *dürfen*, heute, mehr als 2000 Jahre nach Christi Geburt.

Ich will beten, das Christliche, um es zu bewahren und zu behalten, um es zu verbreiten und es wieder spirituell „attraktiv", ja zeitgemäß zu machen. Und ich möchte mich dafür nicht verurteilen lassen von denen, die lieber „Sünder" oder „schuldig" sind und sich weiterhin als „unwürdig" vor Gott beschreiben wollen.

Es ist, wie es ist.

„Ich hab Dich lieb, lieber Gott."

Marija

Von guten Mächten wunderbar geborgen

Von guten Mächten wunderbar geborgen,
erwarten wir getrost, was kommen mag.
Gott ist bei uns am Abend und am Morgen
und ganz gewiss an jedem neuen Tag.

(Dietrich Bonhoeffer)

Einführung – Glückliche Chancen für uns Christen

*Gottesliebe ist die Liebe zur Entwicklung. Du hast die Ehre,
Dich in Deinem Leben seelisch zu entwickeln, zum Wohle der Welt.*
(Marija)

Christliches „Damals" und christliches bewusstes „Heute"

Lange Zeit wurde das Gottesbild des strafenden Gottes vermittelt, eines Gottes, der verflucht und ein streng prüfender Gott ist. Eines Gottes, der bestimmte Personen oder Personengruppen aus dem Gotteshaus verbannt, welche entgegen der gottesfürchtigen Moral gelebt oder gehandelt hatten. So zum Beispiel geschiedene Menschen, unverheiratete Menschen mit unehelichen Kindern, Menschen, die Ehebruch begingen, die abgetrieben haben, die gleichgeschlechtlich liebten, die dem widersprachen, dass die Sonne sich um die Erde drehe, die laut vorherrschender christlicher Lehre einen Akt des Unglaubens begingen und somit exkommuniziert werden mussten. Menschen, die sich, entweder „nachweislich" oder nach Priestermeinung und Denunziation, nicht an die 10 Gebote hielten.

Die Menschen beteten flehend zu Gott und sie überprüften nicht, was sie da beteten. Ihr Bewusstsein und ihre Erziehung waren nicht im Mindesten so angelegt, dass sie auf die Idee hätten kommen können oder dürfen, das Gebet und seine Form infrage zu stellen oder die Regeln der Institution an sich. Sakramente und Rituale wie die Beichte wurden genommen, um ein Gefühl zu erlangen, sich entlasten zu können von den vielen Sünden, die man beging.

Sind wir alle Sünder?

Das Spektrum möglicher Sünden war zahlreich und erst recht nicht immer logisch. Die Sünde, etwas gedacht zu haben, was nicht gut oder in den Augen der Kirche unkeusch war. Die Sünde, etwas verloren zu haben, was wichtig war, die Sünde, sich uneingeschränkt und „grundlos" gut gefühlt oder etwas genossen zu haben, ohne des Herren zu gedenken. Die Sünde, bei Tisch während des Essens gesprochen zu haben, die Sünde, gegen Bestrafung aufzubegehren, selbst, wenn sie „himmelschreiend" ungerecht war. Die Sünde, dem Manne, dem höheren Stande oder dem Klerus gegenüber anders als unterwürfig begegnet zu sein – vergessen zu haben zu kochen – was auch immer man für Sünden beging und in sich trug, es ging stets um Sünde und darum, ein Sünder zu sein.

Es wurde nicht in Erwägung gezogen, überprüfen zu können: „Habe ich verantwortungslos gehandelt oder verantwortlich?" Nein, es wurde von Sünde gesprochen.

Der Mensch redete sich rituell regelmäßig ein, dass er eben Sünder sei (das ist sogar im Kirchen-Kanon enthalten: Du bist sowieso Sünder, per se, aus Deinem Menschsein heraus, nur Gott in Jesu Christi kann Dich erlösen. Stichwort „Erbsünde").

Dass er nicht würdig sei, dass er dadurch nicht wertvoll sei, geliebt zu werden, dass er nur die Möglichkeit habe, zu flehen und Gott zu bitten, er möge ihn erhören. Man stellte Opferkerzen auf, um mit dem Opfer der Kerze sein Anliegen noch stärker zu bekunden.

> *Ich freue mich so sehr über Dich,*
> *dass ich nur jubeln kann.*
> *(Zefania, 3.17)*

Abhängigkeit wurde in dieser Zeit des spirituellen Lebens sehr stark kultiviert und das Bild von Gott etabliert, dass er intolerant sei und nur mit einem Menschen kommuniziere oder Dinge für diesen erfülle oder füge, wenn dieser sich deutlich unterwürfig gebe, sich selbst deutlich als unwürdig erachte und bereit sei zu flehen. Dies alles ohne Bewusstsein, im Gefühl der Machtlosigkeit und „Schicksalsergebenheit" und Hörigkeit, ohne jedes Wenn und ohne Aber.

Was *ist* die Wahrheit? Leiden, Entbehrung, Selbsterniedrigung, Verurteilung?
Viele Menschen wissen bereits jetzt von der negativen Wirkung negativer Gedanken oder negativer Gefühle. Wenn man sich vorstellt, wie oft und wie viel die Menschen das christliche Beten nach alter Form und sakralen Riten praktizierten, in denen immer wiederholt wird, dass sie schuldig, sündig, unwürdig sind, so lässt sich schnell erdenken und sogar erfühlen , wie dieses auf das Unterbewusstsein des Menschen und seinen Selbstwert einwirkt. Es ist leicht zu verstehen, warum Menschen vor Gott eingeschüchtert und abhängig davon wurden, dass ein Dritter – hier ein Geistlicher und „Vertreter Gottes" – die Beichte abnimmt oder bestätigt, durch Buße könne man seine Schuld verringern.

All dies hat nichts mit wahrer Demut zu Gott zu tun. Denn Demut ist eine Größe Deiner Seele und bedeutet vor Gott nichts anderes, als Dir seiner göttlichen Allmacht und seines göttlichen Wirkens für Dich bewusst zu sein und ihn dadurch zu ehren, ohne Dich zu unterwerfen.

Angst vor sakraler Autorität
Es ging in der damaligen Zeit nicht darum, sich spirituell – mit dem Kern seiner Seele und mit Bewusstsein – zu entwickeln. Es ging darum, in einem spirituellen Rahmen zu bleiben. In einem Rahmen, der für die scheinbaren Gottesvertreter überschaubar war. Und man verwechselte Hingabe zu Gott mit Unterwerfung zu Gott. Es galt, den „gepredigten" Gott oder das Bild, das man von ihm erschaffen hatte, nicht infrage zu stellen, um Gott nicht zu erzürnen und damit vielleicht Schicksalsschläge auszulösen.

Es galt ebenso, Geistliche nicht zu erzürnen, die in der Hierarchie der Betenden, als „Geweihte" gegenüber dem einfachen Bürger in einer Autoritätsposition standen. Man unterstellte dieser Personengruppe, viel mehr über Gott und die dahinterliegenden Gesetze zu wissen und stets in Gottes Sinne zu handeln, da sie immerhin die von der Institution Beauftragten waren und von ihr geschult wurden.

Es geht nicht um die Ablehnung der Kirche

Mir ist es sehr wichtig zu erwähnen, dass meine Beschreibungen hier mehr für den *einzelnen Beter* und sein Verhältnis zu sich selbst und Gott stehen. Oder dass sie das, was zwischen ihm und Gott steht (ausführende Geistliche), betreffen.

Die Institution Kirche mag besonders in den letzten Jahren negativ durch deren „Bodenpersonal" und deren unseliges Wirken aufgefallen sein.

Dennoch dürfen wir nicht vergessen, dass wir von zahlreichen guten Einrichtungen wie christlichen Schulen, Kindergärten, Altenheimen, sozialen Netzwerken und sozialen Diensten profitieren. Die Kirche hat viele soziale Einrichtungen oder Verbände für das Gemeinwohl ins Leben gerufen und war auch Vorbild für deren Gründungen. *Dies ist jedoch ein sozialer Aspekt und unterscheidet sich sehr vom „einzelnen Menschen mit seinem Gott".*

Lehren von außen statt Schulung des Inneren

Es ging also nicht um die seelische Schulung, wie Gott (und die Heiligen wie Jesus) direkt, außerhalb des erschaffenen Gottesbildes, es für sich und vor sich wirklich praktiziert haben wollten. Mit dem Bewusstsein zur Seele und zur Liebe hin.

Es ging mehr um die menschliche Idee, wie man spirituelles Gut lebt, um etwas kontrollieren zu können – nämlich den Menschen, den Betenden. Macht haben zu können über den Menschen und Beter und dabei auch von ihnen Nutzen zu haben, menschlich oder materiell. Das haben diese Beter, die nichts infrage gestellt haben (wer stellt schon infrage, wenn das Ergebnis die sichere, ewige Verdammnis ist!) und unbewusst blieben, mitpraktiziert. Auch wenn es um das einfache Praktizieren des „Vater unser" oder des „Gegrüßet seist Du, Maria" ging.

Für die Zeit des Mittelalters und auch noch im 20. Jahrhundert mag diese Art der Gottesbetrachtung und die Praktizierung der Gebete mehr oder weniger in Ordnung gewesen sein – somit auch die Worte der Gebete. Doch ist dies nicht mehr in unserer heutigen, bewussten Zeit so gegeben. Wir, die wir geistig wache Menschen sind und uns seelisch entwickeln können durch gelebte Werte, wissentlichen Selbstwert und durch Warmherzigkeit sowie Verständnis für- und miteinander. Unsere Zeit ist, im Vergleich zum Mittelalter in unserer westlichen Kultur, ja zum letzten Jahrtausend, zwischenmenschlich milder und gerechter geworden.

Dürfen wir deshalb nun auch beginnen, unsere christlichen Grundgebete milde und gerecht für die heutige Zeit zu formulieren? Ist alles unumstößlich festgelegt durch die Liturgie?

Die Liturgie umfasst das gesamte gottesdienstliche Geschehen: Gebet, Lesung und Verkündigung, Gesang, Gestik, Bewegung und Gewänder, liturgische Geräte, Symbole und Symbolhandlungen, die Spendung von Sakramenten.

Was an Riten wann festgelegt wurde, lässt sich nicht nur kurz umschreiben. So, wie anfänglich laut der Schrift das Abendmahl durch Jesus entstand, wurde es über viele Jahrhunderte in vielen Gemeinden ausgeführt und über die Zeit angepasst, erweitert, verändert. Jedes Mal aufs Neue durch die „Oberhäupter" der Gemeinde mit getragen und weitervermittelt. Die Liturgie war seit jeher der Expertise höchster kirchlicher Kommissionen unterlegen. So auch Gebete und Kontemplation.

Ich selbst habe viele „schöne und feierliche Stunden" in der Kirche und in Messen verbracht und vor der Liturgie Respekt gezeigt. Es ist kirchliche Tradition. Dennoch kann ich mit der Liturgie nicht meine innere Freiheit finden, die meine Seele braucht. Gott ist meine Heimat! Gott ist vor allem auch meine Freiheit.

Darf man Gebete verändern?

Was passiert, wenn wir uns die Freiheit nehmen, die Gebete zu verändern? Selbstverständlich voller Achtung vor dem Ursprung, vor Gott Vater, Sohn und dem Heiligen Geist? Werden wir dann belächelt, verurteilt, nicht verstanden?
Oder ist das Ganze schon so altmodisch, dass selbst mit der Veränderung bestimmter Riten die christliche Tradition keine Chance mehr hat, weil der Christ keine Chance für sich in seiner seelischen Entwicklung erkennen kann? So wie bei anderen „spirituellen" Richtungen, Techniken oder Kulturen?

Diese polaren Zeiten, in denen man nur „entweder – oder" kannte, treten „Gott sei Dank" in unserem modernen Leben mehr und mehr in den Hintergrund.

Denn das eine ist, dass ich die Grundgebete und ihr Dasein zutiefst wertschätze und liebe. Das andere ist, dass ich dennoch meine eigene Entwicklung und meinen Wert, ja meine Haltung und mein Wissen gegenüber dem Leben und den Menschen *auch* nicht vor den Grundgebeten „Halt" machen lassen kann. Dies gilt gleichermaßen für meinen tiefen Wunsch, Wahrhaftigkeit zu praktizieren und zu initiieren. Gerade beim Beten und gemeinsam mit Gott.

Leiden als „Königsweg"?
Es wurde im Mittelalter vermittelt, dass, wenn man Jesus nahe sein wollte und auch Maria, man diese Nähe besonders durch selbst zugefügte Schmerzen dokumentierte. Wenn man sich selbst quälte, sei es durch Peitschenhiebe oder Stahlgürtel auf der Haut, wenn man Schmerz spürte und dann den Gedanken an Jesus hatte, war man Jesus nahe. Leidensnähe war sozusagen die Brücke zur Nähe Jesu und auch zu Maria. Im Christlichen ging es nicht darum, den Weg des Glücks einzuschlagen, der Glückseligkeit, der Stimmigkeit, der Freiheit und des Ankommens bei Jesus, Gott oder Maria.

Heute – christliche Freiheit zum Preis von „Rausschmiss aus der Kirche"
Wir leben heute jedoch mit Bewusstsein. Wir sind in der Lage eine Sache, einen Umstand oder einen Menschen objektiv und wohlwollend zu reflektieren. Und wenn Du noch nicht zu diesen Menschen gehörst, darf ich Dir empfehlen, Dich auf den Weg der Freiheit durch Bewusstsein und Reflexion in Deinem Leben zu begeben.

Denn Du trägst diese Kraft und den Geist in Dir, auf Dein Leben schauen zu können und auf das, was Dir im Leben guttut oder auch nicht guttut.

Wir können frei denken und wir dürfen nachdenken.
Wir sind zur Selbstständigkeit gemacht.
Selbstständig, reflektiert und lebenskompetent zu sein,
ist die Ehre des Erwachsenen.
(Marija)

Unsere Zeit hat uns Toleranz geschenkt und sie erlaubt uns, tolerant zu leben, tolerant zu denken und uns in Toleranz auszudehnen. Das bedeutet auch Toleranz als Christ; nicht mehr sich entscheiden zu müssen: Entweder bete ich den alten Brauch mit und gehöre dazu, oder ich erkläre das Ganze für unstimmig und unsympathisch und trete aus den Institutionen aus.

Es gibt viele Menschen, die ihr christliches Herz verleugnen aufgrund dieses „Wenn, dann …" der Religion. Und trotzdem lieben sie bewusst oder unbewusst ihren „lieben Gott" in der traditionellen christlichen Kultur und auch die Aspekte der Feiertage und vieles mehr.

Was glaubst Du?
Zweifelst *Du* vielleicht daran, dass Gott Vater, Jesus und Maria etwa den erhabensten Gedanken in sich tragen, einer jeden Seele Kraft durch ihre Energie und Nähe geben zu wollen?

Zweifelst *Du* daran, dass sie sich jeder Seele in Kraft und Zeichen schenken, um Energie und Impulse während des Gebetes oder einer anderen sakralen Unternehmung zu übertragen?

Genau deshalb, weil es darüber keinen Zweifel in mir und Dir gibt, darf sich das Beten, das Praktizieren der christlichen Bräuche von heute in eine bewusste und lebensverbindliche Form wandeln. Das hat nichts mit der Institution zu tun. Es geht um die christliche Freiheit und um die Erhaltung der spirituellen, guten Tradition – diese in der Freiheit gestalten zu können, in der unsere Gebete und Feste seelisch, stimmig praktiziert und gefeiert werden können. Beten soll Dich ganz und gar, zutiefst und sinnvoll, erfüllen. Beten und christliche Feste feiern soll dich zutiefst berühren, und weil Du mit Deiner Seele und Gott den jeweiligen Anlass feierst, um den es zum Beispiel im Jahreskreis mit seinen Festen geht.

Praktiziere es!

> *„Die Christenheit hat, ohne es recht selber zu merken, das Christentum abgeschafft; daraus ergibt sich, dass, wenn etwas geschehen soll, versucht werden muss, das Christentum wieder in die Christenheit einzuführen."*
> *(Sören Kierkegaard, Die Leidenschaft des Religiösen)*

Du spürst aus Dir heraus, ob Du seelisch größere Stimmigkeit und Bereicherung erleben kannst, durch das Praktizieren der christlichen Tradition – *als Ausgangspunkt, als Anhaltspunkt, als sakraler, ritueller Punkt, Dich in Stille und göttliche Nähe zu bringen*. Oder ob Du sagst: „Ich möchte doch mehr das Buddhistische oder Hinduistische, Esoterische leben". Dann tue dies für Deine Seele. Doch empfehle ich

Dir: Versuche es zunächst mit der „Allerliebsten Zeit". Denn gerade hier gilt: *Warum in die Ferne schweifen; sieh, das Gute liegt so nah.*

Wir stehen in der Ehre, die Tradition so zu praktizieren, dass sie unserem heutigen Bewusstsein und unserem Selbstwert entspricht.

Es ist stimmig, weil wir die Tradition aufrechterhalten und gleichzeitig unserem Selbstwert – und vor allem unserem Bewusstsein – nachkommen können.

Zwischengedanken – Ein bewegtes Herz

Der Göttliche Wille ist Dein seelischer Wille.
(Marija)

Ich habe dieses Buch auf der Basis meiner Erfahrungen geschrieben. Es steht unabhängig von anderen Auffassungen, Auslegungen, theologischen Übersetzungen oder Wissenschaften. Ich erhebe nicht den Anspruch, „recht haben zu wollen" oder „recht zu haben".

Ich habe mich schlicht, jedoch nachdrücklich für meinen „lieben Gott" und das „Seelische" und die Liebe entschieden. Dafür stehe ich.

Und deshalb habe ich für Dich „laut gedacht":

Was gegen dieses Buch spricht?

- Einige Menschen könnten sich „auf den Schlips getreten" fühlen
- Es kann als dreist empfunden werden, dass ein GANZ NORMALER MENSCH (und nicht der Papst oder die Kurie), es „wagt", uralte christliche Dogmen zu ändern, da Erneuerungen und VERBESSERUNGEN vorzuschlagen, die seelisch gelebt, sinnvoll erfahrbar gemacht werden können
- Der Mensch ist in Selbstverantwortung und kann sich nicht hinter seiner Schuld verstecken und sein Opfertum weiter kultivieren
- Schicksalsschläge und Krisen im Leben müssen in Eigenverantwortung betrachtet werden und können nicht mehr auf Gott geschoben werden
- Weltbilder können ins Wanken geraten

> - Die Gebete und Riten, die als gottgegeben und damit unantastbar, unveränderbar gelten – jahrhundertealte Traditionen, die sich durch diese „Verstaubtheit" noch gestärkt hatten – werden „plötzlich" verändert

Was dafür spricht, die Gebete punktuell zu verändern und für die „Allerliebsten Zeiten" zu gestalten:

- Menschen stehen in bewusster Entwicklung und benötigen etwas gültig Sakrales, das sie auf spiritueller Ebene in ihrem Alltag unterstützt
- Gebete, deren Worte dem Leser Kraft geben, ohne den Zwang, dabei unterbewusst einen unreflektiert altertümlich negativen Ursprung in Kauf nehmen zu müssen
- Gebetspassagen, die auch nach dem Beten den Betenden daran erinnern, wie er nach Gottes Geheiß sein Leben leben möge
- Es ist zeitgemäß
- Es würde der Tatsache gerecht, dass eine Gesellschaft sich in jeder Form wandelt und weiterentwickelt, in zeitgeistlicher wie auch in moralisch-ethischer Hinsicht
- Der gesunde Menschenverstand; es lohnt sich, festgefahrene Strukturen infrage zu stellen, Dogmen zu hinterfragen
- Es hilft, tief Verstandenes und alt Bewährtes zu bewahren und sich von unreflektiert negativem Egopotenzial distanzieren zu können
- Die christliche Tradition zugänglicher zu machen, für heutige, moderne Menschen attraktiver zu gestalten
- Den ganzheitlichen Menschen zu achten und seine innewohnende Spiritualität mit Körper, Geist und Seele in seinen Alltag zu integrieren

- Um Bewusstheit und Eigenverantwortung zu stärken, Selbstmacht zu fördern innerhalb guter christlicher Tradition
- Es kann die Schöpfung eines erneuerten Wertebewusstseins und einer Wertepräsenz innerhalb der Gesellschaft fördern
- Es ist grundsätzlich ein Weg, um in christlicher Betrachtung das Wertebewusstsein innerhalb der Gesellschaft zu stärken
- Die Möglichkeit zu haben, individuell, privat und persönlich Christ zu sein, sich unabhängig vom „kirchlich gelehrten" Christentum und doch in tiefer seelischer Tradition zu bewegen
- Um die Seele und Gott dem Menschen noch näher zu bringen
- Gott greifbarer zu machen, erfahrbarer, nachvollziehbarer, nahbarer
- Es beantwortet das seelische Bedürfnis nach positiven Ritualen
- Es würde dabei helfen, die Kraft des Wissens mit dem (selbst-)bewussten Verständnis unserer modernen Welt zu verbinden
- Es würde dabei helfen, das Älteste in uns Christen zu ehren, den Glauben an die Kraft des Göttlichen, was selbstverständlich mit unserer Wahrnehmung vereinbar ist: dass Gott uns den freien Willen geschenkt hat
- Dass wir als wissende, betende Menschen, obwohl im Bewusstsein unserer Selbstverantwortung, das Göttliche ehren können und somit die wahrhaftige Demut vor dem Leben und vor dem Göttlichen ausleben
- Kein Entweder − oder würde mehr zwischen der eigenen Seele und Gott stehen. „Gerade weil" man bewusst ist, kann man sich dem Göttlichen frei anvertrauen
- Gerade, weil man in sich selbst die eigene Handlungsmacht wertschätzen und verantwortungsvoll leben will, kann man

in Ehre und Demut dem Leben gegenübertreten, also dem geschöpften Göttlichen, und offen und frei „bitten"
- Der moderne Christ handelt sehr wohl eigenverantwortlich, sieht sich jedoch dabei im Einklang mit seinem Geschöpftsein aus dem Göttlichen

„Die Größe eines Menschen hängt einzig und allein von der Stärke des Gottesverhältnisses in ihm ab."
(Sören Kierkegaard, Die Leidenschaft des Religiösen)

Bewunderer/Nachfolger

Jesus will keine Bewunderer, sondern Nachfolger.
Die Bewunderer rühmen die großen Taten Jesu
in der Welt von Gestern.
Die Nachfolger wissen, dass Jesus in der Welt von Heute
anwesend sein will.
Die Bewunderer gehen einer letzten Entscheidung für Jesus
geschickt aus dem Wege.
Nachfolger verbinden ihr Schicksal vorbehaltlos
mit dem Schicksal Jesu.
Die Bewunderer sind heute begeistert von Jesus
und morgen von einem anderen.
Die Nachfolger können ihren Herrschaftswechsel
nicht mehr rückgängig machen.
Die Bewunderer fragen: „Was habe ich von Jesus?"
Die Nachfolger fragen: „Was hat Jesus von mir?"
Die Bewunderer sonnen sich gerne und oft
im Glanze Jesu.
Die Nachfolger wenden sich gerne willig
dem Elend der Welt zu.

Nein – Jesus will keine Bewunderer; auf sie kann er verzichten.
Auf Nachfolger nicht.

(Sören Kierkegaard)

Die Liebe eifert nicht für den eigenen Standpunkt.
(1. Korinther, 13.4)

Das Buch möchte Dich bewegen

Zum Beispiel:

- Die Möglichkeit geben, Dich für die christliche Tradition mit dem Bewusstsein eines modernen Menschen öffnen zu können
- Unsere christlichen Traditionen (wieder) schmackhaft machen
- Rituale, Andacht und Gebet inhaltlich erklären
- Inspiration geben, den Sinn des Sonntages wieder wertzuschätzen
- Mitteilen, dass es wichtig ist, dass Du mit Deinem Bewusstsein mit den Gebeten und christlichen Traditionen konform gehen kannst
- In Deine Gebetsstimmigkeit verhelfen. Du darfst im logischen Einklang mit Deinen Gebeten und Riten sein, wenn Du Christliches praktizierst
- Erinnerung an Kindheit wachrufen
- Unsere alten Grundgebete seelisch in Erinnerung rufen
- Bewahrung unserer Grundgebete ermöglichen
- Eine Bestärkung darin geben, wissender Christ zu sein
- Den Weg ebnen, Möglichkeiten kennenzulernen, sein Alltagsleben durch Gebet und Andacht zu komplettieren
- Von Herzen etwas an die Hand geben, aus dem Du erfährst, dass Du in jedem Moment und in jeder Situation Deines Lebens mit Gebet und Andacht etwas für Dich tun kannst
- Einen neuen Blickwinkel der Logik eröffnen, warum es Sinn macht, die traditionellen Gebete punktuell „modern und aufgeklärt" zu verändern

Die „Allerliebste Zeit" möchte Dich bereichern. Sie

- vermittelt Dir ein tieferes Verständnis und christliches Handeln im Jahreskreis
- macht Vorschläge für Deinen „heiligen Platz" bei Dir zu Hause
- ermuntert Dich, zu segnen und mit der Kraft Deiner Seele Devotionalien zu weihen
- erklärt Dir die Bedeutung Deiner Segenskraft
- macht Dich als praktizierender Christ der modernen Zeit selbstbewusst und klar
- frischt Dein sakrales Leben neu auf
- vereint die moderne Zeit mit der „klassischen Spiritualität" unserer Vorfahren
- schaut nicht in die christliche Vergangenheit
- verurteilt nicht
- soll Dir und Deiner Seele guttun
- verfolgt nicht das Ziel, sich mit der Kirche an sich auseinanderzusetzen oder die Kirche infrage zu stellen
- möchte eine Brücke der Hingabe zu Gott für Dich sein
- möge viele Vorschläge, Ideen, Inspirationen für Deinen Gebetsalltag und Gebetsfeiertag bereiten
- macht Dich zu einem erwachsenen Betenden, wissenden Betenden, starken Betenden
- lässt Dich Deine eigene, sakrale Welt (neu) entdecken und gestalten

Das Buch möchte Dich nun einladen zu Deiner „Allerliebsten Zeit" mit Gott!

Erde singe, dass es klinge

Erde singe, dass es klinge,
laut und stark ein Jubellied.
Himmel alle, singt zum Schalle
dieses Liedes jubelnd mit.

Singt ein Loblied eurem Meister,
preist ihn laut, ihr Himmelsgeister;
was er schuf, was er gebaut,
preist ihn laut.

(Johannes Kardinal von Geissel)

Kapitel 1 – Unsere Ursprungsgebete

Das Gebet – Hinwendung zum Göttlichen

*Es ist für Gott „vollbracht", wenn Du
in Deiner Seele erwacht bist.
(Marija)*

Das Gebet ist in unserer westlichen Kultur die älteste und häufigste rituelle Zuwendung zu Gott. Es ist sozusagen der Vorläufer der Meditation. Gebete, besonders unsere christlichen Grundgebete, sind Jahrtausende alt und werden seit Jahrtausenden praktiziert. Sie wurden, überliefert in unterschiedlicher Weise, Auslegungen sowie Sprachen, über alle Jahre verteilt.

Ein Gebet zu sprechen oder immer wieder in einem Gebetsrhythmus zu rezitieren, bedeutet die konzentrierte Hinwendung zu Gott und dem Göttlichen. Dies passiert intensiv, wenn Du in Hingabe und der bewussten Entscheidung diesen (heiligen) sakralen Moment praktizierst.

Beten bedeutet heute, bewusst zu sein und schon lange nicht mehr, blind irgendwelchen Riten zu folgen oder Gebete herunterzubeten, ohne tiefes Verständnis für diese Worte. Es bedeutet auch, Gebetsrhythmen wie zum Beispiel den Rosenkranz nicht mit Geschwindigkeit herunterzuleiern, ohne dabei in die tiefe Verschmelzung mit dem Göttlichen zu geraten.

Die Geistige Welt

Heutzutage spricht man gerne von „der geistigen Welt". In früheren Zeiten war das innige Beten die erste Hinwendung zu dem, was wir heute mit der „geistigen Welt" meinen. Die Ansprache des allgemein Göttlichen, Gottes, der in der Gebetssprache „Vater" genannt wird. Die Hinwendung zu Jesus und Maria und, in einigen Gebeten, auch zu den Engeln. Die praktizierten und weitbekannten Gebete unserer christlichen Kultur halten sich von ihrer Anzahl in Grenzen. Wenngleich sie durch ihre Jahrtausende alte Praktizierung eine große Wirkung auf den Menschen, auf sein Umfeld und den Verlauf seines Lebens mit dessen göttlichen Fügungen haben.

Wir sollten diese *Traditionsenergie der Grundgebete mit ihrer Kraft und Wirkung* in keinem Fall unterschätzen oder übersehen.

Da das negative Denken oder Sprechen einen nachteiligen Einfluss auf unser Gemüt, unser Energiefeld, ja unsere Lebensenergie hat, ist es Zeit, im Gebet erst recht damit aufzuhören. Das Gebet soll uns ja Kraft, Zuversicht und Geborgenheit schenken.

Beten ist nicht gleich beten
Das Beten, wie ich es Dir vermitteln möchte, hat sehr viel mit wirklicher Hinwendung zu Gott zu tun. Sich tatsächlich den Moment, die Zeit für sich selbst und seine Seele zu nehmen. Beten hat nichts damit zu tun, dass Du einfach Gebetssätze hintereinander und bezugslos herunterratterst. Du bist auch nicht automatisch spirituell, weil Du betest.

Vielmehr ist es Deine Haltung im Gebet Gott gegenüber. Dein stimmiges, inneres Einlassen auf das Gebet oder jede andere spirituelle (seelisch ausgerichtete) Praktik sind der Schlüssel für das „spirituelle Leben". *Der Schlüssel dafür, mit Gott zu sein.*

Welche Grundgebete gibt es?
Schauen wir uns die christliche Tradition mit ihren „privaten Ritualen" an, so ist hier alles überschaubar. Angefangen mit den Gebeten, die uns fast allen bekannt sind oder von denen wir auf jeden Fall wissen, dass es sie gibt. So meine ich zu allererst das bekannteste, das „Vater unser". Weitere: Das „Ave Maria", auch „Gegrüßet seist Du, Maria" genannt, das „Ehre sei dem Vater" und das Gebet „Herr, ich bin nicht würdig".

Einige Tischgebete wie „Komm, o Herr, sei unser Gast und segne, was Du uns bescheret hast" sind bekannt. Sowie spezielle Gebete für Kinder: „Heiliger Schutzengel mein, lass mich Dir empfohlen sein, bei allen Nöten steh mir bei und halte mich von Sünden frei, bei Tag und Nacht, ich bitte Dich, behüte und bewahre mich".

Zusätzlich gibt es das sogenannte, praktizierte „Kreuzzeichen", welches mit den Worten „Im Namen des Vaters, des Sohnes und des Heiligen Geistes" gesprochen wird. Auf dieses „Kreuzzeichen" gehe ich später noch ein (S. 95).

Alte Schätze entstauben
In diesem Buch möchte ich zentral auf die vier erstgenannten Grundgebete unserer christlichen Kultur eingehen („Vater unser", „Ave Maria", „Ehre sei dem Vater", „Herr, ich bin nicht würdig"). Diese vier Gebete sind sowohl die am häufigsten gebeteten, als auch die bekanntesten und bilden in den sakralen Momenten, die Du Deiner Seele gestalten und schenken kannst, eine zentrale Rolle.

Sie sind besonders in den letzten Jahren und bei der jungen Generation aufgrund verschiedener Umstände und Entwicklungen in Vergessenheit geraten oder „aus der Mode" gekommen. Immerhin sind diese Gebete, wie sie sind, sehr stark an dogmatische Strukturen und kollektive Regeln vonseiten der Kirchen gekoppelt. Doch immer mehr Menschen wenden sich von der Kirche ab und treten aus der Kirche aus. Eltern, die den Kindern das Beten vermitteln könnten, vergessen unsere Grundgebete oder haben keinen Bezug mehr dazu. Unter anderem wegen der „negativen Texte".

Warum Beten sinnvoll ist
Ich möchte Dich mit diesem Buch gerne an die Hand nehmen, Dein Bewusstsein, Deinen Bezug und Deine Liebe zu unseren Grundgebeten zu weiten und (neu) zu erwecken. Ich bin keine Vertreterin der Kirche. Doch eine Vertreterin für all das, was Deiner Seele guttut und für seelische Entwicklung steht. Und Gebete, ja, Beten, seelisch verstanden und seelisch praktiziert, ist ein Geschenk unserer Zeit. Ein zeitloses Geschenk für jeden Moment in Deinem Leben, jede

Phase Deines Lebens und für jede Generation, die Dir und mir folgen wird. Beten ist immer eine gute Idee und Handlung, wenn man nicht mehr weiß, was man jetzt „noch" machen kann.

Unter anderem mit den sakralen Momenten, die ich Dir mit unseren christlichen Gebeten und bewussten Riten erklären, vorstellen, zusammenstellen und für Dein Leben „überarbeitet" an die Seite geben möchte.

Damit Du sagen kannst: „Ich bin in meine Seele eingetreten" und „Ich bin bei Gott" (statt: „Ich bin der Institution beigetreten oder aus ihr ausgetreten").

Das ist der Sinn eines sakralen Momentes, den Du mit Deinem Bewusstsein und Deiner Hingabe gestalten kannst. Einzutauchen in Deine Seele und bei Gott zu sein. Ganz und gar. Selig.

Konzentriertes Eintauchen in Deine Seele

Beten ist gleichzeitig ein Akt der Konzentration. Einfach durch das Aussprechen und verstehen der Worte, die Du betest und an Gott oder an Jesus, Maria, den Heiligen Geist oder an die Heiligen und Engel richtest.

Die Grundgebete gehen Dir im Laufe der Zeit „in Fleisch und Blut" über und Du kannst diese auch außerhalb eines besonderen, sakralen Momentes zwischendurch für Dich praktizieren.

Hinwendung soll Bewusstsein schaffen

Das Beten ist dazu gemacht, dass es Dir Konzentration und Ruhe schenkt – loslassen vom Alltag, mit dem Wissen, dass Gott in Deiner Nähe ist und gemäß Deiner Entwicklung für Dich Dein Leben fügen und lenken wird.

Und Du Dich immerzu seelisch entwickeln kannst, durch Dein Bewusstsein.

Gott fügt für Dich Dein Leben zum Besten, während Du Deiner seelisch-göttlichen Aufgabe nachkommst, Dein Leben bewusst und reflektiert im Alltag zu leben.

Dein Leben aus Dir selbst heraus mit Warmherzigkeit und Nächstenliebe und Selbstliebe zu gestalten.

Das Beten stärkt Deine Seelenkraft und Dein Bewusstsein, die Dinge des Lebens wahrzunehmen und in Deinem Leben die Dinge des Lebens anzunehmen. Vor allem Dich selbst anzunehmen, so wie Du bist.

Alte Gebete, zeitgemäß betrachtet

Nun kommen wir zu dem Teil, der mich letztendlich dazu veranlasst hat, dieses Buch zu schreiben. Denn die alten Gebete in ihrer alten Form stärken den Betenden meiner Auffassung nach nicht.

Du wirst es im Verlauf der nächsten Seiten lesen können, wie klar ich den vorliegenden „Unsinn", der teilweise in unseren Grundgebeten zu finden ist, benenne. Ich werde mir danach die „seelische Freiheit" nehmen, „von Seele zu Seele", die Gebete in seelischem Sinn für unser heutiges (Selbst-)Bewusstsein wohldosiert zu verändern.

Warum? Unsere Grundgebete sind sehr, sehr alt. Wer sie für die Menschen in die Welt gebracht hat und wie, ist auch heute noch weitgehend unbekannt und vielfach Vermutung. Jesus hat laut Bibel das „Vater unser" den Menschen geschenkt. Doch ist die Übersetzung und Grammatik des Hebräischen unterschiedlich aufgefasst worden und nicht eindeutig, in welchem Bezug Jesus zum Beispiel das „Vater unser" in Gänze als Brücke zum göttlichen Vater meinte.

Unwürdigkeit – ein „Maßstab" tiefen Christseins
Genauso ist es mit dem Gebet „Herr, ich bin nicht würdig". Dieses Gebet wird seit Jahrtausenden unverändert durch Überlieferung gebetet (Überlieferungen können aber auch Vermutungen sein und beispielsweise die Situation, in der dieses Gebet zu Jesus hin entstand, eine nicht gängig übertragbare).

Der Mann, der so zu Jesus sprach, empfand sich selbst, aufgrund seiner hohen Achtung zu Jesus und zu seiner Weisheit, als nicht ebenbürtig. Er wollte Jesus – was Jesus aus meiner Sicht niemals für sich eingefordert oder erdacht hätte – seinen tiefen Respekt und seine tiefe Wertschätzung ihm gegenüber durch diesen Satz zum Ausdruck bringen.

Und so stand dieses Gebet in dieser Form der „Nichtwürdigkeit" da und wurde von Generation zu Generation – ohne darüber nachzudenken – gebetet.

In den meisten Grundgebeten sind Passagen zu finden, die dem Betenden definitiv keine Kraft geben oder seine göttlichen Anteile stärken. Vielleicht war dies so gewollt, vom manipulativen Kollektiv der Kirche, die einen Nutzen daraus hatte, wenn der Mensch sich selbst immer vorbeten musste, wie schuldig, sündig, unwürdig und am Ende – wenn er nicht genug im Laufe seines Lebens für seinen gnädigen Tod bat – verdammt er sei.

Alte Gebetskultur, neu belebt
Es gibt sie: diese tiefe Liebe und Verbundenheit zu unseren Grundgebeten in unserer Kultur. Ich bin mir gewiss, dass diese Liebe und Verbundenheit, bewusst oder unbewusst als Funke in jedem christlich geprägten Menschen existiert. Es ist so eine Art Geborgenheit, die wir über die Grundgebete erfahren, trotz der Passagen, die uns seelisch stören. Diese Geborgenheit möge sich in jedem Fall erhalten wissen und weitergetragen werden, ja weiterhin zur Kenntnis genommen werden.

Es ist wie die Liebe eines Kindes zu seinen Eltern. Selbst wenn die Eltern nicht liebevoll zum Kind waren, so wird das Kind seine Liebe zu den Eltern nicht verlieren und diese weiterhin lieben.

Ich wertschätze die Grundgebete in tiefen, dankbaren, schweren Momenten meines Lebens, ich möchte sie niemals mehr in meinem Leben missen.

Wenn ich einmal sterbe, möchte ich beispielsweise keine „geführte Meditation" an meinem Sterbebett hören, Mantrengesänge oder Affirmationen. Dann ist für mich nur eines stimmig – etwas, das mich mein Leben lang essenziell begleitet hat und von mir Tausende Male praktiziert wurde.

Das sind die christlichen Grundgebete und ich glaube, das gilt für viele Menschen. Sie sind nicht so einfach „ersetzbar", wie vielleicht von manchen gedacht.

Die Wirkung der alten Gebetspassagen

Das Vater unser

>Vater unser im Himmel,
>Geheiligt werde Dein Name,
>Dein Reich komme, Dein Wille geschehe,
>wie im Himmel, so auf Erden.
>Unser tägliches Brot gib uns heute
>*Und vergib uns unsere Schuld*
>*Wie auch wir vergeben unseren Schuldigern.*
>*Und führe uns nicht in Versuchung,*
>*Sondern erlöse uns von dem Bösen.*
>Denn Dein ist das Reich
>und die Kraft und die Herrlichkeit,
>in Ewigkeit,
>Amen.

– *„Und vergib uns unsere Schuld"* –

Mit diesem Satz drückst Du aus, dass Du an irgendeiner Stelle Deines Lebens gegenüber einer Sache, Situation oder Person schuldig geworden bist und Schuld trägst. Schuld ist ein kindliches Gefühl des Egos, da es passiv ist und konsterniert. Das bedeutet, erwachsen betrachtet, Du hast irgendwo „verantwortungslos" gehandelt, wo Du die Verantwortung hättest übernehmen müssen. Und es gab aufgrund dessen, dass Du die Verantwortung nicht übernommen hast, eine negative Konsequenz für Dich oder andere Menschen.

Wenn Du sagst: „Vergib uns unsere Schuld", betest Du für alle Menschen und natürlich für Dich. Unbewusst kannst Du Dir dann sozusagen der „Schulden" klar sein, die man in der alten, institutionellen Tradition in zahlreichen aber auch einfachen Varianten hat machen können. Oder die man tatsächlich „vollbracht" hat. Beispielsweise hast Du an einem Gottesdienst nicht teilgenommen. Oder unkeusch an die Ehefrau Deines Nachbarn gedacht, negative Gefühle gehegt, wie Frust, Neid, Zorn, Ohnmacht und dergleichen. Oder Du hast Dich Deiner in irgendeiner Weise geschämt. Oder aus falscher Demut selbst verleugnet. Vielleicht, weil Kirchenobere Autorität einforderten und Gehorsam befahlen. Du bist eventuell nicht zur Beichte gegangen oder hast nicht offen, oder nicht reuevoll genug, Deine „Verfehlungen" bekannt.

Es gibt ein ganzes Spektrum christlich-traditioneller „Schuld", die aber überhaupt nichts damit zu tun hat, dass Du verantwortungslos warst oder Deiner Verantwortung nicht gerecht wurdest. In dem Moment, wo Du verantwortungsbewusst warst und so gehandelt hast, trägst Du keine Schuld. Aber in diesem Gebet gehst Du, während Du es betest, fast schon selbstverständlich davon aus. Wenn Du Dir einmal klar machst, was Du da betest und bekundest, könnte es sein, dass Du es auch dann rezitierst, ohne einen realen Grund für eine Schuld zu tragen.

Deine unbewusste oder bewusste Botschaft an Gott und Deine Seele ist: Ich bin ein Schuldiger, auch wenn es nur eventuell so ist, aber ich selbst erwäge es, Schuldiger zu sein. Und dies sprichst Du auch zu Deiner Seele. Und Du betest dies selbst, wenn Du vor Dir weißt: Ich bin ein stets fairer, ehrlicher, liebevoller und korrekter Mensch. Ich übernehme überall dort die Verantwortung, wo es etwas von mir zu verantworten gibt – besten Wissens und Gewissens.

Beispiele für heutzutage erlebte „schuldlose" Schuld:

- Man ist ein/e alleinerziehende/r, liebevolle/r, fürsorgliche/r Mutter/Vater. Unbewusst suggeriert man sich selbst, dass man keine gute Mutter/kein guter Vater sei, da man nur ein Elternteil darstellt und man sich in der Lebenssituation so verhalten muss. Alleinerziehend zu sein oder dies „verursacht" zu haben, aber aus christlicher Tradition heraus, „schlechter" angesehen wird als eine „intakte" Familie.

- Oder sei es eine Scheidung vom Ehepartner: Es ist ein zwar beiderseitig stimmiger Entschluss, aus sich selbst heraus getroffen, in Übereinstimmung zum Partner, jedoch – vor Gott hat man sich schuldig gemacht.

- Man schafft die Pflege der Eltern zu Hause nicht mehr, es wird einfach zu schwer, und man muss sich trotz massiver Gewissensbisse dazu entscheiden, sie ins Pflegeheim zu geben. Wo eine Versorgung sichergestellt ist, aber man gerät in Vorwurf gegenüber anderen, fühlt sich gegenüber den eigenen Eltern dann schuldig, obwohl man bis ans Äußerste alles in seiner Macht Stehende getan hat.

– *„Wie auch wir vergeben unseren Schuldigern"* –

Hier bekundest Du, dass Du allen, die sich Dir gegenüber „schuldig" gemacht haben oder sich Dir gegenüber verantwortungslos gezeigt und gehandelt haben, vergibst. Du bekundest es, weil Du Gott vielleicht zu verstehen geben möchtest: Wenn er den Menschen und Dir das „Schuldige" vergibt, soll er auf alle Fälle wissen, dass Du und die Menschen (selbstverständlich und ohne darüber nachzudenken) den „Schuldigern" auch vergeben. Das sind wirklich große Worte, die eher an ein seelisches Geschäft mit Gott erinnern als daran, dass wir das Recht haben, in Vergebung hineinzuwachsen. Oder sich denen, die sich Dir gegenüber unfair und verantwortungslos gezeigt haben, infrage stellend und selbstbezogen gegenüberzustellen. Also für Dich vor diesen einzutreten und es zu klären oder zu kommunizieren, damit es nicht noch einmal geschieht.

Ja, es ist gut, einem Menschen zu vergeben und zu verzeihen. Jedoch nur, wenn Du damit konform gehst und es für Dich stimmig ist, dass Du es aus freien Stücken tust. Weil Du an dieser Sache mit einem Menschen und unabhängig von diesem in Dir seelisch gewachsen bist. Und das braucht oft Zeit.

Deine unbewusste Botschaft an Gott und Deine Seele ist: „Selbstverständlich vergebe ich denen, die respektlos, lieblos, arrogant, überheblich, erniedrigend und anmaßend mit mir umgegangen sind. Ohne meine eigene Position zu hinterfragen. Ohne für mich stimmig und klärend eintreten zu können oder zu wollen."

Ein Beispiel:

> Im Streit mit einem sehr nahen Menschen fühlt man sich durch die harschen und urteilenden Worte des anderen verletzt und ungerecht dargestellt. Im gemeinsamen Willen, den Streit beizulegen, gibt man sich jedoch schnell wieder die Hand und beteuert gegenseitig, jetzt miteinander klar zu sein, und dass alles gut sei. Man vollzieht dies, obwohl das Gefühl der Verletzung noch sehr präsent ist und man, wenn man aufrichtig mit sich selbst wäre, lieber die Hand noch nicht gereicht hätte, will man doch nicht als der Nachtragende oder Beleidigte dastehen. Und so, mit seinem christlichen Selbstverständnis, den anderen wieder „annimmt", in sich mit einschließt, obwohl es seelisch gesehen nicht authentisch ist.

– *„Und führe uns nicht in Versuchung"* –

Sollte es wirklich Gott sein, der uns in Versuchung führt? Das ist nicht logisch. Gott hat überhaupt kein Interesse daran, dass Du in die Versuchung gerätst, etwas Negatives für Dich zu leben, zu wählen oder zu praktizieren. Das obliegt Deiner eigenen Schöpferkraft oder Deinem freien Willen. Die Versuchung favorisierst Du schon selbst mit Deinem Ego, da führst Du Dich selber hin. Also was soll dieser Satz bedeuten? Als wäre Gott der Schlawiner, der uns in Versuchung führt und wir bitten, dass er das bitte nicht tun möge. Eine offensichtliche, falsche Einschätzung dem Göttlichen gegenüber, ja Gott gegenüber. Gott, der nur eines für uns möchte: dass wir seelisch wachsen und nur das Sinnvolle in unserem Leben praktizieren. Das zu leben, was unsere Seele stärkt und kräftigt. Gott ist dafür da, uns mit unserer Seele *durch* die Versuchung, die das Ego gewählt hat, hindurchzuführen, damit wir uns an dieser jeweiligen Versuchung oder Krise entwickeln können. Damit wir mehr und mehr unsere seelischen Werte leben.

Beispiele für die Versuchungen des Egos:

- Das Bestreben, gut dazustehen, zu brillieren
- Etwas Besonderes tun zu wollen, was heraus sticht, um sich dadurch von anderen zu unterscheiden und abzuheben
- Sich Vorteile zu verschaffen in einer Sache, vor anderen Menschen, noch bevor das eigene Handeln in Bezug zu anderen Werten gesetzt wird (wie zum Beispiel Fairness)
- Anderen aus Angst nach dem Mund zu reden, obwohl man weder sich noch ihnen damit einen Gefallen tut
- „Falsch Zeugnis ablegen" – Falschheit in Wort, Gedanken und Verhalten, weil es bequemer ist, vorteilhaft, es einen schützt, sich nicht zu involvieren, obwohl es menschlich und moralisch geboten wäre (wenn zum Beispiel Zivilcourage oder Unterstützung eines Schwächeren angebracht ist)

- Hilfe von Menschen zu konsumieren in der Überzeugung, dass man die Hilfe auch braucht und es einem irgendwie auch zusteht
- Manipulation jeglicher Art, sei es aus eigener gefühlter Schwäche, erlebtem Mangel, aus Erwartung, Gewohnheit oder Unbedachtheit
- Den Ausdruck von Individualität mit Grenzüberschreitungen zu verwechseln: in sich davon überzeugt zu sein, man brauche jetzt eben dieses Produkt, diesen Freiraum, diese Affäre, etc.
- Da es doch gerade im Angebot ist, das Produkt zu kaufen, das man eigentlich nicht braucht
- Weil einem langweilig ist, die Chipstüte wie in einem Atemzug leer zu essen
- Sich eine Situation, Partnerschaft, Lebenslage oder Arbeit schönzureden, die einen jedoch beengt, bedrängt, herabsetzt, stagnieren lässt, und obwohl der eigenen Seele zuliebe eigentlich Selbstaufrichtigkeit und Ehrlichkeit gefordert ist
- Den anderen anzuschwärzen, weil er einen vorher verletzt hat
- Auf sein Recht zu bestehen, egal, ob der andere unwissend, in Not oder unschuldig gehandelt hat („Ich war zuerst da!")
- Eine Aufgabe nicht anzugehen, weil man nicht an sich selbst glaubt
- Eine Beziehung einzugehen, weil man lieber nicht alleine leben möchte oder weil es doch praktisch ist, die Miete zu teilen und nicht, weil es um den Partner geht
- Aus Angst vor Missachtung zu Dingen und Meinungen „Ja" zu sagen, hinter denen man eigentlich nicht steht
- Aus Angst vor finanzieller Herausforderung im alten Job zu bleiben, der einen vollkommen unterfordert und in dem die Kollegen eine Zielscheibe in Dir sehen
- Aus Angst vor dieser finanziellen „Not", in der alten Wohnung zu bleiben, die schimmelt und wo der Vermieter unverständig ist und die Nachbarn engstirnig

- Beleidigt zu reagieren
- Ohnmachtsgefühlen nachzugeben und entweder aggressiv zu reagieren, oder resigniert und unterwürfig
- Eingeschnappt und sich angegriffen zu fühlen, obwohl es nur um eine unterschiedliche Meinung geht

Was Du mit „Und führe uns nicht in Versuchung" sagst:

Führe mein Ego nicht in Versuchung. Mit dem leisen Zweifel an dem liebenden Gott, er könne es doch nicht gut mit uns meinen. Und dass er des Öfteren seine Verführungskünste ins Spiel bringt, damit sich unser Lebensweg verschlechtere. Die Kirche lehrt uns, dass Gott uns durch die Versuchungen in unserem Glauben prüft.

Du bekundest vor Dir selbst, nicht Herr Deines Bewusstseins und Deiner Sinne zu sein. Weil Du nicht stark genug bist, den „Versuchungen" nach mehr Haben-Wollen, -Sollen oder -Müssen, nach Liebe, Geld, Sex, Luxus, negativen Gedanken und Gefühlen zu widerstehen. Du glaubst an Deine Schwäche durch Gott, die er „testet". Sei Dir jedoch bewusst, Gott hält sich mit Deiner Wahl, die Du über Dein Ego triffst, *heraus* aus der „Versuchung". Denn es gehört zu *Deinem* freien Willen, ob Du Versuchungen erleben willst und Dich ihnen hingeben willst mit Deinem Ego oder nicht.

– *„Sondern erlöse uns von dem Bösen"* –

Das Böse in Dir, was ist das eigentlich? In der christlichen Tradition war das Böse im Menschen seine Fehlbarkeit, seine Anfälligkeit für die Versuchungen des Teufels, seine „fleischliche Schwäche", seine Laster. Allem voran sein Unglaube. Sein gesunder Menschenverstand und seine gesunde Wahrnehmung, die aber in der kirchlichen Tradition als Wurzel des Zweifels galten und damit von Übel waren, und vieles mehr. Grundsätzlich also war der Mensch schlecht und nur durch Gottes Gnaden und Glauben an die Erlösung durch Jesu Christi zu retten. Dafür hat man früher gebetet.

Und wenn Du es heute betest, weißt Du eigentlich, was Du damit meinst? Wenn Du davon betest, von dem Bösen, dann gibt es auch das Gute, und damit die Polarität. Du polarisierst Dich damit selbst, denn was für den einen böse ist, ist für den anderen gut. Oder was für den einen richtig ist, ist für den anderen falsch. Immerhin ist dies eine Sache der Betrachtung. Wenn Du diesen Satz betest, glaubst Du an das Böse im Menschen und möchtest, dass es „weg" geht, ohne Dich dem zu stellen oder es zu verantworten. Du glaubst wieder einmal nicht an Deine eigene Macht, Dich selbst und Deine Unerlöstheiten, wie auch immer diese geartet sind, erlösen oder besser gesagt, enttarnen und auflösen zu können.

Beispiele, wie man sich selber enttarnen und erlösen kann mit der Kraft seines eigenen seelischen Bewusstseins:

- Indem man zunächst die eigene Bereitschaft in sich entdeckt, wahrnimmt und voranstellt, etwas Erlebtes vor allem seelisch zu betrachten. Indem man sich löst von der Überzeugung, dass jemand anders schuld oder bestenfalls verantwortlich ist für die eigene missliche Lage. Anstelle von: „Hätte mein Nachbar freundlicher gesprochen, dann wäre meine Hand nicht ausgerutscht und ich würde jetzt nicht so schräg in der Nachbarschaft angesehen", könnte man erkennen: „Ich war dünnhäutig, habe mich provozieren lassen und habe nicht souverän reagiert, sondern habe es eskalieren lassen. Kein Wunder, dass ich jetzt komisch angesehen werde."

- Indem man in sich geht und sich selbst verspricht, absolut aufrichtig und ehrlich mit sich selbst zu sein. Und auch, wenn die Motive des eigenen Handelns in der Hitze des Alltags nicht ganz klar waren – in der Rückschau halten sie vielleicht den eigenen Wertvorstellungen, die man eigentlich hat, nicht stand. Wenn man vor sich selbst eingestehen kann, dass man das wirklich Allermeiste entweder selbst mit ausgelöst hat oder schlicht selbst zu verantworten hat

- Dass man erkennt, dass man niemanden für die eigene Laune verantwortlich machen kann

- Dass man sich, auch wenn es unbequem ist, von der Vorstellung verabschieden darf, dass man hier das Opfer ist. Das Opfer eines falschen Zeitpunktes, einer eigenwilligen Entscheidung meines Gegenübers, etc.

- Sich selbst die Erkenntnis zu gönnen, dass das Gefühl, Opfer durch etwas zu sein, einen schnell zum Täter macht. Und sich eingesteht, dass es etwas Bequemes hat, sich innerlich auf sein Opfersein „zu berufen"

- Sich auf das Gefühl von echter Aufrichtigkeit und Selbstehrlichkeit einzulassen und anzuerkennen, dass es etwas sehr Erfrischendes, Befreiendes und Entlastendes hat, dies sich selbst gegenüber zu praktizieren.

- Indem man seinen gesunden Menschenverstand für sich neu entdecken lernt, ihn kultiviert und sich selbst einmal ungeschönt infrage stellt und eigene Motive beleuchtet.

- Die Frage in sich selbst wirken zu lassen: „Ist das wirklich so? Stimmt das? Hat sich das wahrhaftig so zugetragen? Ist das Hörensagen oder habe ich das selbst gesehen? Habe ich das Gesehene überprüft und auch hinterfragt und verstanden? Kenne ich die Motive des Gegenübers? Oder verurteile ich ehrlich gesagt schneller, als mir eigentlich lieb ist?

- Wenn man Angst in sich verspürt, diese nicht zu verdrängen, sondern ganz bewusst, im geschützten Rahmen etwas entgegenstellt: den eigenen Scharfsinn

- Indem man sich bei Interpretationen oder Bewertungen ertappt, zum Beispiel von Dingen, die einen nicht einmal selbst belangen

Gegrüßet seist Du, Maria

Gegrüßet seist Du, Maria, voll der Gnaden,
Der Herr ist mit Dir,
Du bist gebenedeit unter den Frauen
und gebenedeit ist die Frucht
Deines Leibes Jesus,
Heilige Maria, Muttergottes,
Bitte für uns Sünder,
Jetzt und in der Stunde unseres Todes.
Amen.

Was Du damit sagst:

– *„Bitte für uns Sünder"* –

Auch in diesem Gebet bekundest Du, dass Du und die Menschen – zumindest muss man damit rechnen oder ist davon auszugehen – Sünder seid. Gesündigt hatte man, sobald man sich selbst demütig beschied oder einem der Priester sagte, man habe der Versuchung des Bösen nicht widerstehen können. Sünder war man, alleine dadurch, dass man lebte, als Erbe der „Erbsünde" von Adam und Eva. Da die Bewertung dessen, was alles als ein Nichtbestehen der Versuchung des Bösen galt, viel Spielraum gab, war man auch sehr schnell „Sünder". Und man lernte, dies vor sich selbst lieber auch schnell zu denken und zu sagen, bevor einem dies ein Priester sagen musste oder Gott so befand.

Du bittest darum, dass man den Menschen und Dir alle „Verfehlungen" und alles, was Du vor „Gott" falsch gemacht hast, nachsieht. Durch die Fürsprecherin zwischen Gott und Dir, also hier Maria, dass sie ein gutes Wort für Dich einlege. Egal, wie alt Du bist und egal, ob Du nun Sünder bist oder nicht. Egal, ob Du Verantwortung übernommen hast in Deinem Leben oder nicht, nach bestem Wissen und Gewissen Dein Leben führst.

– *„Jetzt und in der Stunde unseres Todes"* –

Damit betest Du vorsorglich für die Stunde Deines Todes, den Du Dir als Mensch über dieses Gebet stets vergegenwärtigen musst. Mit dem Hintergrund, dass es ziemlich „blöde" wäre, hättest Du im Falle Deines Todes nicht oft genug Maria als Fürsprecherin um Hilfe gebeten. Damit Du durch ihre Fürsprache für die Sünder und Dich nach Deinem Tod vor Gott von ihm hoffentlich auf Wohlwollen für das „Getane" rechnen kannst.

Eine ziemlich fatale Sache und seinerzeit von großen Ängsten begleitet, beteten die Menschen um Sündenfreiheit. Indirekt steckt in diesem Gebet dieses In-Betracht-Ziehen vom „Fegefeuer". Das „Fegefeuer" wurde früher als „Vorhölle" bezeichnet.

Was Du mit diesem Satz zu Gott und Deiner Seele betest: Ohne Fürsprecherin, die für Dich die Hand ins Feuer legt, dass Du *doch* ein guter Mensch bist, geht gar nichts bis zu Deinem Tod. Immerhin spricht Maria sich für den Sünder aus. Zum anderen betonst Du, wie sehr Dein Tod vor Gott der Fürsprache von Maria bedarf.

Ehre sei dem Vater und dem Sohn

> Ehre sei dem Vater und dem Sohn
> und dem Heiligen Geist
> Wie im Anfang so auch jetzt
> und alle Zeit und in Ewigkeit
> Amen

Wunderbar: Dieses Gebet ist rund für Deine Seele. Deshalb gibt es hier nichts für Deine Seele zu „bemängeln" und ich darf Dir die positive Bedeutung und Wirkung im weiteren Verlauf dieses Kapitels erläutern.

Herr, ich bin nicht würdig

> Herr, *ich bin nicht würdig,*
> dass Du eingehst unter mein Dach.
> So sprich Du nur ein Wort
> und meine Seele wird gesund.

– *„Ich bin nicht würdig ..."* –

Eigentlich sprichst Du Dir selbst mit diesem Satz alles ab. Du erklärst Deine generelle Unwürdigkeit.

Unwürdigkeit, zurückzuführen auf ein Nicht-Einhalten einer religiösen Tradition. Entstanden aus einer Mahnung in einem Briefe des Paulus, das Abendmahl „würdig" einzunehmen (1. Korinther, 11,27). Unwürdig war es, wenn der Ritus anders durchgeführt wurde, als direkt nach Jesu Tod überliefert und vollzogen. Die Gemeinde, die dies nicht tat, machte sich des Leibes und des Blutes des Herrn schuldig. Also wer liturgisch unwürdig handelt, macht sich schuldig. Ein Paradebeispiel für einen Begriff, der sich, entstanden aus einer liturgischen Tradition, verselbstständigte. Der dann über die Jahrhunderte eine eigene Bedeutung erlangte, „generell" und sehr persönlich aufgefasst wurde. Und man, ohne diesen Hintergrund, davon ausging, dass ein Jeder eben unwürdig sei.

In Unwürdigkeit vor Gott. Nicht würdig für das Gute, das Ebenbürtige, das seelisch Gemäße, das, was Dir gerecht wird. Du sprichst aus, dass Du unwürdig bist, weil Du Gott oder Jesus oder dem Göttlichen gegenüber nicht gerecht wirst. *Aber wer sagt Dir das?*

Was Du damit sagst:

Ich bin es nicht wert oder nichts wert. Ich glaube nicht an mich und bin abhängig von dem Wort Gottes. Nur Gott kann Dir diese Würde geben, nicht Du selbst. Nur dann wird Deine Seele gesund.

Doch wie soll Gott Dir diese Würde geben, wenn nicht durch Dein Bewusstsein, Deinen gesunden Menschenverstand, Deine Objektivität, durch den, der Du seelisch wirklich bist? Durch Deine Liebe?

Du hast, als Zeichen seines Wissens um das Wertvolle in *Dir*, von Gott Deine Seele mit mannigfaltigen seelischen Werten als menschliche Ausdrucksform „Gottes" erhalten.

Das darfst Du als moderner Mensch annehmen und ehren.

Mit diesem Satzauszug des Gebetes „Herr, ich bin nicht würdig ..." verschließt Du Deine Seele vor den gütigen Fügungen des Göttlichen. Fügungen, die Dir dann zukommen können, wenn Du Dich selbst für wertvoll und wichtig erachtest.

Kapitel 2 – Beten in Bewusstsein und Stimmigkeit

Beten mit Jesus, Maria und den Engeln
Das christliche Gebet war stets an die tiefe Verbundenheit zu Jesus, dem Sohn Gottes und Maria, der Mutter Jesu, geknüpft. Sie sind für uns, dagewesene Menschen, die mit ihren Seelen gewirkt und gehandelt haben. Und vor allem Menschen, die Spuren bis in unsere heutige Zeit hinterlassen haben. Ihre Seelen sind lebendig und auch wenn Dich als Mensch Dimensionen von ihnen trennen, so bist Du mit ihnen im Kontakt, wenn Du Dich mit Deiner Seele zu ihnen ausrichtest.

Wenn Du also im Verlauf dieses Buches in bestimmten Gebeten oder Passagen Maria, Jesus oder Gott anbetest, so geschieht dies immer von Deiner offenen Seele zugewandt zu der Seele dieser Heiligen und des Göttlichen. Wenn Du Gott, Jesus oder Maria um etwas bittest, werden sie es vernehmen durch Deine Seele und Dir die Unterstützung oder den Trost spenden, der für Dich und Deine Entwicklung am geeignetsten ist.

Beten für Deine Seele
Wie Du durch die vorherigen Erklärungen über bestimmte Wortpassagen in den Grundgebeten erfahren hast, wurden die Grundgebete jahrhundertelang unbewusst oder mehr mit dem Ego gesprochen. Du selbst hast Dich zum Ego gemacht mit dem Bekunden von Schuld, Sünde und Unwürde. Zumindest hast Du es durch das Sprechen des Gebetes in jedem Fall in Betracht gezogen, dass Du an der einen oder anderen Stelle kein wirklich „guter" Mensch bist. Zusätzlich wurde dem Ego auch von dem Kollektiv der Kirche (ebenfalls Ego) durch absurde Dogmen und Regeln verstärkt signalisiert, dass es absolut Sinn macht, sich vor Gott „demütig" zu reden. Man könnte auch sagen, sich „schlechter" zu reden, als man es eigentlich selbst tun würde oder müsste. Die alten Grundgebete mit ihren Wortpassagen sprechen letztendlich immer davon, dass etwas zwi-

schen dem Betenden und Gott steht. Irgendetwas, das in Gottes Augen nicht gerne gesehen wird.
Damit darf in unserer heutigen Zeit ein für alle Mal Schluss sein. Denn zwischen Dir und Gott steht überhaupt nichts. So ist es wichtig, dass Du dafür Sorge trägst, dass diese Reinheit und Klarheit zwischen Dir und Gott *durch Dein Bewusstsein* erhalten bleibt, ja von Dir gepflegt wird.

Wenn ich Dir im weiteren Verlauf die neuen „seelischen" Wortpassagen in unseren christlichen Grundgebeten erläutere, so darfst Du Dir darüber bewusst sein, dass sie von Dir, aus Deiner Seele kommend, direkt an Gott gerichtet sind. Und es sind Worte, die Du wissentlich vor Dir selbst und vor Gott aussprechen mögest. Du bist heutzutage kein Mensch mehr, der auf seinen gesunden Menschenverstand, gerade im Rahmen des Betens, verzichten muss. Du bist kein Mensch, der sich, weil es von Egos so gelehrt wurde, im Gebet klein und unwürdig spricht. Denn dann sprichst Du aus Deinem Ego. Und damit stehen Dein Ego, ein Kollektiv, Dogmen und Moral zwischen Dir und Gott, während Du betest.

In jedem Wort steckt eine wirkende Energie.
(Marija)

Der Unterschied zwischen Seele und Ego

Seele
Deine Seele ist der unantastbare, gänzlich heile und positive Anteil unseres göttlichen Ursprungs, der sich ausschließlich auf die Sinnhaftigkeit eines jeden Handelns ausrichtet. In der Seele steckt der Sinn eines jeden einzelnen Lebens, mit seinem individuellen, sinnvollen Ausdruck. Das Seelische ist aus der Absolutheit Gottes entsprungen – der Absolutheit der Liebe. In der Seele des Menschen befindet sich, außer der Liebe Gottes, das Potenzial der göttlichen (seelischen)Werte. In der Seele steckt auch Dein seelisches Bewusstsein – Deine Reflexionskraft und „Dein seelischer Wille".

Daran erkennst Du das Seelische
(da es sich im Menschen so sinnvoll ausdrückt oder zeigt):

Geduldig, sich widmend, mutig, großzügig, liebevoll, zugewandt, empathisch, mitfühlend, intuitiv, demütig, offen, tolerant, klar, optimistisch, lösungsorientiert, stabil, motiviert, motivierend, warmherzig, zielstrebig, freundlich, verständnisvoll, respektvoll, achtsam, aufmerksam, objektiv, sinnerfüllt, bereichernd, erfüllend, kreativ, dankend, anerkennend, zuverlässig, nicht bewertend, souverän, frei, unabhängig, fürsorglich, fair, zuverlässig, gewissenhaft, präsent, kooperativ, ehrenhaft, bewahrend, verantwortungsvoll, flexibel, unkompliziert, u.v.m.

Ego
Das Ego ist außerhalb des Seelischen und der in Sinnlosigkeit und Gottlosigkeit gelebte Wille des Menschen. Das Ego hat den freien Willen, den Gott uns Menschen geschenkt hat, missbräuchlich zum Oberflächlichen ausgerichtet und nicht zur Liebe hin.

Daran erkennst Du das „typische" Ego
(es agiert damit entgegen seelischer Werte):

Ängstlich, zweifelnd, verleugnend, missbrauchend, beleidigt, betrügend, hintergehend, entziehend, strafend, hinhaltend, versetzend, treulos, stehlend, leidend, entwertend, bewertend, aushaltend, abwartend, verratend, lügend, stressend, manipulierend, vermeidend, vernachlässigend, ertragend, jammernd, klagend, opfernd, taktierend, verurteilend, dramatisierend, schweigend, stehlend, ignorierend, respektlos, undankbar, lethargisch, kindisch, trotzig, diskutierend, uneinsichtig, festhaltend, rechthaberisch, arrogant, konsumierend, unsozial, ungeduldig, penetrant, vergleichend, grenzüberschreitend, neidisch, eifersüchtig, wütend, verärgert, hoffend, glaubend (und nicht wissend), vermutend, interpretierend, verführbar, unklar, naiv, konkurrierend, intrigant, unterschlagend, unsensibel, drohend, dominierend, abweisend, gewissenlos, verletzend, dogmatisch, intolerant, unflexibel, lieblos, bewundernd, schwärmend, wechselhaft, einfallslos, illusorisch, launisch, problematisierend, unbewusst, unverbindlich, oberflächlich, verantwortungslos, bequem, feige, u.v.m.

Beten ohne Ego

So wird es Zeit, dass du Dir innerlich erlaubst, mit Deinem seelischen Bewusstsein und von Deiner Seele zu Gott zu beten.
Dies tust Du, indem Du für diesen Augenblick Deine Egoanteile und all Deine Egoideen beiseite lässt. Du trittst, während Du betest, heraus aus dem Kollektiv und Deiner eigenen Egowelt. Welche sich durch Deine Ängste ausdrückt, durch Zweifel, Erwartungen, Interpretationen, Mängel, Lippenbekenntnisse und Blockaden oder Wissen, was alles nicht geht und machbar ist. Das Ego, das sich durch Verurteilungen und Bewertungen über Dein Leben, Deine Person, andere Personen oder Situationen und das Leben erhebt.

Wenn Du fortan zu beten beginnst, dann sei Dir zuvor darüber klar und sprich das auch vor Dir aus, dass zwischen Dir und Gott nichts steht. Es gibt nur diese eine direkte Verbindung, diesen einen, reinen Zugang zwischen Dir und Gott, und dies ist Deine Seele. Du sprichst von Deiner Seele aus zu Gott, oder wenn Du heilige Seelen ansprichst, von Deiner Seele aus zu ihnen. Heilige Seelen, damit meine ich beispielsweise die von Jesus oder Maria oder den Engeln und anderen Heiligen. Wichtig ist, dass Du Dir Deiner eigenen Klarheit und Ausgerichtetheit vor dem Beten bewusst bist sowie im späteren Verlauf der Inhalte des Gebetes. Denn Du sollst wissen, was Du da betest und was das jeweilige Wort und der Satz, den Du an Gott seelisch richtest, meinen. Du solltest wissen, was es damit für Dich an Wirkung und sogar an praktischer Bedeutung im Alltag hat.
Du betest vielleicht für ein Anliegen, für einen Menschen, für eine Situation oder eine Sache, die Dir am Herzen liegt. Doch immer, egal wann, wo und wie Du betest, kommt es auf diese eine Haltung

in Dir selbst an: das Bewusstsein, zwischen Dir und Gott steht nichts. Diese Verbindung ist unantastbar und rein. Es bedeutet für Dich, in das Wissen und in den Entschluss in Dir zu treten, ohne Dein Ego zu beten. In einer Haltung und einem Gefühl mit dem Beten zu beginnen, in dem Wissen, Du bringst von Dir seelisch nur das Wertvollste zu Gott. Damit sind Deine guten Lebensintentionen, Deine liebevollen und authentischen Lebenshaltungen gemeint und auch Deine seelischen Werte, die Du tagtäglich zum Ausdruck bringst.

Natürlich kann es sein, dass Du betest, in einem Moment der Verzweiflung, der Angst und der Traurigkeit. Momente des Mangels, die diese Zustände in Dir ausgelöst haben und nun überwältigend sind, Gedanken und Gefühle negativer Art.

Genau hier wird es für Dich wichtig, Dir auch klar darüber zu werden, dass Du Dich an Gott wendest, um ihn um Unterstützung und Heilung dieser Zustände zu bitten. Du wendest Dich an Gott mit Deinem eigenen Schöpfungsbewusstsein, Deinem Selbstwert, der sich aus der Summe all Deiner seelischen Werte zusammensetzt und Deiner Selbstverantwortung. Du gehst mit diesem Klar-Sein ins Gebet, dass Du Lebenskompetenzen hast, die Gott Dir bereits geschenkt hat. Um negative Zustände, Mangel oder quälende Gedanken und Gefühle, die in Deinem Ego haften, durch das Gebet zu überwinden und mit Gott und der Hilfe Deiner Seelenkraft das Gebet wirken zu lassen.

Der lebendige Gott

Du weißt, es ist ein lebendiger Gott, der die Dinge für Dich richtet, wenn Du „mitmachst". Also dass Du auch nach dem Gebet wachsam bist. Dass Du schaust, was sich am Tag oder im Anliegen für Dich ergibt. Dass Du schaust, was sich fügt oder sich als Möglichkeit und an Impulsen, die von Gott kommen, ergibt.

Diese bewusste Haltung als Betender macht Dich nicht unterwürfig, sondern „göttlich mitarbeitend". Das ist auch Gottes Geheiß, dass Du Dir stets Deiner Schöpferkraft und Deines Selbstwertes bewusst sein mögest. Du musst Dich vor Gott nicht klein machen oder vorsorglich als Sünder und unwürdig bezeichnen. Ihm ist es viel, viel lieber, wenn Du Deine Selbstverantwortung Deinem Leben gegenüber übernimmst. Und wenn Du hierzu mit allen Deinen seelischen, aktiven Werten, die fern von Unwürde, Schuld oder Sünde sind, alles Sinnvolle vollbringst.

Im Anfang war das Wort, und das Wort war bei Gott, und Gott war das Wort.
(Joh. 1.)

Diese Bibelstelle macht uns die Ernsthaftigkeit des Wortes – das Wort von Gott – deutlich. „Im Anfang war das Wort, und das Wort war bei Gott, und Gott war das Wort", das bedeutet nichts weniger als: Das Wort, das von Gott kommt, ist heiliger Ernst. Wenn Gott ein Wort an uns richtet, dürfen wir es ernst nehmen und müssen genau zuhören, was damit gemeint ist. Das Wort ist die Initiation, der Anfang einer Sache, aus dem etwas entsteht. Das Wort und Gott sind eins: Wahrheit und Liebe dem Menschen gegenüber.

Deshalb bin ich davon überzeugt, Gott hätte niemals den Anfang für uns Menschen mit den Worten „Sünde", „Schuld" und „unwürdig" für stimmig befunden. Diese Worte sind eine Idee des Menschen und seines Egos.
   Doch bedeutet diese Bibelstelle für uns Menschen noch viel mehr. Sie bedeutet: Weil Du den Funken Gottes als beseelter Mensch durch seinen Odem in Deiner Seele trägst, lebt Gott in Dir. Da Gott in Dir lebt und durch Deine Seele wirken kann, sind – willst Du seelisch leben – auch für Dich Worte an Gott wie ein Anfang, aus dem etwas entsteht. Und es darf Dir klar sein, was diese Worte bedeuten.
   Denn Du trägst die Verantwortung für Deine Worte, vor Gott, vor Dir selbst und vor jedermann.

Überprüfe deshalb einmal im Alltag, ob Du Worte aus Deiner Seele sprichst, die durchdrungen sind von Wahrhaftigkeit und heiligem Ernst. Also wenn Du ein Wort oder Statement abgibst, ist das wirklich ehrlich und erfüllst Du das, was Du dort sprichst? Oder kommen Deine Worte aus Deinem Ego, als Lippenbekenntnisse, weil es gerade chic ist, einfacher, bequemer?

Du als wissender Betender darfst fortan die Worte Deines Gebetes viel klarer, bewusster und tiefer in Dir aussprechen.

Das seelische Einmaleins in Kürze

1. Es ist die generelle Anerkennung, dass alle Menschen eine Seele haben. Alle.
2. Es geht immer um die göttliche Begegnungsebene zwischen uns Menschen, von Seele zu Seele.
3. Dass wir die Kenntnis darüber haben, dass wir Menschen uns über unsere inneren, seelischen Werte ausdrücken
4. Dass wir ohne Berechnung, Interpretationen und Verurteilungen oder außerhalb unseres eigenen Selbstwertes mit anderen Menschen sind.
5. Dass wir bewusst wahrnehmen, welche Werte ein anderer Mensch lebt oder gelebt hat, vielleicht sogar dieselben Werte, die uns selbst wichtig sind. Und dass wir dieses wertschätzen und achten.
6. Wir haben die innere Übereinkunft in uns, jeden eigenen Gedanken, Gefühle, Worte, Handlungen und Taten bewusst und mit seelischem Sinn zu erfüllen.
7. Wir nutzen unsere Fähigkeit, unser seelisches Streben nach Sinn und dem Göttlichen vom Wirken des Egos zu unterscheiden.
8. Und damit auch die Fähigkeit, sich gegen das eigene Ego zu entscheiden und die eigene Seelenkraft zu stärken

Was ist seelisches Bewusstsein?

Dein seelisches Bewusstsein ist Dein Reflexionsvermögen, Dein gesunder Menschenverstand, Dein Einschätzungsvermögen gegenüber dem Alltag in Deinem Leben, was Situationen oder Menschen betrifft.

Es ist die Kraft in Dir, die Dich Dinge in Deinem Leben beobachten lässt und zwar auf eine sehr objektive und wahrhaftige Weise. In der Du in diesem Augenblick offen bist für die Wahrheit dessen, was Du Dir gerade ansiehst. Dein seelisches Bewusstsein zeichnet sich durch seine mutige Klarheit aus, die Dinge Deines Lebens anzusehen, wie sie für Dich tatsächlich und in aller Wahrhaftigkeit sind, außerhalb von Schönrederei oder Selbstbetrug. Dein seelisches Bewusstsein ist ein Teil Deiner Erwachsenenkompetenz, aus der Du für Dich klar eingestehen kannst, was für Dich gut ist und was nicht und was Dir gut tut oder was nicht. Seien dies Menschen, Situationen, Orte, Gegenstände, Gespräche, Gefühle, Gedanken oder die Art und Weise Deines Umgangs mit Dir selbst. Und es bereitet Dir sozusagen mit der Klarheit Deiner Erkenntnisse die nächsten Schritte für folgerichtige Entscheidungen oder Veränderungen in Deinem Leben vor.

Dein seelisches Bewusstsein ist der Grund in Dir, Dich selber ernst zu nehmen mit Deinem Leben. Dein seelisches Bewusstsein ist eine Dir von Gott geschenkte Gabe und Gnade. Die solltest Du unbedingt nutzen, denn Liebe hat unumstößlich etwas mit Wahrheit und Wahrhaftigkeit in Deinem Leben zu tun. Vor allem mit Selbstliebe.

Beispiele für seelisches Bewusstsein:

- Man spricht unstimmiges Verhalten des Gegenübers an, in Respekt vor dem anderen und auf der Basis von Liebe, von Seele zu Seele. Man äußert beispielsweise dem Verkäufer oder Rezeptionist ehrlich und mit ausdrücklichem Respekt, dass man es schade findet, dass man im Gespräch das Gefühl bekommt, unerwünscht zu sein oder zu stören, und man sich als Kunde unwohl fühlt. Indem man seelisch erfasst, dass die Seele des Gegenübers ganz bestimmt nicht vorhat, einem ein schlechtes Gefühl zu geben, und dem anderen die Chance gibt, zu seinem eigentlichen Vorhaben zu stehen, nämlich ein guter Verkäufer zu sein. So kann dieser eventuell bei sich feststellen, dass er ungewollt gehandelt hat, es ihm nur nicht bewusst war.

- Man macht sich vor sich selbst klar, welche Werte man anderen Menschen gegenüber lebt und ausdrückt und ist sich somit auch gleichzeitig im Klaren darüber, welche Werte man wert ist, entgegengebracht zu bekommen. Wenn man beispielsweile höflich, offen und freundlich den Schornsteinfeger bei sich zu Hause empfängt, der sich ruppig, schlecht gelaunt und respektlos zeigt, darf man es sich selbst wert sein, ihn von Seele zu Seele daraufhin anzusprechen. Man ist sich darüber bewusst, dass man sich nicht auf diese Art und Weise unstimmig und seelisch unangemessen behandeln lassen muss, sondern für sich selbst eintreten darf (und sollte).

Was ist der seelische Wille:
Wenn man etwas für sich Unangenehmes oder Unbequemes erledigen oder vollbringen muss, und man mit sich selbst ringt und diskutiert, dann ist der seelische Wille diejenige innere Autorität, die sich gegen den inneren Schweinehund durchsetzt. Man favorisiert also das, was das Ergebnis der Tat einem geben kann, obwohl zunächst

unter Umständen scheinbare Anstrengung damit verbunden ist. Doch tut man es, weil es einem das Ergebnis wert ist. Weil man es sich selber wert ist. Weil einem bewusst ist, wie viel Gutes das tut, wenn man es geschafft hat, sich zum Vorhaben und zur Vollendung durchzuringen. Man lässt sich nicht vom Ego beeindrucken durch Unlust, Angst und Mangelgefühle.

Beispiele für gelebte Werte und Durchsetzung durch seelischen Willen:

- **Dynamik, Beweglichkeit:** Man rafft sich vom Sofa auf und muss durch den strömenden Regen hindurch, um zu seiner Sportstunde oder Yogaklasse zu kommen. Nach der Stunde ist man erfrischt, fühlt sich gut und man hat das sichere Gefühl, etwas für sich Sinnvolles und für den eigenen Körper getan zu haben
- **Gesundheit, Fürsorge, Geduld:** Obwohl das Kind „einen Aufstand probt", weil die Medizin nicht schmeckt, bleibt man souverän, geduldig, unbeirrbar und nicht reizbar, verabreicht die Medizin und belohnt das Kind. Man hat sich dem Gefühl gestellt, dass man sich beim Kind unbeliebt gemacht hat, weil man weiß, man hatte nur dessen Gesundheit im Sinn
- **Sauberkeit, Ordnung:** Man ist eigentlich „hundemüde" nach der Arbeit nach Hause gekommen und will seine Ruhe haben, sieht jedoch die vielen Staubknäuel im Wohnzimmer. Da eine aufgeräumte und saubere Wohnung einem wichtig ist und ein tolles Gefühl gibt, nerven die Flusen und man steht daher wieder auf und „saugt kurz durch". Mit dem Ergebnis, sich sogar noch besser zu fühlen, als vorher vermutet
- **Strukturiertheit:** Man ist gerade umgezogen und die Wohnung ist voll mit Kisten. Man gibt sich einen Ruck, packt die Kisten aus und räumt bereits ein. Weil man es sich wert ist und weiß, dass einem eine strukturierte Umgebung viel gibt und man diese Arbeit sowieso vollbringen muss

Was sind seelische Werte?
Es sind gottgegebene, der Seele innewohnende Werte, die jeder einzelne Mensch naturgemäß besitzt; Werte, die in der Seele bereits angelegt sind. Sie sind wie die Seele selbst ewig und werden durch bewusste Lebensweise und aktives Handeln zur Entfaltung gebracht. Jeder Mensch bringt ganz individuell, je nach seinen eigenen Lebensentscheidungen unterschiedliche Werte zum Ausdruck. Alle seelischen Werte existieren unbewertet, ohne Rangfolge, nebeneinander her. Sie bilden die Gestalt der Seele; je nachdem, wie viele Werte zur Entfaltung gebracht worden sind, bilden sie den inneren Raum eines jeden Menschen. So unterschiedlich die Seelen auch sind, so direkt können Menschen sich jedoch durch ihre Werte seelisch untereinander begegnen, können Werte miteinander teilen. Die Seele besteht nach dem Tode weiter, ebenso die seelischen Werte. Also sind die seelischen Werte das seelische Gut, das der Mensch in sein ewiges Leben mitnimmt und im Kreislauf eines neuen Lebens mit einbringt als Potenzial.

Auszug von 50 seelischen Werten, aus einer Fülle von vielen:
Offenheit – Fürsorge – Belastbarkeit – Stil – Geschmack – Geborgenheit – Liebe – Gelassenheit – Geduld – Schönheit – Ordnung – Verlässlichkeit – Strukturiertheit – Mut – Dankbarkeit – Toleranz – Hilfsbereitschaft – Fleiß – Durchhaltevermögen – Ausdauer – Akzeptanz – Entwicklung – Kontakt – Willenskraft – Schenken – Verantwortung – Humor – Hingabe – Geben – Leidenschaft – Konfrontation – Freude – Klarheit – Stabilität – Ernsthaftigkeit – Objektivität – Zugewandtheit – Natürlichkeit – Sensibilität – Flexibilität – Frische – Gefühlstiefe – Umsorgen – Großzügigkeit – Anerkennung – Sanftmut – Einhüllen – Initiation – Aufrichtigkeit – Wertschätzung

Was ist mein Selbstwert?
Dies ist die Summe aller Deiner seelischen Werte, die Du in Deinem Leben aktiv leben willst und lebst. Der Selbstwert drückt sich durch das eigene Bewusstsein und die eigene Gewissheit aus, mit der die eigenen Werte als solche erkannt und willentlich tatsächlich auch gelebt werden. Es bildet sich dadurch, dass diese Werte gewollt und untrennbar mit dem eigenen Leben in Verbindung stehen. Es entsteht ein natürliches, gottgewolltes „Selbst-Bewusstsein" über den eigenen Raum der Werte, ein Wissen um den eigenen Wert, da er nachvollziehbar und absolut gelebt wird. Der gelebte Wert steht dem unbewussten „Schuldbewusstsein" des Egos gegenüber.

Beispiele:

- Wenn Du ein warmherziger Mensch bist und Du weißt, dass Du dies anderen Menschen gegenüber definitiv lebst, dann bist Du automatisch Warmherzigkeit wert.
- Ist Dir Aufrichtigkeit ein wichtiger Wert und Du behandelst andere Menschen aufrichtig, weißt Du auch, dass Du es Dir selber wert bist, dass Dir Menschen in Aufrichtigkeit begegnen. Und Du behältst Dir vor zu entscheiden, ob Du mit einem Menschen leben möchtest, der unaufrichtig mit Dir umgeht.
- In jedem Fall bist Du die Reflexion eines Wertes wert, durch Anerkennung oder Dankbarkeit.

Grundgebete sind Schätze
Stimmen wir sie mit unserem heutigen seelischen Bewusstsein ab, dann sind unsere Grundgebete die wahren spirituellen Schätze. Du wirst es erleben, wie stark und hochenergetisch sie Deine Seele und Dein Herz berühren. Du wirst diese unglaubliche Tiefe erfahren, wie sie kaum ein neues Gebet oder eine andere spirituelle Technik oder Meditation vermag. Dies liegt daran, dass der Ursprung sicher von Jesus und dem Heiligen Vater, also von Gott und dem göttlichen

Geist, auf die Erde gebracht worden ist – und weil es so über viele Jahrtausende (zwar in anderer Form, aber in vielen Wortpassagen gleich) praktiziert wurde. Und da diese Gebete milliardenfach um die ganze Erde gebetet wurden, eröffnet sich mit ihnen ein hochenergetischerer, geistigerer, kraftvollerer Schatz als mit jeder anderen, modernen, spirituellen Methode unserer Zeit.

Die Grundgebete sind Schätze, die wir nunmehr mit unserem Bewusstsein freudig und dankbar neu aufgreifen dürfen. Sie erinnern uns an unsere Kindheit, an das erste Sakrale, das wir in unserem Leben kennengelernt haben und das „Heilige", das – wenn wir bewusst beten – fast automatisch mitschwingt.

Jesus, höchster Name

Jesus, höchster Name,
teurer Erlöser, siegreicher Herr.
Immanuel, Gott ist mit uns,
herrlicher Heiland, lebendiges Wort.

Er ist der Friedefürst
und der allmächt'ge Gott,
Ratgeber wunderbar, ewiger Vater,
und die Herrschaft ruht auf seiner Schulter,
und seines Friedensreichs
wird kein Ende sein.

(Naida Hearn (nach Matthäus 1,23, Philipper 2,9 / Jesaja 9,5+6)
Deutsch: Gitta Leuschner)

Zwischen Gott und Dir steht nichts, kein Ego, kein Störfeld, kein Dogma, keine Moral. Du sprichst aus Deinem seelischen Bewusstsein zu Gott direkt. Das weißt Du und das stellst Du nicht infrage.
(Marija)

Das seelische Vater unser

> *Vater unser im Himmel*
> *Geheiligt werde Dein Name*
> *Dein Reich komme*
> *Dein Wille geschehe*
> *Wie im Himmel, so auf Erden*
> *Unser tägliches Brot gib uns heute*
> *Und vergib uns unsere Seelenlosigkeit*
> *Wie auch wir vergeben dem Seelenlosen*
> *Und führe uns durch die Versuchung*
> *Sodass sich unser Ego erlösen kann.*
> *Denn Dein ist das Reich*
> *und die Kraft und die Herrlichkeit, in Ewigkeit.*
> *Amen.*

Vater unser im Himmel

Damit beginnst Du das Gebet und sprichst Gott an.

Vater oder *Herr* sind im Christentum andere Begriffe für Gott, womit Gott für den Menschen greifbarer wurde. Weil für *Vater* eine Rolle, eine Position und die Eigenschaften stehen, die zum Beispiel ein guter Vater hat (fürsorgend, schützend, wachsam, stark, gewissenhaft, führend, liebevoll, sorgend, mutig, etc.). Eigenschaften, die ein Herr sein Eigen nennt (Ehre, Würde, Eloquenz, Pietät etc.).

Mit „Vater unser im Himmel" rufst Du Gott an und bekundest, dass er im Himmel das göttlich Erhabenste ist.

Geheiligt werde Dein Name

Dies meint die sakralste höchste Bekundung über das, was Gott ist: ehrwürdig, fromm, geheiligt, gesegnet, geweiht, himmlisch, selig, erhaben, sakral, weihevoll, ernst, gnadenreich, heilig.

Dein Reich komme

Mit diesem Satz sagst Du vor Gott: Seine göttliche Fülle – das Reich all seiner Liebe, Mächte und Dimensionen, seine Herrlichkeit, das, was Gott über unsere Vorstellung hinaus universell ist und meint – komme. „Dein Reich komme" bedeutet auch, das große Reich seines reinen Bewusstseins und Wissens über das Seelische und Menschliche. Über das „Gotteswissen", wie es für Dich oder einen anderen Menschen in seinem Leben gerade ist und was nunmehr das Geeignetste für Dich und Deine Entwicklung ist.

Dein Wille geschehe

Wenn Du seelisch lebst, meinst Du: Sein Wille geschehe.
Damit lieferst Du Dich nicht aus, damit bist Du Dir, wenn Du diesen Satz betest, darüber bewusst, dass Gott Dir den freien, seelischen Willen geschenkt hat. Und Dein seelischer Wille ist demnach Gottes Wille. Sein Wille geschieht in dem Moment, in dem Du Deinen seelischen Willen in Dir annimmst. Indem Du im Sinne Gottes beginnst, mit Deinen seelischen Werten für Dich zu leben, zu handeln und zu entscheiden. Denn Du bist Dein eigener Schöpfer. In Dir befindet sich die göttliche Schöpferkraft und sein Wille ist es, dass Du diese Schöpferkraft selbstbewusst annimmst. Das ist Gottes Wille. Wenn Du sagst: „Dein Wille geschehe", so stärkst Du mit

Deinem Bewusstsein über Deinen eigenen seelischen Willen Deine Seelenkraft.

Du erschaffst Raum, dass Gott Deinen eigenen seelischen Willen für Dich im besten Sinne stärken kann. Dann liegt es an Dir, das Beste für Dich, *so wie Gott für Dich entscheiden würde*, zu vollziehen.

Es bedeutet, dass Du mit Deinem seelischen Bewusstsein in den menschlichen Verstand und in die Objektivität trittst, um Dein Leben zu reflektieren und – außerhalb Deines Egos – Klarheit zu gewinnen. Klarheit darüber, wie Dein Leben ist und was Du jetzt am besten für Dich mit Gottes Hilfe und Unterstützung durch seine Impulse und Fügungen unternehmen kannst.

Gott wird Dich in jedem Fall lenken und leiten. Empfange seine Botschaften durch Deine Impulse und seine Zeichen.

Sei Dir bewusst, Du bist ein wissender Betender, der sich nicht in Hoffen und Glauben verstrickt oder gar in falsches Warten. Diese Zeiten sind vorbei, denn Hoffen und Glauben („glauben" hier im Sinne von „davon ausgehen" und „vermuten") sind Gefühle des Egos. So zum Beispiel der Wunsch eines Egos, es würde doch noch etwas zum Besseren sich wenden, gemäß seiner eigenen Vorstellungen oder Erwartungen.

Glauben ist nicht Wissen. Dich selbst zu kennen jedoch ist Wissen, auf das Du in Dir zurückgreifen kannst. Zu wissen, wer Du selber bist. Aus welchen seelischen Werten sich die Gestalt Deiner Seele zusammensetzt – also Deinem Selbstwert. Zu wissen, wozu Du mit all Deinen Kompetenzen in der Lage bist, im Leben zu wirken. Und Gott möchte, dass Du lernst, auf Dich selbst zurückgreifen zu können. Er steht Dir zur Seite, er gibt Dir und Deiner Seele Kraft.

Doch ist es Zeit, dass Du weißt: „Dein Wille geschehe" ist nicht mehr: warten und hoffen, dass sein Wille Dir gegenüber ein guter Wille sei. Es ist die Zeit, in der Du mit Deinem freien Willen aus dem Ego heraus negative Entscheidungen, Taten und Wege vollziehen kannst. Oder in der Du, mit Deinem seelischen Willen (dem göttlich ausgerichteten Willen oder wie es Gott auch für Dich tun würde), aus Deinen seelischen Werten heraus, Wege gehen kannst, die Du für Dich im Sinne Gottes entscheidest. Du sollst und darfst lernen, im Sinne Gottes für Dich handeln zu können. Mit *Deinem Wille* geschehe alles zu Deinem seelischen und göttlichen Wohl.

Du darfst, *so wie Gott Dein Leben liebt*, Dein eigenes Leben willentlich lieben.

Wie im Himmel, so auf Erden

> *Ich habe Dich nach meinem Bild geschaffen.*
> *(1. Mose 1.27)*

Im Himmel, wo Gott Dich liebevoll, wertvoll, klar und wahrhaftig unterstützt, wird er Dir nur Dinge und Erfahrungen zukommen lassen und werden sich Fügungen ereignen, die Dir guttun. Und damit Deiner Entwicklung guttun. Mit diesem göttlichen, erhabensten Bewusstsein von Gott – im Himmel – darfst Du es auch auf Erden (und musst Du es auch, willst Du Gott ehren) für Gott so halten. Du darfst Dich fragen, außerhalb des Gebetes:

Würde Gott das für mich tun?

Stell Dir vor, Du hast keinen Partner, Du wünschst Dir aber einen. Und vor allem weißt Du, dass Du einen ebenbürtigen Partner brauchst, mit vielen gleichen, seelischen Werten, die auch Du lebst. In der alten Zeit würdest Du wahrscheinlich darüber gar nicht wirklich nachdenken und vom Ego schon damit zufrieden sein, wenn Du endlich einen Partner hast. Welcher zwar unerträglich viele Ecken und Kanten aus Deiner Sicht hat – „Aber", schreit da Dein Ego, „Es ist besser, als alleine zu sein". Doch vor Gott bist Du in jedem Fall den Partner wert, der ebenbürtig ist und Dich umfassend wahrnimmt, genießt und liebevoll behandelt.

Gott macht keine Kompromisse.
Kompromisse macht das Ego, aus Angst, gar nichts zu bekommen oder zu kurz zu kommen. Im Himmel und aus dem Reich Gottes kommst Du niemals zu kurz. Niemals. Du musst vielleicht ein bisschen länger das, was Du in Deinem Leben an Klarheit, Ordnung, Familie und Beziehung willst, als erhabensten Gedanken in Dir tragen, bevor es sich erfüllt. Doch das lohnt sich auf jeden Fall für Deine Seele, die die Stimmigkeit im Leben in Beziehungen und in allem, was Dich umgibt, liebt.
Du begehrst doch sicher ein erfüllendes Leben mit Sinn.
Mag sein, dass Du dafür etwas tun musst, zum Beispiel, die Entwicklungen und Fügungen Deines Lebens mit Dynamik und Taten zu unterstützen. Es sozusagen zu erobern, was Du Dir wünschst. Aber wisse, Gott setzt im „Himmel" alle Hebel in Bewegung, damit Du das bekommst, was Deiner Seele gemäß ist und Dir guttut.

„Wie im Himmel, so auf Erden" meint, wenn Gott weiß, was Du brauchst, dann übermittelt er Dir durch Dein Bewusstsein eine Klarheit darüber, damit auch Du dieses „Geeignetste" ebenso erkennst und Dich dafür entscheiden kannst.

Sei dies in Beziehungen, persönlichen Lebensthemen, Situationen oder bei Entscheidungen, die zu fällen sind. Das heißt jedoch auch umgekehrt, Gott diese Information zu geben, was *Du* willst, weil Du das, worum es Dir jeweils geht, „wert" bist mit seiner Lösung und Erfüllung. Dann, wenn Gott weiß, dass nicht nur er, sondern auch Du Dich seelisch und menschlich erfasst hast, was Du vor Dir WERT bist, geschieht sein Wille. Denn dann weiß Gott, dass Du in der Lage bist, die guten Lösungen und Fügungen mit Deinem Selbstwert anzunehmen und in Dein Leben einkehren zu lassen.

Du darfst für Dich selbst und vor Gott in den *gütigen Willen* hineinwachsen. Du darfst aus dem Ausgeliefertsein, sein Wille könnte am Ende schlecht für Dich ausgehen, komplett heraustreten. Nein, es geht niemals schlecht für Dich aus, wenn Du verstehst, dass Du in der neuen Zeit des Betens die Erde zum Himmel bringen darfst – Dein seelisches Leben. Dass sich dann der Himmel für Dich auf die Erde bringt.

Ein Beispiel

... für den Arbeitsplatz:
Man weiß, dass man es wert ist, eine Arbeit zu machen, die einen erfüllt und bereichert, und man weiß, dass man *damit* auch andere erfüllt und bereichert.
Und das Wissen darum, dass man dafür auch etwas tun und alle Hebel in Bewegung setzen *muss* (recherchieren, bewerben, dranbleiben, etc.). Hat man „alle Hebel in Bewegung gesetzt", dann setzt der Himmel auch alle Hebel in Bewegung. Und der positive Ausgang ist gewiss!

... in der Partnersuche:
Ist man sich darüber im Klaren, was man selbst, seelisch, wertebezogen, in die Beziehung einbringen will und kann, sorgt man in seinem Bestreben selbst für adäquate Begegnungen, bleibt sich selbst treu entgegen der Versuchung, einen Partner zu „nehmen", der dann verfügbar ist. Entgegen der sich bis zu dem Zeitpunkt der seelisch ebenbürtigen Begegnung einstellenden Einsamkeit, die man trägt, weil man weiß, was die Beziehung einem wert ist. Und weil man weiß, dass man es sich wert ist, einen ebenbürtigen Partner zu finden. In dem Wissen und Vertrauen übergibt man sich dem Himmel, und der Himmel kann „erfüllen".

... bei Lebensumstellungen, zum Beispiel gesunde Ernährung und Sport:
In fester Absicht und mit seelischem Willen durchgeführte konsequente Handlungen, die einen durch diverse „Durststrecken" und „Verzichtsgefühle" hindurchgehen und bestehen lassen. Und der Himmel einem zur Hilfe zahlreiche Impulse und Fügungen einleitet, die diese Lebensumstellung begünstigen.

Grundsätzlich: Es fügen sich die Dinge des Lebens durch das „eigene Hinzutun", durch das „Dranbleiben". Die Lösung vom Himmel kommt bestimmt, jedoch kommt sie besser, genauer, umfassender, sicherer als durch passives unbewusstes „Flehen", ohne dem Himmel für die Lösung den Boden zu bereiten.

Unser tägliches Brot gib uns heute

Ja, Du bist es wert, dass Du ein gutes, auch materiell gutes Leben hast. Mit diesem Satz bekundest Du, dass Du Gott bittest, Dich dabei zu unterstützen, ein gutes Auskommen, Einkommen, Geld und Besitz gemäß Deiner Werte zu leben. Ja, Du bittest Gott um Fügungen oder Zeichen, Impulse, damit Du es täglich neu und in die Zeit hinein manifestieren lernst, es Dir auch materiell gut gehen zu lassen. Das tägliche Brot ist als Zeichen für diesen Prozess gemeint. Früher ging es darum, nicht verhungern zu müssen – eine damals alltägliche reale Bedrohung. Heute geht es um unseren materiellen Stand im Leben und darum, materiell nicht „zu verhungern". Wir können dieses Brot allerdings auch als geistiges und emotionales Brot betrachten. So, dass wir Gott auch darum bitten, dass wir „Futter" für unsere positiven Gedanken und Gefühle erhalten und Informationen, die uns geistig und emotional weiterbringen und dynamisieren. Menschen, die unser Leben mit ihrer Wertschätzung bereichern, dadurch dass sie uns „sehen" mit den Werten, die wir leben.

Und vergib uns unsere Seelenlosigkeit

> *Eines Tages werde ich jede Träne von Deinen Augen abwischen.*
> *Und ich werde alle Schmerzen Deines Lebens wegnehmen.*
> *(Offenbarung 21.3-4)*

Dein Ego oder ein Ego und der Konsum der Menschen ist seelenlos und damit auch ohne Gottesbewusstsein. Wenn Du ein Kind, welches noch nicht gelernt hat, sich selbst anzuziehen, für dieses Unvermögen bestrafst, bist Du seelenlos und handelst aus dem Ego. Wenn Du einer alten Frau nicht über die Straße hilfst, obwohl Du weißt, dass diese gleich stürzen wird, handelst Du seelenlos und aus der Bequemlichkeit oder Herzlosigkeit des Egos. Wenn ein Mensch Dich verletzt, entwertet, bewertet, bedroht, verrät, entwürdigt, entehrt, straft, missachtet, ausschließt, vernachlässigt, ignoriert, dominiert, wie auch immer er dies vollzieht, handelt er seelenlos.

Wenn Du einem Menschen mit seelischen Werten wie Warmherzigkeit, Respekt, Achtung, Wertschätzung, Fürsorge, Treue, Nachsicht, Verständnis und dergleichen begegnest, handelst Du beseelt und aus Deiner Seele.

Wenn Du diesen Satz sprichst, bist Du vor Gott in der Innigkeit, er möge den Menschen und Dir Deine vollzogene Seelenlosigkeit vergeben. Deine eigene Seelenlosigkeit oder die Seelenlosigkeit der anderen, die Dich bewusst oder unbewusst belastet und dein Ego mit seinen Eigenarten stärkt und gleichzeitig Deine Seelenkraft schwächt. Du bittest Gott mit diesem Satz, die Summe der Seelenlosigkeiten zu vergeben. Damit es den Menschen und auch Dir leichter wird, seelisch, bewusst und wertschätzend miteinander umzugehen. Und vor allem mit sich selbst so umzugehen. Dieser Satz wird von Gott sehr wohl verstanden und er wird Dir die Last der Seelenlosigkeit, die Du gelebt oder erfahren hast, nehmen.

Deine Aufgabe hingegen ist es, ein neues Bewusstsein für das Seelenlose zu erhalten. Dass Du Dich und Deine Umwelt darauf hin überprüfst, was einerseits das Leben aus der Seele im Sinne Gottes ist. Und zum anderen, Seelenloses als eine leidvolle, unselige, egomane Handlung des Menschen zu erkennen, die niemals im Sinne Gottes ist. Und zu lernen, das eine vom anderen zu unterscheiden.
    Deine Aufgabe im Alltag für Deine Seele und Gott ist also fortan, Dich seelisch zu leben, zu geben und zu handeln.

Beispiele für Seelenlosigkeit und neues Bewusstsein für beseeltes Handeln

Seelenlosigkeit	Neues Bewusstsein für beseeltes Handeln
Die eigene Arbeit öde zu finden, sie nur noch lustlos abzusitzen und dem Feierabend entgegenzufiebern – tagein, tagaus.	In dem, was man tut, den seelischen Wert herauszustellen: also entweder dafür zu sorgen, dass man sich am richtigen Arbeitsplatz fühlt, oder die Haltung zum aktuellen Arbeitsplatz zu ändern und zu erkennen, was man dort tatsächlich an Wertvollem ausführt, worin da der „eigene Wert" zu sehen ist. Sich also für die Zeit der Arbeit neben sich stellen zu können, um seinen Mitmenschen innerhalb seiner Arbeit professionell „dienen" zu können.
Sex als Egoschmeichelei und als Konsumgut, als eventuell „einziges" noch intaktes Bindeglied der Beziehung zwischen zwei Menschen.	Nur Beziehungen in Ebenbürtigkeit zuzulassen, bei denen man die Haltung, die Werte und die Seele seines Gegenüber kennt, in gegenseitigem Respekt, in Achtung und Wertschätzung, Nähe und Leidenschaft als Ausdruck der körperlichen Wertschätzung.
Sich mit Essen „vollzustopfen", einen ganzen Kuchen aus reiner Gier zu „verdrücken"	Sich die Frage zu stellen: Tut mir das gut? Ist das jetzt stimmig oder – ehrlicherweise – nur Gier und Konsum? Ist es

	eventuell stimmiger, sich etwas Frisches zu kochen und nur ein Stück Kuchen zu essen?
Die Kinder häufig und für längere Zeiten vor den Fernseher zu setzen aus „purem" Bedürfnis nach Ruhe	Mit den Kindern Routinen zu vereinbaren, zum Beispiel Zeiten gemeinsamen Spielens und feste Zeiten absoluter Ruhe, in denen man sich um sich selbst kümmern kann und die Kinder Kontakt bekommen zu Einkehr und sinnvoller Ruhe, wie beispielsweise dem Mittagsschlaf.
Beleidigt auf die mangelnde Begeisterung des Gegenübers über sein Geschenk zu reagieren, da man etwas „Außergewöhnliches" ausgesucht hat und das Geschenk auch teuer war.	Selbst zu erkennen, dass man das Geschenk gut fand und sich keine Gedanken darüber gemacht hat, ob es der anderen Person auch wirklich Freude bereitet oder zu ihr passt. Der Beschenkte hätte vielleicht mehr Spaß an einer gemeinsamen Unternehmung gehabt als an dem Gegenstand und sich darüber gefreut, dass der Schenkende daran gedacht hat.
Sein Kind zu schlagen	Sich eigene Übertritte eingestehen, sich um die eigenen Ohnmachtsgefühle, die Überforderung und den Verantwortungsdruck kümmern, dem man sich nicht gewachsen glaubt.
Bei der Hänselei des unbeliebten Schülers mitzumachen, weil man nicht „negativ" bei seinen	Die Ungerechtigkeit spüren und für sich beschließen: Wenn ich schon nicht einschreite und

| Mitschülern auffallen will und Angst hat, man könnte selbst gehänselt werden. | mich gegen die ganze Gruppe stellen mag, so weiß ich jedoch, dass ich ganz sicher so etwas nicht mitmachen will. |

Wie auch wir vergeben dem Seelenlosen

Meine guten Gedanken über Dich sind so zahlreich wie der Sand am Meeresstrand.
(Ps. 139. 17-18)

Wenn Du dies aussprichst, geht es in dieser Passage darum, dass Du Gott bekundest: Ja, auch Du und die Menschen sind mit ihrem Bewusstsein in der Lage, das Seelenlose zu enttarnen. Und zu erkennen. Du kannst erkennen, wo Du oder ein anderer Mensch sich seelenlos verhalten hat. Du weißt, von wem Du Dich ungerecht oder gedemütigt, falsch behandelt oder missachtet gefühlt hast. Oder Du erinnerst Dich an das, was Du beobachtetest und was seelenlos war.

Die größte Macht ist die Liebe.
Es ist das Ego, das sich bei der Bewusstmachung von Seelenlosigkeit, vielleicht sogar in das Gefühl der Verletzung, des Verschließens und des Rückzuges hineinsteigert.

Die Liebe und Deine Seele sind völlig offen und können alles mit seelischem Bewusstsein relativieren, objektivieren und einordnen. Wenn Du sagst: „*Wie auch wir vergeben dem Seelenlosen*", so bekundest Du vor Gott, dass Du bereit bist, dem Seelenlosen keine Beachtung, Bedeutung und Macht über Dich zu geben. Weil Du in der Vergebung gegenüber dem Seelenlosen für Dich auch weißt, dass Du die Umgebung oder die Menschen, die sich seelenlos ausdrücken, nicht mehr in Deinem Umfeld haben willst. Oder das Seelenlose so nicht leben willst. Nicht mehr einfach akzeptieren oder hinnehmen.

Und Du drückst auch aus, dass Du selbst Dir das eigene gelebte Seelenlose vergibst mit dem gekoppelten Schritt, Dein Spektrum an gelebter Seelenlosigkeit mehr und mehr zu minimieren. Und aus Deiner Seele heraus das beseelte Leben zu leben und auch so zu handeln.

Damit schließt sich der Kreis der Vergebung zwischen Dir und Gott. Gott spricht Dich von der Seelenlosigkeit oder dem Seelenlosen frei und Du sprichst Dich vor ihm selber frei. Um mehr und mehr in den freien Weg des seelischen Lebens, des Lebens in Liebe und seelischen Bewusstseins zu treten.

Was in Deinem Alltag für ein seelisches Leben spricht – womit Du Dich vom Seelenlosen distanzierst:

- Der Ausstieg aus dem ewigen Opfer-Täter-Dasein, was Dir die Selbstmacht beschert, jedoch ebenso die Selbstverpflichtung, die vollkommene Verantwortung für alles in Deinem Leben zu übernehmen.
- Jede Entscheidung, die Du in seelischem Sinne triffst, hat auch eine für Deine Seele positive Konsequenz zur Folge
- Bewusst seelische Werte zu leben und mit Menschen seelische Werte zu teilen
- Je mehr Du in Dein Streben gehst, Dein Leben sinnvoll zu leben – indem Du zum Beispiel anderen hilfreich zur Seite stehst, desto mehr kann sich das Leben Dir auch im göttlichen Sinne zuwenden
- So wie Du mit Dir selbst umgehst, so gehst Du mit Gott um. Gehst Du seelisch mit Dir und Deinem Leben um, bist Du Gott nahe
- Dich für Sinnvolles einsetzen und Sinnvolles leben. Sinnloses loslassen

Und führe uns durch die Versuchung

Damit bittest Du Gott, Dich zu stärken. Der Versuchung zu widerstehen, aus Deinem Ego zu handeln, in Deinem Ego zu verharren oder sich mit anderen Egos zu verbinden.

Liebes Kind, ich kenne Dich ganz genau,
selbst wenn Du mich vielleicht noch nicht kennst.
(Ps. 139.1)

Beispiele für egomane Sinnlosigkeiten, alleine oder miteinander:

- Das stets durchbrochene Vorhaben, mit dem Rauchen aufhören zu wollen, begleitet von Gefühlen der Machtlosigkeit oder Indifferenz gegenüber seiner eigenen Gesundheit
- Der Kauf einer teuren Tasche, obwohl man vor sich selbst aufrichtiger Weise eingestehen müsste, dass dies nicht einmal „ein langer Wunsch" oder gerade sinnvoll wäre. Steht doch die Begleichung der Kosten für die Klassenfahrt des Kindes an
- Das Gefühl, nicht mehr schlafen zu können vor lauter Wut und Scham, da es ein Kollege/Nachbar/Familienmitglied, geschafft hat, mich „dumm" dastehen zu lassen. Und das eigene Bestreben, es demjenigen „heimzuzahlen"
- Weil man sich selbst dabei erwischt hat, in einem „schwachen Moment" die Diät durchbrochen zu haben, brechen alle Dämme und man bricht die Diät frustriert und wütend ab: „Jetzt ist es doch eh egal."
- Das lange Aufbleiben, weil der Film so spannend war, obwohl am nächsten Tag eine wichtige Verabredung ansteht. Und trotz kurzem schlechten Gewissens weitermacht: „Jetzt habe ich Spaß, was morgen ist, ergibt sich morgen."
- Ein/e Freund/in verhält sich ungewöhnlich und man das Gefühl hat, er oder sie tut sich selbst nicht gut, denn er/sie stürzt sich nach einer Trennung direkt in eine neue Affäre und das obendrein auch noch mit dem Chef am Arbeitsplatz; man sagt aber nichts aus Angst vor der Ablehnung und der Uneinsichtigkeit des Freundes/der Freundin
- Eigene Unsicherheiten innerhalb der eigenen Liebesbeziehung kompensieren durch Seitensprünge

- Dinge, Aktivitäten, Einkäufe vor dem Lebenspartner geheim halten, aus Angst, man würde sich sonst zu sehr ausliefern.
- Sich bei Freunden über die Beziehung „ausheulen", anstelle sich der Unstimmigkeiten innerhalb der Liebesbeziehung zu stellen.
- Der besten Freundin dabei zusehen, wie sie sich in eine offensichtlich unstimmige Sache oder Entscheidung begibt und sich jeder Meinung enthalten, sich nicht unbeliebt machen wollen und eine „generöse" Haltung vorgeben: „Sie wird schon wissen, was sie tut."

Werte, die man aus seiner Seele heraus alternativ leben kann

a) Vor der Versuchung

Am Beispiel des Rauchens: In sich den Wert der gesunden Lebensführung deutlich und ernsthaft ausmachen und sich ganz klar darüber sein, was einem dieser Wert gibt: Gesundheit und Unabhängigkeit von einer Droge.

Am Beispiel des Taschenkaufs: In sich den Wert der Sparsamkeit auszumachen, die sinnvolle, wohlüberlegte und auch pfiffige Käufe und Gelegenheiten findet, und zu wissen, dass es sich lohnt, weiterzusuchen, anstelle bei allem sofort zuzugreifen, oder Geld für Wichtigeres aufzusparen.

Am Beispiel der Freundschaft: Sich klar zu sein, dass einem die Freundschaft zu einem Menschen so sehr am Herzen liegt, dass man den anderen vor Wahrheit und Ehrlichkeit nicht verschont, wenn man weiß, dass der andere beispielsweise dabei ist, sich in eine unstimmige Liebesbeziehung zu stürzen, und man als Freund spüren kann, dass diese anstehende Beziehung nicht auf Augenhöhe abläuft. Sondern unerfüllte Sehnsüchte, Projektionen oder schlichte Ängste vor Einsamkeit Motive sein könnten, und nicht wahrhaftige ebenbürtige Begegnungsebene.

b) In der Versuchung

Am Beispiel des Rauchens: Auf seinen erkannten und gewünschten Wert des Durchhaltevermögens, der Selbstbeherrschung, der Selbstreue, der Konsequenz zurückzugreifen

Am Beispiel des Taschenkaufs: In sich den vorab schon gelebten Wert der Selbstbeherrschung, der Objektivität, des Pragmatismus zu besinnen, und diese Werte der Kauflust entgegensetzen zu können, da diese für sich gesehen mehr Sinn ergeben als ein „Kaufimpuls", und man die Tasche guten Gewissens so wieder zurücklegen kann, ohne das Gefühl haben zu müssen, man würde sich rational zwingen müssen. Werte stehen über dem Zwang.

Am Beispiel der Freundschaft: Sich der Zuneigung, Nähe, Offenheit, Warmherzigkeit gewahr zu sein, die man gegenüber dem guten Freund/der guten Freundin spürt und trotz der Gefahr, in seiner guten Intention nicht verstanden und wahrgenommen zu werden, zu seiner Ehrlichkeit zu stehen. Und in Kauf zu nehmen, dass der Freund vom Ego her reagiert, also beleidigt, eingeschnappt oder gar wütend.

c) Als Weisheit nach der Versuchung

Für alle Versuchungen: Sei die Versuchung zu stark gewesen und man hat seinem Ego gehorcht und seine Werte nicht beachtet, so kann selbst danach der Weg in die Werte sofort wieder eingeschlagen werden, macht man sich die Werte bewusst, die durch diesen „Fehltritt" aktiviert werden können: Einsicht, Lernbereitschaft, Entwicklung, Entfaltungsfreude, Ernsthaftigkeit, Sinnstreben. Versuchungen relativieren sich in ihrer Fehlerhaftigkeit durch die Erkenntnisse auf „sinnvolles" Handeln in Zukunft.

Eigenverantwortung als Betender befreit Dich vom Opferstatus
„Führe uns durch die Versuchung" bedeutet, dass Du weißt, dass es darauf ankommt, wachsam im Alltag zu sein, für das Sinnvolle und das Sinnlose. Dein Ego hat ein besonderes Faible für Sinnlosigkeit und dafür, darin stecken zu bleiben. In sinnlosen, oberflächlichen Gesprächen, falschen Beziehungen, die mit praktischen Aspekten ertragen und erduldet werden, mit falschen Freunden, Möbeln und vielem mehr. Dein Ego hat ein Faible dafür, nichts verändern oder an sich arbeiten und sich entwickeln zu wollen. Die Versuchungen des Egos sind breit gefächert, die es jedes Mal mit purer Seelenlosigkeit mit sich selbst oder gegenüber anderen Menschen praktizieren kann.

Wenn Du Gott anbetest und sprichst: „Und führe uns durch die Versuchung", dann bittest Du ihn darum, Deinen Geist und Dein Bewusstsein zu stärken und zu weiten. So sehr, dass Du entweder die Versuchung erkennst und sie mit Deinem seelischen Willen direkt abschmetterst, oder, während Du schon in der Versuchung bist, sie unterbrechen kannst. Und – wenn Du richtig schön mitten in der Versuchung bist – es zumindest danach nicht noch einmal geschehen zu lassen. Dass Du es nicht mehr seelisch „unversucht" lässt, Deine seelischen Werte dagegenzusetzen.

„Und führe uns durch die Versuchung" bedeutet der Versuchung, in die sich Dein Ego hineinfallen lassen möchte oder hineingefallen ist, etwas Sinnvolles entgegenzusetzen. Um sich erhobenen Hauptes aus der Versuchung mit Gottes Zeichen und Impulsen zu führen. Eben in keinem Fall darin stecken zu bleiben. Dies meint zum Beispiel die Versuchung des Egos zu glauben, Angst und Zweifel wären die göttliche Wahrheit, ungeachtet all Deiner seelischen Werte, die sich dagegenstellen, oder Selbstmitleid oder Mangelgefühle jeder Art.
   Und wenn Du einen Menschen nicht magst und Du spürst die Versuchung, ihn beleidigen zu wollen, diesen Moment der Seelenlosigkeit zu erkennen. Sich dann an das zu erinnern, was Gott täte. Nämlich diesen Menschen nicht zu beleidigen. Ihn vielmehr loszu-

lassen und ihn zu respektieren, wie er ist, ohne ihn verändern oder gut finden zu müssen. Oder, wenn Du die Versuchung spürst, zum Beispiel mehr zu essen, als Du eigentlich Hunger hast und benötigst. Auch hier diesen Moment der Seelenlosigkeit und das Haben-Wollen, -Sollen oder -Müssen des Egos zu enttarnen. Und sich an Gott zu erinnern, der Dich mit Dir gemeinsam durch diese Versuchung führt.

„Und führe uns durch die Versuchung" ist eine Bekundung an Gott, dass Du weißt: Er führt, wenn du bittest, Dich in jedem Fall – hast Du mit Deinem seelischen Bewusstsein unter anderem verstanden, worum es jeweils geht – *aus der Versuchung* heraus ... und nicht *in* die Versuchung hinein. Dieses „in", das macht Dein Ego.

Sodass sich unser Ego erlösen kann

Wenn Dein Herz zerbrochen ist, bin ich Dir nah.
(Ps. 34.18)

Ja, das ist das Ziel Deines menschlichen Lebens, dass sich Dein Ego erlösen kann. Und wenn Du im Anschluss sagst: „Sodass sich unser Ego erlösen kann", bekundest Du Deine tiefe seelische Absicht und Sehnsucht, reinen Herzens leben zu wollen. Im Innen und Außen, ungestört von Seelenlosigkeit oder Egolastigkeit. Wenn etwas erlöst ist, dann ist es frei. Dein Ego darf sich in der Erlösung in Deiner Seele auflösen. Alle Ängste, Zweifel, Hoffnungen, Erwartungen, negativen Gefühle und Gedanken, Interpretationen, Gewalt ... all das darf sich erlösen und auflösen. Mit jedem Auflösen von Seelenlosigkeit wird Deine Seele stärker und in ihrer Kraft und Wirkung für Dein menschliches Leben präsenter, schöpferischer.

Dafür braucht es die Vergebung, die Enttarnung, das Loslassen des Seelenlosen, welches Dein Ego praktiziert. Dieses Loslassen erlöst Dein Ego – mithilfe Deines seelischen Bewusstseins und Willens und mit Gottes Hilfe und Wissen um Deine eigene Seelenkraft.

Denn Dein ist das Reich und die Kraft und die Herrlichkeit, in Ewigkeit

Damit bekundest Du die Unantastbarkeit Gottes, des Göttlichen, der Zeitlosigkeit und ewigen Gültigkeit des Universellen. Damit bekundest Du auch Deine eigene seelische Gültigkeit.

Amen

Amen bedeutet: „So sei es". Es bedeutet als abschließendes Wort auch: „So *ist* es", und Du sagst sogar: „So meine ich es." Mein Geist und der göttliche Geist gehen damit konform.

Das seelische „Gegrüßet seist Du, Maria"

> *Gegrüßet seist Du, Maria*
> *Voll der Gnaden.*
> *Der Herr ist mit Dir*
> *Du bist gebenedeit unter den Frauen*
> *Und gebenedeit ist die Frucht Deines Leibes, Jesus.*
> *Heilige Maria, Muttergottes*
> *Bitte für uns Menschen, jetzt und alle Tage unseres Lebens*
> *Amen.*

Gegrüßet seist Du, Maria

Du wendest Dich mit diesem Einstiegssatz mit Deiner Seele an Maria, an die aufgestiegene und heilige mütterliche Seele der Muttergottes.

Voll der Gnaden
Du weißt, dass sie als Fürsprecherin der Menschen und als Brücke zu Gott Vater auch die Fürsprecherin für Dich ist. Du weißt es und kannst vielleicht sogar, während Du betest, spüren, wie „voll der Gnaden" die Muttergottes ist.

In Gnade zu sein bedeutet, begnadet zu sein mit etwas. Es meint im Falle Marias, in der göttlichen Macht zu stehen, göttlich geführte Erlösung initiieren zu können. Maria ist begnadet mit mütterlicher Liebe und Toleranz, mit Verständnis und dem Engagement, sich für die Menschen und auch Dich für Deine Gnade (Erlösung, Wohlergehen, Anliegen) einzusetzen.

Der Herr ist mit Dir
Du bekundest, dass Gott Vater, der Herr, bei Maria ist. Ganz nah und unmittelbar.

Du bist gebenedeit unter den Frauen
Und dass Sie als Frau, Mutter und Fürsprecherin, mehr als gesegnet und geheiligt ist. Gebenedeit ist auserwählt und besonders mit Gott in Heiligkeit verbunden. Benedeien, ein alter christlicher Begriff für „beneiden". „Du Gebenedeite", „Du Beneidete". Dies meint im positiven Sinne die ultimative Nähe zu Gott und die Anerkennung der göttlichen „Position und Bedeutung" der göttlichen Mutter.

Und gebenedeit ist die Frucht Deines Leibes, Jesus.
Gleiches gilt für Jesus, den Sohn Gottes, dessen Mutter Maria ist. Auserwählt und besonders mit Gott in Heiligkeit verbunden.

Heilige Maria, Muttergottes
Du verstärkst Deine Anrufung an Maria und intensivierst Deinen Kontakt ein weiteres Mal von Deiner Seele zu ihrer gebenedeiten Seele.

Bitte für uns Menschen
Du bittest als Mensch, dass sie vor Gott für Dich und für die Menschen vor Gott ein „gutes Wort" einlegen möge und vor ihm die Fürsprecherin Deiner Anliegen ist. Dass Du als beseelter Mensch ihre Hilfe und Unterstützung erbittest, dass Maria vor Gott sozusagen eine Empfehlung für Dich und Deine Bitte ausspricht.

Jetzt und alle Tage unseres Lebens
Und dies in jedem Moment, an jedem Tag, in jedem Jahr mit jedem Atemzug Deines Lebens. Denn es geht in Deinem Leben um jeden einzelnen Tag und nicht um den einen finalen, wenn Dein Leben zu Ende ist. Du bittest um Marias Fürsprache und Unterstützung für Dein Anliegen im Jetzt, dem Augenblick Deines Gebetes und außerhalb Deines Gebetes, an allen Tagen.

Amen
„So sei es" und „so ist es". So meinst Du es zu Maria und so verstehst Du die Muttergottes!

Das seelische „Herr, ich bin es würdig"

> *Herr, ich bin es würdig,*
> *Dass Du eingehst unter mein Dach,*
> *So sprich Du nur ein Wort und meine Seele wird gesund.*

Herr, ich bin es würdig

Du wendest Dich als Seele zu Gott, da Gott durch Deine Seele in Dir als Mensch zu Hause ist. Zwischen Dir und Gott gibt es von Deiner Seele aus zu ihm nichts, was stört. Wenn etwas stört und „Gottes nicht würdig" ist, dann ist es Dein Ego und das Seelenlose.

Doch Du betest mit Deiner Seele und bist selbstverständlich „würdig", dass Gott mit Dir spricht, Dich anhört und Du seine Nachrichten empfängst, seine Zeichen oder Impulse. Deine Würde ist Dir durch die Nachvollziehbarkeit all Deiner seelischen Werte bewusst. Deine gelebten göttlichen Werte sind der Grund Deiner Würde.

Was bedeutet Würde?

Die in der Tat unantastbare absolut fraglose und zweifelsfreie Seinsberechtigung einer jeden Seele. Das unveräußerliche Recht, das jeder Mensch selbstverständlich und natürlich innehat, selbstbestimmt, göttlich zu leben in seelischem Ausdruck.

Ehren ist wertschätzen

Es ist wichtig in Dir zuzulassen, dass Du Würde hast und würdig bist. Wenn Du sagst: „Herr, ich bin es würdig", sagst Du: „Gott, ich bin es würdig" und bekundest unter anderem, dass es Dir einerseits bewusst ist, würdig vor Gott zu sein. Jedoch auch dass Du Dich detailliert mit Deiner eigenen Würde, um mit der Gotteswürde umgehen zu können, auseinandersetzt. Also auch mit Deinen seelischen Werten, Deinem gemäßen sinnvollen Handeln und Tun. Du weißt, was Deine Würde und die Würde eines Menschen ist. Es gibt keinen Menschen, der nicht mehrere seelische Werte lebt. Du weißt, was Deiner würdig und seelisch gemäß ist durch Deine gelebten seelischen Werte. Du weißt, wie Du dem Leben, den Menschen oder Gott gegenüber würdig und würdevoll handelst. Da Du Dich nicht entwürdigen lässt oder andere entwürdigst, schützt Du Deine Würde und auch die Würde der anderen. Du erachtest in anderen Menschen deren seelischen Werte.

Beispiele für Entwürdigungen unter den Menschen heutzutage:

- Das Ausbreiten von Makeln anderer Menschen
- Verhöhnung von äußerer Erscheinung, wenn jemand „hässlich" oder unattraktiv ist
- Erbarmungsloses Hineinsteigern in Fehler anderer, weiter zu schimpfen trotz Entschuldigung (Jemand hat Not und Eile, etwas Wichtiges abzuliefern und parkt sein Auto ungünstig. Ein anderer kommt nicht vorbei und macht den Parkenden daraufhin zur Schnecke. Nach eingehenden Beschwichtigungsversuchen und Entschuldigungen pocht der andere jedoch auf sein „verletztes Recht" und lässt keine Entschuldigung gelten und regt sich auch nicht ab)
- Vermeintlich verniedlichende Ansprache und Wortlaute, die jedoch in fragwürdigem, genervtem, aggressivem Unterton geäußert werden: „mein Kleiner", „Schätzchen", „Hör mal, Süße"
- Grobe Späße, die man mit dem Ziel der Belustigung Umstehender erleiden muss, ungeachtet der Befindlichkeit des Betroffenen („War doch nur Spaß!", „Sei nicht so zimperlich")
- Mobbing
- Zurechtweisung eines Mitarbeiters durch den Vorgesetzten vor versammelter Mannschaft

Beispiele, was Würdigung bedeuten kann:

- Bewusste, offene und laut geäußerte Wertschätzung einer guten Dienstleistung
- Anerkennung anderer, welche gerade Werte gelebt haben, diese Werte sichtbar und nachvollziehbar haben werden lassen (wenn das eigene Kind fleißig war, der Ehepartner geduldig, der Verkäufer hilfsbereit, die Mutter verständnisvoll, der Bruder tolerant, der Handwerker findig)

- Danke sagen und danken und es so meinen in dem Bewusstsein, was einem der Mensch oder die Sache seelisch gegeben hat
- Einem Gegenüber sofort mitteilen: „Was Du gemacht hast, hat mir jetzt gutgetan."
- Nach erhaltenem „Freundschaftsdienst" dem anderen trotzdem etwas Nettes zu schenken. Da das Getane einem etwas gegeben hat, und sei es das Gefühl, unterstützt worden zu sein, selbst wenn beteuert wird, dies sei doch „selbstverständlich".

Mit der Würde in Deinem Herzen und Deiner Seele achtest Du zutiefst das Göttliche in Dir und anderen Menschen. Du verletzt es nicht und lässt Dich nicht verletzen oder zu Dingen hinreißen, die unwürdig für Dich oder andere Menschen sind. In Würde leben, in Würde lieben, in Würde erziehen, in Würde arbeiten, heiraten, alt werden bedeutet, die eigene Ehre und die Ehre der anderen Menschen im Blick zu haben. Es bedeutet Würdigen und Ehren in einem; auf heiligem Niveau und im erhabensten Gedanken, dem eigenen Menschsein und der Göttlichkeit gegenüber. Wenn Du darauf achtest, dass Du in der inneren und äußeren Würde Deines Lebens bleibst und andere Menschen würdigst, dann erkennst Du jenes in Dir an, was Du sinnvoll lebst. Du wertschätzt es und bringst es zum Ausdruck, oder das der anderen Menschen.

Dass Du eingehst unter mein Dach

Und da Du beseelt, würdig, sinnvoll bist und lebst, kannst Du Gott „einladen" und bitten, „unter Dein Dach", in die Mitte Deiner Seele, Deines Menschseins, Deines Lebens und Handelns, einzugehen. Damit bittest Du ihn, sich Dir ganz und gar zuzuwenden und Dir, in Dir und aus Dir heraus Energie, Hilfe, Unterstützung, Fügungen, Synchronizitäten und Impulse zu senden. Dieses Gebet mit seinen heiligen Sätzen ist das stärkste „göttliche/väterliche" Anziehungsgebet, um die heilige Energie Gottes in sich und um sich zu spüren.

Denn mit diesem Satz: „dass Du eingehst unter mein Dach" öffnest Du Dein Herz, Deinen Geist, Deinen Körper und Deine Seele, um das, was Gott Dir jetzt energetisch oder sogar praktisch zukommen lassen will und wird, eingeben zu können. Sei in diesem Moment des Gebets sehr offen. Werde offen und empfange die göttliche Energie, die zu Dir fließen wird.

So sprich Du nur ein Wort und meine Seele wird gesund
Und wenn Du offen bist und Gott empfängst, weißt Du um die Macht seiner Herrlichkeit. Ja, dass er sozusagen nur einen Akzent, ein Wort, eine Energie, einen Impuls freizusetzen oder zu Dir zu leiten braucht, damit Deine Seele gesunder wird und kräftiger gegenüber Deinem Ego oder anderen Egos. Dieser eine Akzent und diese leise Energie, die Gott Dir schickt, machen Dich beweglicher, frischer, kräftiger, gesünder und mutiger. Oder es macht Dich optimistisch, wissend, handelnd und liebend, Dinge in Deiner Situation oder in einer Krise in Dir oder für einen anderen Menschen zu tun. Ja, Du wirst etwas erhalten, was Deine Seele gesund macht, wieder klarer Deinen Alltag gestalten und bewältigen zu können.

Amen
So sei es und so ist es. So verstehst Du es und so meinst Du es in der Kommunikation mit Gott. So willst Du es halten.

Das seelische „Ehre sei dem Vater"

> *Ehre sei dem Vater und dem Sohn und dem Heiligen Geist,*
> *Wie im Anfang, so auch jetzt und alle Zeit und in Ewigkeit*
> *Amen.*

Dieses Gebet ist ein Gebet, was in seinem Ursprung komplett erhalten bleiben kann, da es für Deine Seele stimmig und gesund ist.

Ehre sei dem Vater und dem Sohn und dem Heiligen Geist
Du bekundest, dass Du den Vater, also Gott, Jesus und den Heiligen Geist (heute würde man sagen, das heilige Bewusstsein) ehrst – zutiefst ehrst.

Wie im Anfang so auch jetzt und alle Zeit und in Ewigkeit
Diese Bekundung und Ehrung des Göttlichen ist unantastbar und steht außer Frage. Diese Bekundung und Ehrung des Göttlichen gibt es von Dir, heute, im Jetzt, schon von Anfang Deines eigenen Bewusstseins an, zu Gott und zum Begreifen Deiner eigenen Göttlichkeit mit Deiner Seele. Du bekundest, dass Du diese Haltung in Dir auch in Zukunft, in guten wie in schlechten Zeiten, mit und ohne Ego in Dir, unumstößlich innehältst. Diese Bekundung beschreibt sogar die Zeitlosigkeit und die Bekundung bis über Deinen Tod hinaus, durch das Benennen der Ewigkeit. Du schließt mit diesem Gebet einen tiefen seelischen, starken Bund. Bewusst mit Deiner Seele, direkt mit Gott. Eine Wissensbasis, auf die Du absolut – also ohne Wenn und Aber – zurückgreifst und auf die Du baust.

Amen
So sei es, so ist es. So verstehst Du es und so meinst Du es.

Das Kreuzzeichen

„Das kleine und große Kreuzzeichen wird ausgeführt im christlichen Glauben, vor allem in katholischer und orthodoxer Tradition, vereinzelt im evangelischen Glauben. Nach und bisweilen vor Gebeten, und vor und nach Segnungen. Seit früher Zeit der Gemeinden wurde mit Daumen oder den Fingern ein kleines Kreuz auf die Stirn gemalt und später auch das große Kreuzzeichen vollzogen. Mit den Fingern zunächst den Kopf zu berühren, dann in der Mitte auf

Herzhöhe sowie danach die linke und die rechte Schulter. Es ist das Sinnbild für Erlösung. Erinnert den Christen beim Betreten und Verlassen der Kirche an seine Taufe, das Symbol der Dreieinigkeitslehre. Ein Initiationszeichen der Dreifaltigkeit beim Beginn oder Ende von Gebeten, Andachten, Ritualen.

Im Namen des Vaters
Und des Sohnes
Und des Heiligen Geistes.
Amen

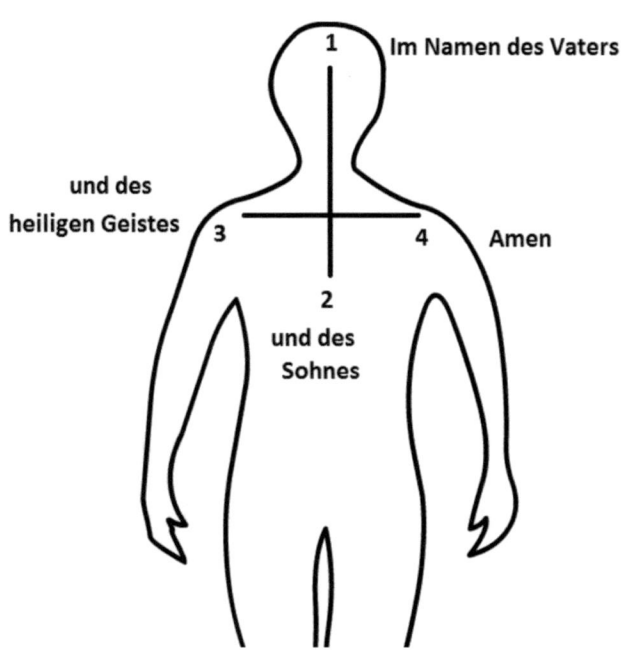

Die Seelenmeditation

Die Hingabemeditation ist eine Art „Mantren-Meditation". Es handelt sich um einen Satz an Deine Seele, der vieles gleichzeitig ausdrückt:

> „Ich überlasse Dir, meiner Seele, mein Leben."

Hingabe-Meditation heißt diese Meditation deshalb, da Du Dich mit diesem Mantra ganz in die Kraft Deiner Seele fallen lässt. Du vertraust Dich ihr mit Deinem Leben an.
Du sprichst mit der Hingabe-Meditation Dein substanzielles Vertrauen an Deine Seele aus. Du baust auf Dein Wissen, dass Deine Seele für Dich das auf wohltuendste Weise richten oder fügen wird, was Du in Deinem Leben klären und komplettieren möchtest. Du drückst mit diesen Worten „Ich überlasse Dir, meiner Seele, mein Leben", das aus, worum es geht:

Nicht Deinem Ego überlässt Du weiter Dein Leben, sondern dem Seelischen, dem Göttlichen und der Liebe.

Sage immer wieder langsam den Satz „Ich überlasse Dir, meiner Seele, mein Leben". Diesen Satz denkst oder sprichst Du in Dir immer und immer wieder.

Eine gute Zeit für diese Meditation sind sieben Minuten. Sieben Minuten lang denkst oder sprichst Du langsam, immer wieder, diesen Mantra-Satz. Du lässt Dich nicht durch Gedanken ablenken. Solltest Du andere Gedanken als diesen Satz während der Meditation haben, lässt Du die Aufmerksamkeit zu diesen Gedanken los und besinnst Dich wieder auf das Rezitieren des Mantra-Satzes.

Diese Meditation unterstützt Dich auch im Verlauf von Andacht und Gebet.

Großer Gott, wir loben Dich

Großer Gott, wir loben dich,
Herr, wir preisen deine Stärke.
Vor dir neigt die Erde sich
und bewundert deine Werke.
Wie du warst vor aller Zeit,
so bleibst du in Ewigkeit.

(Ignaz Franz)

Kapitel 3 – Gott bei Dir zu Hause

Ich habe den Zeitpunkt und den Ort Deiner Geburt bestimmt und mir überlegt, wo Du leben wirst.
(Apostelgeschichte 17.26)

Gotteshäuser

Für mich war „mein Gotteshaus", in der Nähe meines Wohnortes, ein großer Segen und das „Schönste", als ich ein Kind war. Noch heute fahre ich regelmäßig dorthin, um mich dort dankbar zu erinnern und in der Stille zu beten.

Gotteshäuser, Kirchen oder Kapellen, in welcher Stilart oder Größe auch immer, sind von gläubigen Christen gebaute, heilige Stätten, um Gott zu ehren und sich in einer Gemeinde mit anderen Menschen zu versammeln. Wenn Du ein Gotteshaus betrittst, kannst Du die „gesammelte sakrale Energie" dieses Platzes spüren und verweilen, um dort zur Ruhe zu kommen. Besonders in den Momenten, wenn keine Messen oder andere Veranstaltungen stattfinden und nur wenige Menschen im Gotteshaus sind. Ich gehe gerne in lieb gewonnene Gotteshäuser. Diese Plätze berühren mein Herz immer und immer wieder. So gibt es Gotteshäuser, die öffnen sofort Herz und Seele, weil so viel „Gotteslicht" in ihnen zu spüren ist.

Eine besonders hohe Anziehungskraft haben Gotteshäuser und heilige Messen an den Hochfesten wie Weihnachten und Ostern. Zahlreiche Menschen finden an diesen Tagen in die Kirche, selbst wenn sie sonst das ganze Jahr nicht in eine Messe gehen. Sicher ist es diese einzigartige, sakrale Atmosphäre während eines solchen Festgottesdienstes: die Riten, Lieder, Gesänge, der Geruch und die Lichter, die Tannenbäume und die Krippe sowie die Musik, die einen innerlich demütig und festlich stimmen. So ein besonderer Gottesdienst gilt oft für Familien, Paare oder einzelne Menschen wie eine „Festtags-Initiation". Nach dieser feierlichen Stunde im Gotteshaus beginnt für sie „offiziell" Weihnachten oder Ostern.

Wir sollten diese tiefe Mühe und Kunst, die in jeder Kirche auf die ein oder andere Weise zu finden ist, voller Achtung und Respekt erkennen und bewahren, denn sie sind Zeugnis unserer christlichen Tradition und der Weg zum modernen Christentum. Und die meisten von ihnen sind schön. Innen, wie außen. Sie füllen ganze Bücher über die Kunstgeschichte.

Vielleicht fängst Du einmal an, Gotteshäuser für Dich neu zu entdecken, um auf eine andere Art und Weise Gott und dem Christentum zu begegnen. Nimm Dir dann Zeit für einen Augenblick der inneren Andacht und spüre, wie Du Dich fühlst, an einem alten sakralen Platz eines Gotteshauses.

Am schönsten ist es für mich zu wissen, dass Gott bei mir zu Hause ist und nicht nur in der Kirche. Und weil Gott bei mir zu Hause ist, habe ich für meine „Allerliebste Zeit" einen besonderen Platz für meine Seele und Gott errichtet.

Gott ist bei Dir zu Hause – „Raum der Allerliebsten Zeit"

Deiner Seele tut es gut, Dir selbst Zeiten der Einkehr durch Gebete und Reflexionen zu schenken. Das möge Deine persönliche „Allerliebste Zeit" sein, wenn Du Dich „einige Momente" am Tag zurückziehst. Dies, um zu meditieren oder mit Deiner Seele und den Gebeten zu Gott zu sprechen. Die „Allerliebste Zeit" sollte für Dich wie ein liebevolles Ritual am Tag, in der Woche oder im Monat sein. Hauptsache, Du *gönnst* Dir diese „Allerliebste Zeit" und energetisierst und ordnest innerlich Dein Leben. Du kommst zur Ruhe, zur Kraft und zu neuen Erkenntnissen.

Dafür kannst Du natürlich in sakrale Gebäude gehen, wie zum Beispiel in eine Kirche, eine Kapelle oder ein Meditationszentrum. Hier hat die göttliche Atmosphäre durch den sakralen Raum positiven Einfluss auf Deine „Allerliebste Zeit". Dabei handelt es sich um kollektive Gebetsplätze und damit auch kollektive Kraftplätze.

Für Dich persönlich wertvoll ist Dein alltäglicher und sozusagen immerwährender „heiliger Raum". Dein „heiliger Platz", den Du bei Dir zu Hause gestalten kannst (und aus meiner Sicht sogar gestalten solltest). Wenn Du Dir einen heiligen Platz in Deinem Zuhause einräumst, der Deine „Allerliebste Zeit" unterstützt, so hast Du nicht nur einen schönen Platz für diese Momente der „Allerliebsten Zeit". Dieser Platz symbolisiert Deinen „heiligen Raum", den Raum Deiner Seele, in Dir als Mensch.

Durch das sichtbare „*bei Dir sein*" von Gott, in Deinem „*Zuhause*" erschaffst Du eine permanente, positive Energie. Dieser Platz wird im Laufe der Zeit all Deiner Meditationen, Sammlungen, Andachten, Segnungen und Gebete zu *Deinem persönlichen Kraftplatz* erwachsen. Und damit wirst Du immer wieder liebevoll daran erinnert, was dieser Platz für Dich bedeutet und ausdrückt und Dir gibt.

Dein Gebetsplatz, Dein „Heiliger Raum"

So ist es wunderbar, wenn Du Dir in Deiner Wohnstätte ein „Fleckchen" heiligen Raum für Deine „Allerliebste Zeit" erschaffst. Vielleicht hast Du sogar die Möglichkeit, Dir einen „Heiligen Raum" einzurichten, der nur für Deine Stille und Einkehr gemacht ist.

Egal, ob Du einen „heiligen Platz" oder einen „heiligen Raum" gestalten kannst, Du solltest es bedacht und mit Liebe tun. Dieser Platz möge Dir etwas geben, durch sein „Sein" und seinen „Sinn". Gestalte diesen „heiligen Raum" mit Bedacht und bewusster Auswahl. Halte es wie ein Ritual, die Erschaffung Deines „heiligen Raumes oder „heiligen Platzes" für die „Allerliebste Zeit".

Nicht zuletzt ist es von Bedeutung, die Gemütlichkeit Deines Sitzplatzes zu bedenken. Schaffe für Dich und für diese „Allerliebsten Zeiten" in jedem Fall einen schönen, bequemen und warmen Sitz- oder Liegeplatz. Mache an dieser Stelle keine Kompromisse. Überprüfe, ob Dir das Möbelstück gefällt und es Dir bequem ist. Wie die Kissen sind und die Bezüge und die Kuscheldecke, die Du an diesem Platz deponieren solltest. Gefallen Dir diese Sachen oder musst Du etwas umdekorieren oder neuanschaffen, damit Dein „heiliger Platz" wirklich stimmig und gut für Deine Seele ist?

Gönne Dir für diesen „heiligen Raum" in Deinem Zuhause ein Höchstmaß an Schönheit, Gemütlichkeit und Stimmigkeit. Umso tiefer wirst Du Deine „Allerliebsten Zeiten" erleben können.

Sei Dir bewusst, dass Du für diese „Allerliebsten Zeiten" für Ruhe sorgen wirst, also Klingeln von Telefonen oder Türen aus Deinem „heiligen Raum" zu entfernen und abzustellen. Bedenke den Duft, der Deine Atmosphäre unterstützen möge. Du kannst eine Duftlampe benutzen, zum Beispiel mit Weihrauch oder Myrrhe oder alternativ Räucherstäbchen. Natürlich ist jeder Duft, der Dir persönlich eine „sakrale Note" verleiht, passend.

Dieser „heilige Raum" in Deinem Zuhause wird Dir in kurzer Zeit sehr wertvoll sein. Wenn es Dir zum Beispiel einmal nicht gut geht, wird für Dich dieser Platz, auch außerhalb Deiner „allerliebsten Zeiten", ein Raum des Trostes, der Geborgenheit und der Kräftigung sein. Ein Raum, in dem Du Dich in negativen Momenten „fangen" kannst und nicht in „Selbstverlorenheit" vergehst.

Dein Altar

Empfehlenswert ist es einen Tisch, flach oder hoch, als eine Art „Altarersatz" zu bestimmen, um darauf Dein „heiliges Fleckchen" zu gestalten. So bietet sich eine „persönliche" Seelenkerze an, wie Du sie im weiteren Kapitelverlauf vorgestellt bekommst. Natürlich einen entsprechenden Kerzenständer für das „ewige Licht" oder mehrere Kerzen Deiner Wahl – immer mit einem Kerzenständer – um diese sakrale Stelle für Dich zu komplettieren.

Blumen runden das Bild ab. Durchaus kannst Du Bilder Deiner Liebsten aufstellen, die Du auf diese Art und Weise mit in Deine „allerliebste Zeit" nimmst. Weitere Gegenstände könnten Heiligenbilder und andere Devotionalien sein, die Du benutzt oder gerne hast. Dein Weihwasser könnte auf diesem heiligen Tisch in einer Flasche als Vorrat stehen und in einem Weihwasserschälchen zur Benutzung während Deiner „Allerliebsten Zeit" platziert sein.

Dein persönliches „Seelenbuch", ein bestimmter Schreibstift, nur für diese Gelegenheit bestimmt, Symbole, ausgewählte Zündhölzer (kein Feuerzeug), ein Kerzenlöscher, Gegenstände, die Dir wichtig sind. Wie persönliche Glücksbringer, eventuell Bücher, aus denen Du Gebete oder Psalmen, Verse während Deiner „Allerliebsten Zeit" lesen möchtest.

Gestalte Deinen „heiligen Platz" mit Hinwendung und Bedacht. Wähle alle Gegenstände, die sich darauf befinden sollen, bewusst aus. Der Gestaltung sind keine Grenzen gesetzt.

Deine Sorgfalt und die Werthaltigkeit des jeweiligen Gegenstandes für Dich sind von Bedeutung. Lass Dir deshalb bei der Gestaltung lieber etwas mehr Zeit und übereile nichts. Wenn Du zum Beispiel auf der Suche nach geeigneten Kerzenständern bist, jedoch keine auf Anhieb findest, die Dir gefallen und stimmig für den Zweck erscheinen, dann vertage den Einkauf auf den Augenblick, in dem Du das „Passende" gefunden hast. Wenn Du ein Buch suchst, welches Dein persönliches „Seelenbuch" sein soll für lange Zeit, dann tue es genauso. Kaufe und bestimme für Deinen „heiligen Raum" nur dann einen Gegenstand, wenn Du innerlich, ohne Wenn und Aber, damit einverstanden bist.

Diese „rituelle" Auswahl und Zusammenstellung, ja Einrichtung Deines „Heiligen Raumes" gehört sozusagen dazu. Als eine „erste Andacht" in Dein zukünftiges spirituelles Leben als bewusster und wissender Betender.

Vorschlag für die Gestaltung Deines Altares

Wenn Dein Altar fertiggestellt ist, kläre, ob und welche sakrale Musik Du vielleicht während der „Allerliebsten Zeit" im Hintergrund hören möchtest und mit welchem Gerät. Auch hier solltest Du die Auswahl der Musik bedachtsam aussuchen.

Um Dinge, die Gott Dir über Deinen Geist, Deine Gedanken und Gefühle zukommen lässt, alle merken zu können, macht es Sinn, Dein Buch bei Dir zu haben. Hier kannst Du spontan beliebig, wertvolle Notizen machen, die Dir später im Alltag dienen.

Dein Seelenbuch

Dein Seelenbuch ist wie eine Art Tagebuch, sehr persönlich, immer an Deinem heiligen Platz liegend und auch dort von Dir in Gebrauch. Alles, was Dir wichtig und „heilig" ist, kannst Du in dieses Buch schreiben. Und da dieses Buch an Deinem heiligen Platz auch außerhalb Deiner „Allerliebsten Zeit" verweilt, wird es mit Deinen

Notizen, Erkenntnissen, Anliegen oder Bitten und Impulse im besten Sinne sehr gut aufgehoben sein und energetisch mit getragen werden. Du kannst ein ruhiges Gefühl entwickeln, dass Dein „Wichtiges", so von Dir vorgetragen, an Gott herangetragen und vermittelt worden ist. Egal worum es geht. Es liegt Dein Seelenbuch und „Dein Wichtiges" in seinen unterstützenden Händen.

Suche Dein Seelenbuch mit Liebe und Sorgfalt, ja auch Schönheitssinn aus und gestalte es Dir äußerlich, wie Du es am liebsten hast. Es darf durchaus ein sehr dickes Buch sein, denn es soll für eine längere Zeit bestehen, bevor Du ein neues „Seelenbuch" benötigst. Dein heiliges Buch kannst Du nach dem hier im Buch beschriebenen Ritus weihen, noch bevor Du es mit Deinen ersten Notizen füllst. Schenke Deinem Seelenbuch Achtung und ehre es. Denn wenn Du Deine Eintragungen einmal Revue passieren lässt, wirst Du im Laufe der Zeit bemerken, was sich alles in Deinem Leben verändert oder gefügt hat.

Komplettierend zum Buch empfehle ich Dir einen speziellen Stift zu verwenden. Möglichst einen Stift, Kugelschreiber oder Füllhalter, den Du ebenso nur ausschließlich für die Einträge in Dein „Seelenbuch" verwendest.

Voraussetzungen für das erfüllende und bereichernde Gelingen von „Allerliebsten Zeiten"

Sorge nach Möglichkeit dafür, dass:

- der Raum beheizt, aufgeräumt, stimmig hergerichtet ist, dass Du Dich wohl fühlst
- dass es Dir bequem ist (Du zum Beispiel eine Decke zur Verfügung hast oder warme Socken)
- Du ungestört bist, also einen Zeitpunkt ausgewählt hast, den Du ohne Zeitdruck wahrnehmen kannst (und kein Telefonat oder Termin danach ansteht, sodass Du das Gefühl einer zeitlichen „Begrenztheit" empfinden könntest)
- Du familiär ungestört bist, also beispielsweise die Kinder schlafen, dass sie versorgt, abgeholt, zur Schule oder zum Sport gebracht worden sind
- Du sicher bist, alles Wichtige bereits erledigt zu haben, bereits auf die Toilette gegangen bist, etc.
- die „berühmte" Herdplatte ausgestellt wurde und das Handy auf lautlos oder abgestellt ist.

Das ewige Licht und andere Kerzen

Kerzen sind wunderschöne, warme Details, um Deinen „heiligen Platz" zu komplettieren und dem Sakralen mehr Ausdruck zu verleihen. Kerzen symbolisieren in Deiner „Allerliebsten Zeit" das „Licht Gottes", die „Flamme Gottes", „Deine Seele im Göttlichen". Sie sollten von Dir unbedingt genutzt werden, da das Symbol der Kerze und ihre brennende Flamme Dich innerlich wie äußerlich berühren werden. Es gibt verschiedene Kerzen, die Du einsetzen kannst.

1. Das ewige Licht

Hast Du die Möglichkeit, ein ewiges Licht auf Deinem Altar sicher und geschützt vor Wind und anderen Einflüssen brennen zu lassen, ist dies eine gute Sache. Denn das ewige Licht bedeutet, dass die Flamme Gottes, in Deinem Haus und Herzen entzündet, stets aktiv ist. Wie der Name schon sagt, ist das ewige Licht ein Dauerlicht, das permanent brennt.

Sollte es in Deinem Heim nicht möglich sein, dieses Dauerlicht aufzustellen, kannst Du es stellvertretend mit der gleichen Symbolkraft an einen schönen Ort im Freien platzieren. Zum Beispiel auf dem Balkon oder im Garten. Für die Wohnung gibt es spezielle Kerzenständer, die auf den Tisch gestellt oder sogar an der Wand angebracht werden können. Ich persönlich habe die Möglichkeit, ein ewiges Licht in meinem Haus brennen lassen zu können. Es gibt mir

ein Gefühl von Geborgenheit, Gewohnheit und auch Schutz. Dies liegt an der energetischen Dauerwirkung des ewigen Lichtes, auf das ich deshalb nicht mehr verzichten möchte.
Wichtig ist natürlich, dass dieses Licht sicher steht.

Weihe des ewigen Lichts
Vor dem erstmaligen Entzünden weihst Du das ewige Licht, nach dem sakralen Ritus (siehe „Erwähnenswertes für jede „Allerliebste Zeit", Seite 126, Weihen von persönlichen Devotionalien, Seite 120).

Am geeignetsten zündest Du die folgende an der „alten", bald erlöschenden Kerze an, damit sich die heilige Energie mit der neuen Kerze verbinden und über diese weiter wirken kann. Zum Beispiel mit einem langen Streichholz, das Du an dem fast heruntergebrannten alten Licht entzündest und damit das neue ewige Licht anmachst.

Oder Du weihst ein ganz „neues" ewiges Licht, wenn Du das letzte geweihte ewige Licht nicht weiter nach dessen Ausbrennen an einem neuen Öllicht hast weiterentzünden können.

Entzünden des ewigen Lichts
Du sprichst zunächst das Gebet: *„Ehre sei dem Vater ..."* und dann entzündest Du das ewige Licht mit den Worten:

Heilig und Ewig brennt Gottes Licht. Dir Gott Vater, Sohn und Heiliger Geist, von Ewigkeit zu Ewigkeit und vom Himmel auf diese Erde, entzünde ich dieses Ewige Licht. Möge es sich mit seiner göttlichen Kraft in meinem Heim ausbreiten. Und möge Heilung geschehen. Amen

Ich verwende für das ewige Licht weiße Öllichter, die sieben Tage brennen. Diese gibt es im normalen Handel (in Drogeriemärkten) zu kaufen. Das Licht stelle ich in einen Windlichtbehälter hinein und diesen wieder auf eine „steinige" Unterlage. Bei mir ist es eine Marmorfensterbank. Du kannst zu diesem Zweck eine ganz normale, große Bodenfliese aus Marmor (aus dem Baumarkt) besorgen und diese als Untersetzer für das Windlicht verwenden.

Dieses zeitlose Licht, innerhalb und außerhalb Deiner Allerliebsten Zeiten, brennen zu lassen und zu sehen, hat etwas sehr, sehr Warmes und Beruhigendes.

Wenn Du nach Hause kommst und es ist niemand zu Hause, hast Du dennoch das Gefühl, jemand ist da. Und weißt Du wer? Der liebe Gott.

2. Deine Seelenkerze

Diese Kerze fertigst Du selbst für Deine „Allerliebste Zeit" an.

Du gestaltest hierzu eine wirklich große, möglichst rote Stumpenkerze, die viele, viele Stunden Brenndauer hat, nach Deinen Vorstellungen. Du schreibst mit einem Goldstift (Kerzenstift zum Beschriften von Wachs) auf diese persönliche Kerze Deinen Vornamen und Dein Geburtsdatum.

Deine persönliche Gebets- und Heilkerze wird sich mit jeder Entzündung und mit dem Abbrennen des Kerzenwachses mehr und mehr selbst energetisieren und zu Deinem stärkenden Seelenlicht entwickeln. Du wirst bemerken, wie wohltuend das Licht Deiner Seelenkerze ist und dass sie Dir bald sehr lieb ist.

Deine Kerze symbolisiert Dein Herz- und Seelenlicht, was sich während Deiner „Allerliebsten Zeit" andächtig an Gott wendet und die Energie Deiner Gebete verstärkt – einerseits zum Himmel und andererseits zur Erde. Dies bedeutet für Dich eine transpersonale Verstärkung in Deinen sakralen Momenten und eine irdische Verstärkung für Dein reales Leben durch „innere Kraft", „innere Impulse" und tiefes, inneres „Wissen".

Du kannst Deine Kerze bis zur Weihe zusätzlich gestalten und zu Deinem Namen und Geburtsdatum ausschmücken. So kannst Du Muster oder Symbole auf die Kerze mit dem Goldstift aufzeichnen, oder aber die Kerze mit Wachssymbolen (also solche, die im weiteren Verlauf mit abbrennen) aufkleben.

Wie alle Kerzen, die erst- bzw. einmalig geweiht werden, wird die Seelenkerze bei den jeweiligen „Allerliebsten Zeiten" mit langen Streichhölzern angemacht.

Mit einer Ausnahme: Bitte beachte, dass die Seelenkerze im Zusammenhang mit dem **Geburtstagsritus** am Gotteslicht entzündet wird (siehe Kapitel 6, „Dein Geburtstag mit Gott", Seite 205).

Weihe der Seelenkerze
Nach der Fertigung und vor dem ersten Entzünden weihst Du Deine Kerze nach dem sakralen Ritus (siehe »Erwähnenswertes für jede „Allerliebste Zeit"«, Seite 126, Weihen von persönlichen Devotionalien, Seite 120).

Die Weihe führst Du durch, noch bevor Du sie für Deine Gebete, Gebetsrhythmen, Segnungen oder auch Seelen-Andachten und Mediationen entzündest.

Deine Kerze sollte einen festen, sicheren und schönen Kerzenständer von Dir ausgesucht bekommen. Damit stellst Du Dein wohlgewähltes Kerzenensemble zu den andern Devotionalien und Symbolen auf den Heimaltar.

Bedenke: Weihe sie, *bevor* Du Deine Kerze zum ersten Mal entzündest und benutzt.

Beim *erstmaligen* Anzünden und mit *jedem weiteren*, benutzt Du die Flamme von einem Streichholz und sprichst, während Du die Kerze entzündest, den Satz:

„Dir, meiner Seele, zu Ehren, entzünde ich dieses Licht. Wandere mit der Flamme meines Herzenslichtes und mit der Flamme meiner Seele hinauf zu Gott Vater, Sohn und dem Heiligen Geist, und wirke für mich aus seinem herrlichen Reich. Amen."

3. Die Gotteskerze

Die Gotteskerze entzündest Du zu Beginn und als Initiation Deiner „Allerliebsten Zeit". Du machst sie stets am ewigen Licht an, welches ja wie beschrieben vorher geweiht wurde. Die Gotteskerze selbst wird nicht geweiht, weil dieses Licht häufiger wechselt, schneller ausbrennt.
Die Gotteskerze ist eine einfache weiße Stabkerze aus dem Handel.
Das ewige Licht jedoch brennt immer, die Gotteskerze nur in der „Allerliebsten Zeit".

Du entzündest die Gotteskerze jedes Mal erneut mit den Worten:

„Dir, meinem Gott, zu Ehren und der nun kommenden, gemeinsamen Zeit, entzünde ich dieses Licht und danke für Dein Dasein. Amen"

4. Die Anliegenkerze

Eine weitere Möglichkeit für den Einsatz von „bewussten Kerzen" ist es, für Deine Anliegen oder andere Menschen eine solche zu entzünden. Hierzu kannst Du einmalig, gelegentlich oder sogar täglich eine weiße Stabkerze verwenden, die Du auf einen schönen und sicheren Kerzenständer auf Deinem „heiligen Platz" stellst.
Um der Kerze eine klarere Bedeutung zu geben, ritzt Du ein Stichwort Deines Anliegens in die Kerze ein oder den Namen des Menschen, für den Du die Kerze entzünden möchtest.

Weihe der Anliegenkerze
Dann weihst Du die Kerze vor deren erster Entzündung nach dem sakralen Ritus (siehe »Erwähnenswertes für jede „Allerliebste Zeit"«, Seite 126, „Weihen von persönlichen Devotionalien", Seite 120). Wenn Du eine Kerze für Dein Anliegen erstmalig anzündest, sprichst Du die Worte:

„Dir zu Ehren, meinem Anliegen/meiner Bitte (dies benennen), entzünde ich dieses Licht."

Dann ist diese Kerze „aktiviert" und Du kannst Deine Gebete oder Rhythmen vollziehen.

Bedenke bitte, diese „Allerliebste Zeit" so zu beginnen, dass Du Dir sicher bist, diese Kerze des persönlichen Anliegens *komplett ausbrennen lassen zu können*.

Dieses Ausbrennenlassen ist ein ganz besonderes Symbol und Du solltest, nachdem Du diese Kerze entzündet hast, mit Deinem Anliegen an Gott diese nicht löschen. Es ist das Symbol, dass Du Deinem Anliegen „Zeit" gibst, außerhalb von Haben-Wollen, -Sollen oder -Müssen sich zu Deinem Wohl zu lenken, zu wenden und zu entwickeln. Damit ist Qualität der „Allerliebsten Zeit" wichtiger als Quantität, im Sinne von „Husch ... Husch".

Da Dir Dein Anliegen so viel bedeutet, wirst Du ganz sicher Zeit und Raum finden, diesen sakralen Moment in einer stimmigen „Allerliebsten Zeit" zu finden und der Flamme Deines Anliegens die Zeit zu geben, die sie benötigt, um von alleine zu erlöschen.

Es ist nicht notwendig, dass Du, nachdem Du zu Deinem Anliegen Deine Gebete oder Gebetsrhythmen vollzogen hast, die ganze Zeit vor der Kerze sitzen bleibst oder im Raum verweilst. Du kannst nach Deinem sakralen Moment alle anderen Tätigkeiten vollziehen, die für Dich jetzt anstehen. Selbst Musikhören oder Fernsehen schauen. Es geht einzig und alleine darum, der Kerze mit Deinem Anliegen den Raum zu geben, nach eigenem Rhythmus Energie freizugeben und auszubrennen.

Parallel zur „Allerliebsten Zeit" mit einer Kerze des persönlichen Anliegens, kannst Du zusätzlich Deine Seelenkerze brennen lassen – beides, während Du im sakralen Moment des Gebetes, des Rhythmus oder der Andacht bist. Allerdings löschst Du Deine Segenskerze, sobald Du Deine „Allerliebste Zeit" beendest. Danach überlässt Du sozusagen Deine Anliegenkerze sich selbst.

5. Weihe der Kerzen für andere Menschen

Wenn Du eine Kerze für eine andere Person, für deren Anliegen oder deren Heilung entzünden möchtest, nimmst Du ebenso eine weiße Stabkerze. Diese versiehst Du mit dem Namen der Person und einem Wort für deren Anliegen. Dies kannst Du in das Wachs einritzen.

Ritus für Deine Kerzen für andere Menschen
Vor dem erstmaligen Entzünden weihst Du die Kerze nach dem sakralen Ritus
(siehe »Erwähnenswertes für jede „Allerliebste Zeit"«, Seite 126, „Weihen von persönlichen Devotionalien", Seite 120)
und stellst sie danach in den Kerzenständer. Du entzündest diese Kerze am langen Streichholz mit den Worten:

„Dir, (Name der Person), zu Ehren und zu Deinem Anliegen entzünde ich dieses Licht."

Wofür kann man eine Anliegenkerze anzünden? Und wie lautet dann das Stichwort dafür? (Gegenüberstellung)

Anliegen	Mögliches Stichwort zum Einritzen in das Wachs (den Wert, den man am stärksten braucht)
Klärung eines Streits innerhalb der Familie	Familienzusammenhalt, Harmonie, Verständnis
Streit und schwelende Zwistigkeit mit Freunden	Klarheit, Wahrheit, Echtheit, Toleranz, Verständnis, Aufrichtigkeit
Guter Ausgang des Gerichtstermins oder der Prüfung	Optimismus, Souveränität, Wachheit, Präsenz
(Eines) Verstorbenen zu gedenken, der von einem gegangen ist,	Andenken, Wertschätzung, Selbstvergebung

bevor man sich mit ihm ausgesöhnt hat	
Vorstellungsgespräch	Kraft, Ruhe, Souveränität
Eine Feier ausrichten zu wollen, die gelingen soll	Harmonie, Verstehen, Bereicherung, Gemeinschaftssinn, Genuss
Autokauf/Verkauf	Geschäftssinn, Werteerhalt, Stimmigkeit, Gewinn, Verstehen
Vorsprechen bei Film, Funk, oder Fernsehen	Überzeugung, Präsenz, Talentiertheit, Erfolg
Hochzeit ausrichten	Gastlichkeit, Erfolg, Harmonie
Flugreise antreten müssen, obwohl Flugangst besteht	Sicherheit, Gesundheit, Zielerreichung, Stabilität

Die Handhabung der Kerze für andere Menschen und deren Anliegen vollzieht sich gleichermaßen wie Deine persönliche Anliegenkerze. Also beachte, die Kerze sicher an Deinem „heiligen Platz" ausbrennen zu lassen, dieser Kerze die Zeit zu geben, Energie zu entwickeln, zur Heilung des Menschen oder seines Anliegens.

6. Kerzen für die Seelen Jesu und Marias und für die Engel

Selbstverständlich sind Dir keine Grenzen gesetzt für Kerzen, die Du zu Deiner „sakralen Stunde" entzünden kannst. So kannst Du beliebige Kerzen für die Seelen Jesu oder Marias aufstellen. Oder für Engel, die Dir wichtig und nahe sind und andere heilige Seelen.

Diese musst Du nicht abbrennen lassen, sondern kannst sie situativ brennen lassen. Du kannst hierfür einfache weiße Stabkerzen verwenden oder dicke Stumpenkerzen, die längere Zeit halten.

Beschrifte, zumal Du voraussichtlich die Kerzen mehrfach entzünden wirst, diese wiederum mit dem Namen des Heiligen oder des Engels, für den Du diese Kerze fertigst. Hier genügt lediglich der Name. Wenn Du die Kerze entzündest, sprich beispielsweise die Worte:

„Dir, Maria, Muttergottes, zu Ehren, entzünde ich dieses Licht."

Kerzen für den Jahreskreis

In Kapitel 6 – Allerliebste „Festtags-Zeiten" im Jahreskreis, erfährst Du, wie Du mit weiteren Kerzen rituell durch das Jahr einkehren kannst.

- Tages-Adventskerze vom seelischen Adventskalender (Seite 218)
- Die Weihnachtskerze (Seite 238)
- Die zwei Kerzen für die Silvester-Seelenandacht (Seite 241)
- Dein Tages-Fastenlicht in der Fastenzeit (Seite 257)
- Das Osterlicht (Seite 267)
- Das Pfingstlicht (Seite 274)

Generell im Ritual, Gebet oder in der Andacht zu beachten

- Du initiierst jede „Allerliebste Zeit" durch das Entzünden Deiner Gotteskerze
- Die Gotteskerze entzündest Du am „ewigen Licht". Das ewige Licht wurde vorher wie beschrieben geweiht und brennt auch nach den „Allerliebsten Zeiten" weiter
- Die Gotteskerze kannst Du nach der „Allerliebsten Zeit" wieder löschen

- Kerzen, die geweiht wurden, entzündest Du an einem langen Streichholz. Sie werden nie am Licht anderer Kerzen angemacht
- Benutze für das Entzünden am Streichholz möglichst lange Zündholzer – bitte *keine* Feuerzeuge verwenden
- Alle anderen Kerzen, die die jeweiligen „Allerliebsten Zeiten" begleiten, zündest Du jeweils an der Gotteskerze an
- Jedes Anzünden der Kerzen in der „Allerliebsten Zeit" wird mit einem besonderen heiligen Spruch oder Einleitungsgebet begleitet.
- Du schließt jede „Allerliebste Zeit" mit einem Gebet oder heiligen Spruch ab
- Warte nach jeder „Allerliebsten Zeit" noch eine Weile, halte die Augen noch ein bisschen geschlossen, atme wieder ruhig und tief einige Male ein und aus
- Mach Dir bewusst, dass Du die „Allerliebste Zeit" nun beendest und öffne Deine Augen
- Bedenke bitte, dass Du Kerzen niemals durch „Auspusten" löschst, sondern sie stets entweder mit der Hand auswedelst oder einen Kerzenausmacher, bzw. ein Hütchen benutzt. Das „Auspusten" ist mehr das Symbol des „Wegschickens" und Unterbrechens einer Energie, während Du mit dem Ausfächern mehr die bestehende Energie der „Allerliebsten Zeit" verteilst und durch das Löschen mit dem Kerzenlöscher in dieser Weise konzentrierst. So bleibt die sakrale Wirkung der vorangegangen, gelebten sakralen Zeit für Dich länger wirksam und im Raum erhalten
- Manche Kerzen sollten nach dem Ritus nach Möglichkeit ausbrennen, während Du andere Kerzen (wie Deine Altarkerzen „Gotteskerze" und „Seelenkerze") löschen kannst. Bitte beachte hierzu die Beschreibungen der jeweiligen Kerzen in den einzelnen Kapiteln.

Geliebte Devotionalien

Sicher kennst Du sie, die Devotionalienläden, meist eine Unterabteilung in christlichen oder spirituellen Buchhandlungen. Devotionalien sind Gegenstände mit einer sakralen Bedeutung. Eine sehr bekannte ist der „Rosenkranz" für einen Gebetsrhythmus. Devotionalien als zusätzliche Zeichen oder Verstärker zum Beten, als Schutzgegenstand, Glücksbringer, persönlicher Begleiter, gibt es zuhauf. Sie berühren Dich, öffnen das Herz und die Seele. Es sind besondere Erinnerungsstücke mit „Brücken" zu Gott, durch die Symbole oder Bilder, die Devotionalien verkörpern. Hierzu gehören auch Heiligenbilder, wie von Jesus oder Maria, Heiligenfiguren, Schmuck, auf denen diese abgebildet sind. Wer die christliche Tradition liebt, wird die Symbole und Devotionalien lieben. Diese kannst Du wunderbar auf Deinem persönlichen Altar einsetzen oder auch als persönlichen Gegenstand – den Du für Dich gesondert geweiht hast – tragen. Holzdevotionalien eignen sich besonders gut und solche aus echten Edelsteinen, da diese sich mit jedem Gebrauch über die Zeit als „Kraftgegenstände" aufladen.

Geweihte Devotionalien sind göttliche Energieträger, die Dich unterstützen und Dir etwas Liebevolles geben. Sie helfen Dir bestimmte, kleine Tagesrituale zu praktizieren. Beispielsweise mit dem Weihwasserschälchen, welches Du auf den Tisch stellen oder an die Wand hängen kannst, um damit rituell Dich oder Deine Liebsten jeden Tag zu segnen.

Beliebte Devotionalien:

- Autoaufkleber mit Fischsymbol
- Rosenkränze
- Armbänder mit Heiligenbildern
- Kärtchen mit Heiligenbildern
- Schlüsselanhänger mit Jesus, Maria und Bibelsprüchen
- Stifte mit Segenssprüchen

- Holzfiguren (von Heiligen, wie zum Beispiel Christophorus)
- Öllichter mit Bildnis Jesu, Maria oder Engeln
- Kreuze (gleichschenklige oder „Kreuze des Leids Jesu")
- Ikonenbilder
- Bücher mit Ikonencover
- Poster mit Naturbildern und Segens- oder Bibelsprüchen
- Postkarten
- Weihrauchgefäße, Schwenker
- Weihwassergefäße
- Holzsymbole als Kettenanhänger, z. B. an Lederbändern

Meine allerliebsten Devotionalien

Für mich persönlich ist das gleichschenklige Kreuz meine liebste Devotionalie. Ich trage es gerne als Anhänger. Es ist ein positives Symbol und nicht zu verwechseln mit dem „altbekannten Kreuz", welches meist noch einen gekreuzigten Jesus zeigt. Das gleichschenklige Kreuz ist in jede Richtung gleich und symbolisiert die göttliche Ausrichtung, Harmonie und den seelischen Mittelpunkt. Aus diesem seelischen Mittelpunkt heraus, meinem göttlichen Mittelpunkt, erinnert mich dieses Kreuz an die stimmige, ausgerichtete und wahrhaftige Ausdehnung im Leben. Eine Ausdehnung, die immer in Balance ist zu den Himmelsrichtungen, meinen persönlichen Möglichkeiten, in Einklang ist mit Körper, Geist, Herz und Seele. Dazu trägt es für die die Botschaft des „Ja's zum Leben", da es ein Pluszeichen darstellt. „Plus" auch im Sinne von Lebensoptimismus, Lebensfreude und dem Wissen um das Gute im Menschen, nämlich seine Seele.

Dieses gleichschenklige Kreuz kannst Du sehr gut als Symbol in Deiner Wohnung oder an Deinem heiligen Platz verwenden. Meist ist es etwas schwieriger, dieses gleichschenklige Kreuz im Handel zu erwerben. Oder Du malst Dir selbst so ein Kreuz auf und verwendest es. Mache das Kreuz niemals schwarz. Male es lieber bunt aus. Als Schmuckstück kannst Du es in allen Varianten wählen, Holz, Gold, Silber oder mit Edelsteinen. Achte jedoch darauf, dass das Material, egal um welches es sich handelt, „echt" ist. Bevor Du also ein nur silberfarbenes Kreuz wählst, welches aber nicht echt Silber ist, nimm lieber das echte Holzkreuz. Echtheit des Materials symbolisiert die göttliche Totalität und Wahrhaftigkeit.

Weihen und Einsatz von eigenen Devotionalien – Buch, Kerzen, Rosenkranz und andere Gegenstände

Devotionalie	Bedeutung
Autoaufkleber mit Fischsymbol	Schutz des Autos, Sichtbarmachung der christlichen Ausrichtung
Christophorusplakette für das Auto	Sichere Fahrt, Schutz
Rosenkranzkette	Kraftgegenstand, der sich auflädt mit jedem erneuten Rezitieren des RKG-Begleiters

Armbänder mit Heiligenbildern oder Kettenanhänger, z. B. am Lederband	Kraftgegenstände, Erinnerungen, Trost, Schutz, Vertrauen, Begleiter
Kärtchen mit Heiligenbildern	Wächter am Bett oder in der Geldbörse
Schlüsselanhänger	Schutz von Heim, Auto, Lebensbegleiter
Holzfiguren	Besondere Verbindung und Präsenz von heiligen Seelen, Engeln

Die Weihe Deiner persönlichen Devotionalien vollzieht sich immer nach einem gleichen Ritus, seien die zu weihenden Gegenstände Kerzen, Schmuck, ein Buch, ein Rosenkranz, Heiligenfiguren/Bilder oder andere sakrale Gegenstände und Symbole. Der Ritus läuft folgendermaßen ab:

Bei aller Stille, an Deinem „heiligen Platz", mit oder ohne Kerzen (je nachdem, ob Du schon Devotionalien geweiht hast), setzt Du Dich gemütlich hin und nimmst das, was geweiht werden soll, in Deine Hände.

Vorbereitung der Weihe

Du nimmst die gewählte Devotionalie zwischen Deine Hände, schließt Deine Augen und atmest bewusst ein und aus und wirst Dir der Bedeutung des nun zu weihenden Gegenstandes bewusst.

(Im Falle beispielsweise der Weihe des ewigen Lichts bist Du Dir bewusst, dass es die ewige Erinnerung und das dauerhafte Symbol Deiner Seele zu Gott ist und dass Gott ewig bei Dir ist.) Du wirst Dir also für Dich in dieser Stille dieser Devotionalie bewusst und lässt die Energie durch deine Hände fließen.

Dann weihst Du in der Reihenfolge:

Beginn der Weihe

Gebete:

Herr, ich bin es würdig
Vater unser
Herr, ich bin es würdig
Gegrüßet seist Du, Maria
Ehre sei dem Vater

Abschluss:
Damit ist Deine Devotionalie geweiht und mit heiliger Energie durchtränkt. Diese Energie wirkt für Dich und durch jeden Gegenstand, den Du so sakral für Dich eingestimmt hast.

Persönliches Weihwasser

Geweihtes Wasser ist heiliges, göttlich energetisiertes (befohlenes) Wasser, welches zum Segen eines Menschen oder einer Sache eingesetzt werden kann. Es ist ein schönes sichtbares Symbol und ein kleiner, wirkungsvoller und völlig unaufwendiger Ritus, den Du im Alltag und in besonderen Situationen vollziehen kannst.
Weihwasser wird, wie der Name schon sagt, geweiht. Ein anderes Wort für „energetisiert" und mit „göttlichen Informationen", die durch den Einsatz des Weihwassers zur Wirkung kommen, „programmiert".
Für die tägliche Verwendung ist es schön, ein sogenanntes Weihwasserschälchen im Haus zu haben. Mit dem Weihwasser segnest Du Dich symbolisch und äußerlich. Oder Du segnest damit Deine Lieben, Deine Tiere, Dein Haus oder Dein Auto.

Du selbst kannst die Weihe des Weihwassers vollziehen so wie auch die Weihe Deiner persönlichen Devotionalien und Kerzen, die Du für Dich oder andere Menschen zum göttlichen Einsatz bringen möchtest.

Vorbereitung der Weihe
Wie bei allem „Heiligen" ist es Tradition, hierfür einen speziellen Behälter zu benutzen, der auch immer nur dafür und immer wieder verwendet wird. Es gibt im Handel spezielle Weihwasserflaschen zu kaufen, die verschließbar sind. Da das geweihte Wasser ohne Alkohol bleibt, ist es nicht so lange haltbar und sollte deshalb von Dir stets in kleineren Mengen bereitet werden oder so, dass Du es im Kühlschrank aufbewahrst. Doch besorge Dir in jedem Fall einen Weihwasserkrug oder ein Weihwassergefäß für die Zubereitung.

Ablauf der Weihe
Dann füllst Du das hochwertige stille Wasser in diesen Weihwasserbehälter und vollziehst diese kleine Weihe an Deinem „heiligen Platz" mit den brennenden Kerzen. Hierzu hältst Du das Weihegefäß in Deinen beiden Händen.

Dann sprichst Du die Worte:

„Göttliches Wasser, erhebe Dich. Ich rufe die göttliche Allmacht in Dich hinein. Fließe jetzt, Heil und Segen, Gesundheit, Freude, Schutz, Güte und Trost, Liebe und Wärme, Kraft und Stärke, zum Wohle von allem, in Dich hinein. Jetzt."

Dann bleib eine Zeit ganz still und lasse die Energie durch Deine Hände in das Weihwassergefäß fließen.

Und fahr fort mit folgenden Gebeten:

> Herr, ich bin es würdig
>
> Vater unser
>
> Herr, ich bin es würdig
>
> Gegrüßet seist Du, Maria
>
> Ehre sei dem Vater

Abschluss der Weihe:
Sprich weiter:

„Gott Vater, Sohn und Heiliger Geist, Dir sei Dank und Ehr für die Weihe dieses heiligen Wassers. Möge es in Deinem Sinne und von Dir zu meiner und ein jeder Seele Segen spenden und Heil bringen. Amen."

Damit ist Dein Wasser geweiht und es ist für Dich und alle Menschen gültig. Du kannst es also für andere Menschen oder auch Gegenstände verwenden und ihnen zuteilwerden lassen. Ein schönes Geschenk.

Das traditionelle Segnen mit Weihwasser wurde mit einem „Kreuzzeichen" vollzogen (siehe Seite 95).

Es geht in diesem Buch um die positiven christlichen Riten und deshalb möchte ich Dir dieses Segnen mit dem Weihwasser vorschlagen, obgleich in einer etwas abgeänderten Form. So kannst Du beispielsweise am Morgen Deinen Zeige-, Mittel- und Ringfinger in das Weihwasser eintauchen und diese drei auf Deine Stirne legen (Dein drittes Auge), vielleicht die Augen dabei schließen und die Worte sprechen:

„Geweihtes Wasser, segne meinen Tag und meine Seele: Gott Vater, Sohn und Heiliger Geist."

Oder klassisch: *„Im Namen des Vaters* (Stirn) *und des Sohnes* (Herz) *und des heiligen Geistes* (Schulter rechts und links)*, Amen"*

(Wofür auch Deine drei Finger symbolisch stehen und auf Deiner Stirn während dieser Segenssprechung liegen)."

Und genauso kannst Du Dein Kind segnen, vor der Schule oder vor dem Zubettgehen.
Es ist gerade für Kinder ein sehr schönes Zeichen, dass der Tag für sie nun beginnt beziehungsweise so am Abend endet. Außerdem überträgst Du Deinem Kind damit ein Gefühl des „Schutzes", das Dein Kind bewusst oder unbewusst mit in den Tag hineinnimmt.

Was man alles mit Weihwasser segnen kann:

- seine Liebsten (Mann/Frau/Freund/Freundin/seine Kinder)
- sein Auto oder die Autos der Kinder/Motorräder
- seine Haustiere
- Haus/Wohnung oder die der Familienangehörigen
- seinen Schreibtisch/Arbeitsplatz
- seinen Schlafplatz/Bett
- das Telefon/alle elektrischen Geräte

Wie Du mit dem Weihwasser segnest
Willst Du Dein Haus segnen, einen Raum oder Deinen Schlafplatz, Dein Auto oder was Du auch immer mit Weihwasser segnen möchtest, ist es empfehlenswert, einen sogenannten Segenspinsel einzusetzen. Diesen tauchst Du vor der Segnung kurz in das Weihwassergefäß hinein. Dann sprichst Du während Du symbolisch an oder über dem zu Segnenden den Segenspinsel dreimal bewegst, und so mit dem Weihwasser besprenkeln kannst:

„Im Namen des Vaters und des Sohnes und des Heiligen Geistes. Gesegnet seist Du, (Name des zu Segnenden) für jetzt und alle Zeit und in Ewigkeit, Amen."

Bedenke bitte, dies ist ein Ritus. Weniger ist oft mehr. Du musst nicht mehrmals segnen oder sechs oder neun Mal besprenkeln. Gesegnet ist gesegnet.

Beachtenswertes und Erwähnenswertes für jede „Allerliebste Zeit"

Die Vorbereitung

- Bereite sorgsam die „Allerliebsten Zeiten" so vor, dass Du im Vorfeld bereits alle gewünschten Devotionalien und alle Kerzen, die geweiht werden müssen, geweiht hast (siehe Kapitel 2, „Weihen und Einsatz von eigenen Devotionalien", Seite 120, und Kapitel 3, „Gott bei Dir zu Hause", Seite 107)
- Kerzen, die Du empfehlenswerter Weise weihst: das Ewige Licht, das Seelenlicht, die Anliegenkerzen sowie die Weihnachtskerze.
- Stelle sicher, dass die obigen »Voraussetzungen für das erfüllende und bereichernde Gelingen von „Allerliebsten Zeiten"« für Dich gegeben sind
- Starte nach Wunsch Deine ausgesuchte sakrale, heilige, spirituelle Musik

Einstieg ins Ritual

- Du bist im Bewusstsein über „den Beginn" der Handlung, also des jeweiligen Anliegens, Ritus, Gebetsrhythmus, oder Andachtsmoments. Deine Intentionen sind Dir vollkommen klar
- Du nimmst Deinen Platz ein, sammelst Dich, konzentrierst Dich, kommst zur Ruhe, und schließt Deine Augen
- Du atmest einige Male tief ein und aus

Kapitel 4 – Deine „Allerliebste Zeit"

Gott redet Dir nicht dazwischen, doch berät er Dich auf liebevolle Weise, die Du erkennen kannst, wenn Du es willst.
(Marija)

Beten und Meditieren mit den Grundgebeten
In diesem Kapitel möchte ich Dir aufzeigen, wie Du die christlichen Gebete unterschiedlich anwenden kannst und was Deine jeweilige Praktizierung bedeutet.

Nimm meine Empfehlungen zum Anlass, das Gebet in Deinen Alltag – wie auch immer dosiert und praktiziert – hineinzunehmen.

Das Gebet hat eine gleichermaßen stark zentrierende Wirkung, so wie eine stille Bewusstseinsmeditation. Die Kraft Deiner Seele verstärkt sich im Gebet und eine noch tiefere Versenkung oder Innigkeit kann stattfinden.

Dies, da Du Dich mit dem Gebet auf eine besondere Weise an Gott wendest und darüber hinaus die tieferen Inhalte Deiner Worte an Gott *weißt*.

Auch ist es so, dass Personen, die Probleme mit Meditation haben, durch einen festgelegten Wortfortgang nicht in eigene Gedankenschleifen kommen. Gedanken, die sie von der tieferen Hinwendung zu Gott und ihrer Seele abhalten.

Beten bewirkt etwas

Deine Gebete gehen stets tief, sehr tief in Deine Seele und zu Gott. Deshalb bewegen Gebete auf unterschiedliche Weise etwas in Dir und um Dich herum. Ein nicht zu unterschätzender Faktor ist die jahrtausendealte Gültigkeit dieser Gebete, die dadurch auf einer anderen universellen Kraft basieren als „Gebete der neuen Zeit", die nie von Millionen Menschen auf der Welt bisher gebetet wurden wie die christlichen Grundgebete. Dieses energetische „Traditionsplus", gekoppelt an die Wortpassagenänderungen, macht die Wirkung der Gebete für Dich und Deine Seele äußerst wertvoll und auch bedeutend.

- Du kommst zur Ruhe
- Du musst für die heiligen Worte des Gebetes Deine Gedanken an andere Dinge Deines Lebens loslassen
- Konzentration und Sammlung für Deine Seele, zu Deiner Seele hin
- Direkte Verbindung zu Gott
- Dein Bewusstsein weitet sich, weil Du um die tiefe Bedeutung und Inhalte der Gebete weißt
- Du lebst den Geist (das Bewusstsein und die Bedeutung der Inhalte) der Gebete in Deinem alltäglichen Leben
- Du findest substanzielles Vertrauen in Dir selbst, zu Gott
- Du weißt um Gott
- Du wirst spüren, wie durch Deine Andacht im Gebet Energie von Gott zu Dir fließt
- Du verstärkst Deinen positiven Lebensfluss
- Du kommst in Deine Seelenkraft und in Deinen Selbstwert
- Die Gebete haben insgesamt einen positiven Einfluss auf Dein Leben, da diese auch fügen
- Dein Ego wird zur Seite treten mit seinem Haben-Wollen, -Sollen oder -Müssen
- Du kannst Dich mit diesen Gebeten stimmig fühlen
- Es stärkt Deine Seele
- Deine Seele wird Dir erfahrbarer, greifbarer, präsenter, spürbarer
- Du wendest Dich aktiv Deinem Leben zu, da Du bewusst betest und nicht einfach aufgibst
- Du fühlst Dich im Göttlichen getragen, spürst einen dahinterliegenden Sinn, der sich im Außen vielleicht noch nicht so zeigt
- Du gibst Dir selbst, Deiner Seele und Gott das Vertrauen

Das Gebet „einzeln" praktizieren

Du kannst die Gebete „Vater unser", „Gegrüßet seist Du, Maria", „Ehre sei dem Vater" und auch das „Herr, ich bin es würdig" überall, ohne spezielle Voraussetzungen oder Umstände beten. Du kannst sie beten im größten Trubel, der Dich umgibt, im Wartezimmer beim Arzt, beim Sport oder auch an der Bushaltestelle. Im Auto und an der Kassenschlange, im Park und am Meer. Kurz gesagt: Generell, wo auch immer Du bist und welches Gebet auch immer Du beten möchtest, so kannst Du es beten.
Es ist jedoch so, dass Deine Innigkeit und Konzentriertheit im Augenblick des Gebetes sehr von Bedeutung ist. Es erhöht die Tiefe des Gebetes mit seiner Wirkkraft und Du wirst davon profitieren. Weil Du die Tiefe und die hinter jedem Gebet stehende Kraft ganz anders wahrnehmen kannst und wirst. Wenn Du also zum Beispiel am Abend vor dem Einschlafen oder in „Deinem Raum der Allerliebsten Zeit" das „Vater unser" andächtig betest, wirst Du es in jedem Fall anders erleben als an der Bushaltestelle. Du wirst die Energie, die Gott Dir sendet, und die Innigkeit Deiner Seele zu Gott in beiden Fällen unterschiedlich wahrnehmen. Dennoch hat das Gebet in jedem Moment, in dem Du es praktizierst, seine Gültigkeit und eine Wirkung.

Empfehlenswert ist es, sich zunächst mit den Grundgebeten durch die regelmäßige Praktizierung in der Stille Deines „heiligen Platzes" oder „heiligen Raumes" einzustimmen. Sozusagen Dich selbst damit „energetisch aufzuladen" durch diese „Übung" in der Stille. Je tiefer Du das Gebet in Dich selbst „einkultiviert" hast, desto tiefer greift auch seine spirituelle Tiefe in Deiner Seele und vor Gott – insbesondere in hektischen oder unruhigen Momenten, in denen Du das Gebet praktizierst.

Das Gebet in der Sorge und Not

Es ist in Not- oder in Ausnahmesituationen das Beste, was Du für Dich oder einen anderen Menschen tun kannst: beten. Wenn Du selbst in einer schwierigen Situation bist, die Dich oder einen anderen Menschen mit Angst, Sorge oder Trauer begleitet.

Gebete in der Sorge und Not:

- Wenn man einen Unfall mit angesehen oder gar selbst erlebt hat
- Wenn man selbst oder ein anderer Mensch vor einer OP steht
- Vor einem Vorstellungsgespräch
- Wenn man in einer lebensbedrohlichen Situation ist oder bedroht wird
- Bei einem Gewitter oder einer anderen Naturkatastrophe
- Vor einem Vortrag, vor dem man sehr aufgeregt ist
- Vor einem Gerichtstermin mit ungewissem Ausgang
- Vor einem „unangenehmen" Gespräch, vor dem man Angst hat, beispielsweise beim Vorgesetzten, für eine Gehaltserhöhung, die man so dringend benötigt
- Bei bevorstehendem oder erlebtem Jobverlust
- Wenn ein Haustier weggelaufen ist
- Wenn das eigene Kind sich verletzt hat, oder man selbst verletzt ist
- Wenn der Gerichtsvollzieher sich ankündigt, man keine Lösung sieht und kein „Land in Sicht ist"
- Wenn man wichtige Unterlagen verloren hat
- Wenn man mitten im Nirgendwo mit dem Auto liegen bleibt
- Wenn man benachrichtigt wurde, dass sein Kind im Sportunterricht verletzt wurde
- Bei plötzlichen körperlichen Beschwerden, Schwächeanfällen, Schwindelanfällen

In diesen Momenten bete das Gebet, das Dir einfällt und Dir am nächsten liegt. Wenn Du einen Menschen bei der Geburt eines Kindes begleitest, dann bete innerlich in dieser Situation, um die seelischen Kräfte aller Beteiligten zu stärken, auch Deine. Oder wenn Du einen Menschen in den Tod begleitest.

In der „Not" ist es aus meiner Sicht viel einfacher, ein Gebet immerfort zu beten, als eine Meditation zu vollziehen. Wenn Du in einen Unfall verwickelt bist und es gab Schaden oder Verletzte, dann bete in der Not ein Gebet. Wenn Du in Gefahr bist, weil Du bedroht wirst, oder Du Dich desorientiert fühlst, weil du Dich im tiefen Wald verlaufen hast, dann bete in Deiner Not das Gebet, das Du beten willst. Notsituationen und Ausnahmesituationen sind in etwa gleich. Versuche auch hier, das Gebet nicht nur herunterzuleiern, sondern so gut es in diesem Augenblick für Dich geht, in Konzentration und Innigkeit. So gut es eben geht. Und es wird Dich beruhigen und stärken und den anderen Menschen oder die Situation auch.

Das Gebet in der bewussten Achtsamkeit

Beten an Deinem heiligen Platz in der „Allerliebsten Zeit" bedeutet, in einer sehr besonderen Atmosphäre zu beten: der der Geborgenheit, des Geschütztseins in der Ruhe, Stille und Wärme. Es ist ein Raum, in dem Du Deine höchste und bewusste Achtsamkeit für Meditation oder Gebet entfalten kannst. In diesem besonderen Raum wirst Du bemerken, wie Du, während Du die Gebete Deiner Wahl praktizierst, sie definitiv tiefer beten kannst, Dich selbst tiefer zu Gott hin bringen kannst.

Die Wirkung des Gebetes wird Dir viel klarer „rüberkommen", als wenn Du ein Gebet „zwischendurch", oder aus einer Notsituation heraus, praktizierst.

Wenn Du die einzelnen Gebete oder Gebetsfolgen in bewusster Achtsamkeit betest, dann kommst Du mit dem Sinn all ihrer Worte viel stärker in Kontakt und damit zu Gott. Ich möchte Dich ermutigen, Dir täglich dieses bewusste Beten in Achtsamkeit zu schenken. Es muss gar nicht lange sein. Es braucht nur den heiligen Raum für den tiefen Gebetsmoment, den Du in seiner Länge intuitiv selbst bestimmst.

Vielleicht ist es ein Anfang, jeden Tag an Deinem Platz der „Allerliebsten Zeit" die vier Grundgebete zu beten und in Dir seelisch nachzufühlen.

Das Kurzgebet

Du entzündest dazu eine Kerze; Du atmest einige Male tief ein und aus und betest Deine ausgewählten Gebete aus Kapitel 1, möglichst mit geschlossenen Augen. Dann bleibst Du einen kurzen Moment nach der Gebetsrezitierung etwas in der Ruhe. Verstehe das hier keinesfalls als einen langen Zeitaufwand. Du kannst diese „Allerliebste Zeit" bereits in fünf Minuten für Dich ermöglicht haben, ohne Hetze und in Stimmigkeit.

Wenn Du unterwegs bist, so kannst Du natürlich ohne Kerze beten. Oder Du suchst ein Gotteshaus oder eine Kapelle auf und zündest zum Beten dort eine Kerze oder ein Teelicht an. Die stärkste Wirkung hat Dein Gebet an Deinem gewohnten Gebetsplatz, an Deinem Altar.

Nachdem Du noch einige Momente still und in ruhigem Atem geblieben bist, gehst Du in den Alltag über. Wisse, diese – wenngleich kurze – „Allerliebste Zeit" mit Gott und Deiner Seele, kann Dir keiner nehmen. Erst recht nicht das, was durch den kleinen Moment ausgelöst wurde für Dich und Deinen Tag an positiven Spuren. Es ist ein schönes Gefühl, so den Tag zu beginnen und ihn göttlich zu ebnen. Gönne Dir diese „Allerliebste Zeit".

Gebetsrhythmen

Ein Gebetsrhythmus ist etwas Wunderbares. Durch das mehrfache Wiederholen eines Gebetes kommst Du in eine heilige Eintönigkeit und damit in besondere Zentriertheit und eine reinigende Kraft für Deinen Körper, Deinen Geist und für Deine Seele.

Einen Gebetsrhythmus kannst Du mit jedem Grundgebet praktizieren. Ganz besonders geeignet ist das „Vater Unser" und das „Gegrüßet seist Du, Maria". Du kommst zur Ruhe, Du lässt Gedanken und Einflüsse los. Du konzentrierst Dich mit Deiner Seele auf Gott und beispielsweise auf Dein Anliegen, sofern Du eines mit in den Gebetsrhythmus hineinnehmen möchtest. Ein Gebetsrhythmus kann stellvertretend wie eine Meditation verwendet werden. Du kannst mehrere Gebetsrhythmen, wie Du dies vielleicht auch vom „Rosenkranz" kennst, aneinanderhängen.

Ein Gebetsrhythmus besteht zunächst aus sieben hintereinander andächtig, gleichbleibend gesprochenen Gebeten. Der Gebetsrhythmus sollte von Dir in keinem Fall in Hektik gebetet oder schnell heruntergeleiert werden. Denn das Gebet dient der Vertiefung in Deine Seele und zu Gott und braucht deshalb auch Deine bewusste Zuwendung, wenn es in Dir und in Deinem Leben etwas bewegen möge.

Anders als zu früheren Zeiten hat Beten etwas mit Bewusstsein zu tun. Nicht zuletzt, weil Du sehr genau weißt, was Du da betest und worum es dabei geht. Deshalb bete lieber etwas bedächtiger und langsamer. Nur so kommst Du auch in den Genuss der entstehenden Energie des Gebetes. Einer Energie, welche Du vielleicht über Deinem Kopf, in Deinem Solarplexus (oberer Bauch) oder in Deinem Herzchakra (Thymusdrüse) wahrnehmen kannst.

Bei einem einzeln gesprochenen Gebet wirst Du sehr wahrscheinlich seltener diese Energiezeichen Deiner Seele und die von Gott wahrnehmen können. Mehr jedoch in einem Gebetsrhythmus. Erst recht, wenn Du mehrere Gebetsrhythmen hintereinander betest, ist es wahrscheinlich, dass Du diese fühlbaren Energieerlebnisse haben wirst. Beachte: Dies geschieht nicht, wenn Du darauf spekulierst oder wenn Du diese Energiewahrnehmungen erwartest. Sie werden sich dann ereignen, wenn Du nicht daran denkst, gerade *weil* Du innig und intensiv betest. Sie werden sich dann von Gott und Deiner Seele her „zeigen", wenn Du außerhalb Deines Egos bist und außerhalb Deines eigenen Haben-Wollen, -Sollen oder -Müssen.

Vorschlag und Praktizierung eines Gebetsrhythmus
Du kannst den Gebetsrhythmus offen – ohne bestimmtes Anliegen – für Dich vor Gott praktizieren.

Vor dem Gebetsrhythmus

Siehe hierzu wieder »Erwähnenswertes für jede Allerliebste Zeit"«, Kapitel 2, Seite 126.

Zünde Deine Gotteskerze am ewigen Licht an, und sprich:

„Dir, meinem Gott zu Ehren und der nun kommenden, gemeinsamen Zeit, entzünde ich dieses Licht und danke für Dein Dasein. Amen."

Je nach Deinem Gefühl und Vorhaben, entzünde Deine Seelenkerze, da sie geweiht wurde, an einem langen Streichholz und sprich die Worte:

„Dir, meiner Seele, zu Ehren, entzünde ich dieses Licht. Wandere mit der Flamme meines Herzenslichtes und mit der Flamme meiner Seele hinauf zu Gott Vater, Sohn und dem Heiligen Geist, und wirke für mich aus seinem herrlichen Reich.

Ablauf des Gebetsrhythmus „Vater unser"
Wenn Du spürst, dass Du mit dem Gebetsrhythmus des seelischen „Vater unser" beginnen willst, starte mit einer Folge von sieben „Vater unser".

Zur Eröffnung:

„Ehre sei dem Vater und dem Sohn und dem Heiligen Geist,
Wie im Anfang so auch jetzt und alle Zeit und in Ewigkeit
Amen"

Beginne nun den Zyklus:

1.
Vater unser im Himmel
Geheiligt werde Dein Name
Dein Reich komme, Dein Wille geschehe, wie im Himmel, so auf Erden
Unser tägliches Brot gib uns heute
Und vergib uns unsere Seelenlosigkeit
Wie auch wir vergeben dem Seelenlosen
Und führe uns durch die Versuchung
Sodass sich unser Ego erlösen kann
Denn Dein ist das Reich und die Kraft und die Herrlichkeit, in Ewigkeit
Amen

2.
Vater unser im Himmel
Geheiligt werde Dein Name
Dein Reich komme, Dein Wille geschehe, wie im Himmel, so auf Erden
Unser tägliches Brot gib uns heute
Und vergib uns unsere Seelenlosigkeit
Wie auch wir vergeben dem Seelenlosen
Und führe uns durch die Versuchung
Sodass sich unser Ego erlösen kann

*Denn Dein ist das Reich und die Kraft und die Herrlichkeit, in Ewigkeit
Amen*

3.
*Vater unser im Himmel
Geheiligt werde Dein Name
Dein Reich komme, Dein Wille geschehe, wie im Himmel, so auf Erden
Unser tägliches Brot gib uns heute
Und vergib uns unsere Seelenlosigkeit
Wie auch wir vergeben dem Seelenlosen
Und führe uns durch die Versuchung
Sodass sich unser Ego erlösen kann
Denn Dein ist das Reich und die Kraft und die Herrlichkeit, in Ewigkeit
Amen*

4.
*Vater unser im Himmel
Geheiligt werde Dein Name
Dein Reich komme, Dein Wille geschehe, wie im Himmel, so auf Erden
Unser tägliches Brot gib uns heute
Und vergib uns unsere Seelenlosigkeit
Wie auch wir vergeben dem Seelenlosen
Und führe uns durch die Versuchung
Sodass sich unser Ego erlösen kann
Denn Dein ist das Reich und die Kraft und die Herrlichkeit, in Ewigkeit
Amen*

5.
*Vater unser im Himmel
Geheiligt werde Dein Name
Dein Reich komme, Dein Wille geschehe, wie im Himmel, so auf Erden
Unser tägliches Brot gib uns heute
Und vergib uns unsere Seelenlosigkeit
Wie auch wir vergeben dem Seelenlosen
Und führe uns durch die Versuchung*

Sodass sich unser Ego erlösen kann
Denn Dein ist das Reich und die Kraft und die Herrlichkeit, in Ewigkeit
Amen

6.
Vater unser im Himmel
Geheiligt werde Dein Name
Dein Reich komme, Dein Wille geschehe, wie im Himmel, so auf Erden
Unser tägliches Brot gib uns heute
Und vergib uns unsere Seelenlosigkeit
Wie auch wir vergeben dem Seelenlosen
Und führe uns durch die Versuchung
Sodass sich unser Ego erlösen kann
Denn Dein ist das Reich und die Kraft und die Herrlichkeit, in Ewigkeit
Amen

7.
Vater unser im Himmel
Geheiligt werde Dein Name
Dein Reich komme, Dein Wille geschehe, wie im Himmel, so auf Erden
Unser tägliches Brot gib uns heute
Und vergib uns unsere Seelenlosigkeit
Wie auch wir vergeben dem Seelenlosen
Und führe uns durch die Versuchung
Sodass sich unser Ego erlösen kann
Denn Dein ist das Reich und die Kraft und die Herrlichkeit, in Ewigkeit
Amen

Nachdem Du diesen ersten Gebetsrhythmus vollzogen hast, bleibe still sitzen und spüre.
Sei einfach bei Deiner Seele, bei Gott und bleibe offen mit Deinem Bewusstsein. Fühle diesen Moment. Genieße diesen Moment, den Dir keiner nehmen kann.

Wenn Du spürst, dass es für Dich gut ist, vollziehe einen weiteren Gebetsrhythmus mit dem „*Vater unser*".
Halte es am Ende so wie nach dem ersten: Bleibe still sitzen und spüre nach.

Abschluss des Gebetsrhythmus
Den Gebetsrhythmus beendest Du wiederum, wenn Du spürst, dass es gut ist, mit:

„Ehre sei dem Vater und dem Sohn und dem Heiligen Geist
Wie im Anfang so auch jetzt und alle Zeit und in Ewigkeit
Amen"

Zum Schluss löschst Du die Kerzen.

Diese Gebetsrhythmen kannst Du so oft, wie Du es magst und fühlst, vollziehen. Es ist Dein Gefühl, das entscheidet, ob Dir ein einmaliger Gebetsrhythmus genügt oder ob es drei oder sieben sein mögen. Ganz, wie Du es empfindest. Wichtig ist dabei, zwischen jedem Gebetsrhythmus eine andächtige Pause einzulegen und Dich – und was da kommen mag – wahrzunehmen.

Denn natürlich bewirkt, bewegt und macht ein Gebetsrhythmus etwas mit Dir und Deiner Seele, Deinem seelischen Bewusstsein und in Deiner Begegnung mit Gott.
So erwarte wiederum nichts oder spekuliere nicht darauf. Sei Dir jedoch klar, dass es durchaus möglich ist, in den Pausen während eines Gebetsrhythmus vielleicht plötzliche Einfälle, Ideen, Hinweise oder Lösungen (zu was auch immer in Deinem Leben) zu erhalten.

Das ist in diesem Augenblick Dein „geistiges Geschenk" Gottes an Dich. Auf diese Weise kommuniziert Gott mit Dir. Über Dein Bewusstsein und Deine Seele, um Dir etwas inspirierend übermitteln zu können. Gemäß der Dinge, die anstehen, die Dir guttun oder als nächsten Schritt für Dich wertvoll und wichtig sind.

Manchmal berät Gott Dich mit Geistesblitzen, Einsichten und Impulsen. *Ganz unspektakulär, direkt und plötzlich.* Der Schlüssel dazu ist Deine Offenheit, Deine Konzentration im Gebet und Deine bewusste Hinwendung zu Gott, durch das Wissen um den Inhalt im Gebet.

Ich selbst habe mit den Gebetsrhythmen erfüllende und bereichernde Erfahrungen gemacht. Ich bin immer wieder aufs Neue überrascht, wie und was sich für mich dabei über meine Seele ereignet – und darüber erstaunt, was sich an Impulsen und Hinweisen ergibt. Solche, an die ich im Alltag nicht gedacht hätte oder überhaupt nicht einmal in Erwägung gezogen habe. Und allzu oft hat mich Gott auch an Dinge, die ich vergessen hätte, erinnert.

So wird es auch Dir ergehen, wenn Du den Gebetsrhythmus in stimmiger Hinwendung und Muße vollziehst.

Gebetsrhythmus mit einem besonderen Anliegen
Da Du in den Pausen – und manchmal während eines sich wiederholenden Gebetsrhythmus – Impulse, Hinweise und Vorschläge erhalten kannst, ist es möglich, mit einem besonderen Anliegen in die Gebetsrhythmen einzusteigen.

„Gottes Tipps" zu Deinen Anliegen sind eben die allerbesten.

Nur mit einem einzigen Gebetsrhythmus bei einem gezielten Anliegen zu beten, ist definitiv zu kurz. Es empfiehlt sich bei der „Eingabe" eines Anliegens, mindestens drei Gebetsrhythmen einzuplanen und sich deshalb zeitlich auch so zu organisieren.

Ablauf des Gebetsrhythmus mit einem Anliegen
Du beginnst den Gebetsrhythmus mit einem Anliegen gleichermaßen wie ohne ein Anliegen.

„Ehre sei dem Vater und dem Sohn und dem Heiligen Geist
Wie im Anfang so auch jetzt und alle Zeit und in Ewigkeit
Amen"

Um das Anliegen bewusst und auf den Punkt zu unterstützen, ist es ratsam, dieses Anliegen in wenigen Sätzen auf ein Blatt Papier zu schreiben. Für dieses Anliegen entzündest Du neben der Gotteskerze (siehe Kapitel 3, „Die Gotteskerze", Seite 112) eine weitere Kerze, eine weiße Stabkerze, für das Anliegen.

Achte darauf, dass es möglich ist, diese Kerze nach dem Gebetsrhythmus ausbrennen lassen zu können.

Diese Kerze stellst Du auf einen stabilen Kerzenständer und legst den Zettel mit Deinem Anliegen unter den Kerzenständer. Dann entzündest Du die Anliegenkerze mit dem Streichholz und sprichst die Worte:

„Dir zu Ehren entzünde ich dieses Licht."

Du bist Dir bewusst, zu „Ehren Deines Anliegens" hast Du das Licht dieser Kerze entzündet.

Das nun folgende Gebet sprichst Du mit tiefem Verständnis für Dein Anliegen:

„Herr, ich bin es würdig, dass Du eingehst unter mein Dach. So sprich Du nur ein Wort und meine Seele wird gesund."

Jetzt lässt Du das Anliegen gedanklich los und wendest Dich ganz normal dem Gebetsrhythmus zu. Du setzt Dich wieder auf Deine bequeme Unterlage und kommst zur Ruhe. Du schließt Deine Augen, atmest tief ein und aus und vollziehst den Gebetsrhythmus, wie vorher beschrieben. Also sieben Mal hintereinander, das seelische „*Vater unser*". Und dieses wiederum mindestens dreimal hintereinander mit entsprechenden Pausen, um in Ruhe zu sein und gegebenenfalls Impulse erhalten zu können.

Beispiele von Anliegen und wie sie schriftlich fixiert werden könnten:

Anliegen:	Zettel: handschriftlich, mit Datum und Unterschrift versehen
Eine neue Wohnung zu finden	Ich bitte um Hinweise und Impulse, eine für mich stimmige und bereichernde Wohnung zu finden, in der meine Familie und ich uns frei entfalten können.
Die Gesundung des Haustieres	Ich bitte um die Gesundung meines „Tier" und „Name".
Positive Erfahrungen des Kindes bei seinem bevorstehenden Auslandsaufenthalt	Ich bitte um Gelassenheit und innere Ruhe für mein Kind, und dass es sich schnell und sicher am neuen Ort einfindet, sich akklimatisiert und zurechtfinden kann.
Gutes Verhältnis zu den Arbeitskollegen	Ich bitte um gegenseitigen Respekt, Achtung, harmonische Gespräche und dass wir unsere Gemeinsamkeiten stärken und Abneigungen tolerieren.
Erfüllung des sehnlichen Wunschs, schwanger zu werden	Ich bitte um Fruchtbarkeit, Gesundheit und Empfängnis, um der Seele meines Kinds die erste Wohnstätte sein zu dürfen
Eine Liebesbeziehung zu finden	Ich bitte um eine liebevolle, ebenbürtige, stimmige und göttliche Liebesbeziehung. Ich bitte darum, dass mir der Mann/die Frau begegnen möge, mit dem/der ich mein Leben mit

	Körper, Geist und Seele, in Werten und in Liebe teilen kann
Eine adäquate Arbeit zu finden	Ich bitte darum, eine Arbeitsstelle zu finden, bei der ich meine Talente leben und die mich ernähren kann. Dass ich meinen Lebensunterhalt bestreiten kann und liquide bin, mich selbst zu verwirklichen

Es ist stets praktisch, wenn Du beim Gebetsrhythmus etwas zum Notieren bereithältst. Sofern Du tatsächlich Gedanken und Impulse bekommst, solltest Du sie unbedingt auf Papier – hier in Deinem Seelenbuch – festhalten können. Es sei denn, Du bist sicher, Dir diese Informationen bis auf die Alltagsebene – also nach der „Allerliebsten Zeit" – merken zu können. Wenn Du es mit den Notizen beim Gebetsrhythmus praktizierst, erstelle nur Stichworte und verfalle nicht in lange Sätze oder Romane. Nur Stichworte, sonst kommst Du aus der – durch das Beten bereits geschaffenen – Konzentration heraus.

Sei bewusst: Du befindest Dich in einem heiligen Feld, das sehr sensibel ist. Göttlich sensibel.

Alles, was störend oder anders ist innerhalb des Gebetsrhythmus, verändert die Energie des Gebetsfeldes. Innengeräusche wie Handy, Telefon, SMS, Klingeln im Allgemeinen.

Normale Außengeräusche tun dies nicht, sofern Du in Deinem heiligen Raum klar abgegrenzt bist. Halte deshalb auch die Fenster in der Zeit der „Allerliebsten Zeit" möglichst geschlossen.

Erlebnisse nach Gebetsrhythmen mit Impulsen zu den Anliegen:

- Ein plötzlicher Einfall, den man zu einem Problem hat (wie man beispielsweise etwas transportieren soll, wen man dann nach einem Anhänger fragen könnte)
- Ein Impuls, die Wegroutine zu verlassen und spontan woandershin abzubiegen, nur um das eine Geschäft zu finden, das die Artikel hat, die man seit Längerem schon sucht
- Der Lust zu widerstehen, eine Unternehmung wie eine Recherche abzubrechen, „den Augenblick noch" weiterzumachen, um dann doch die Telefonnummer zu finden, oder das Restaurant, oder das Dokument.
- Sich durchzuringen, einen unangenehmen Anruf zu tätigen, weil man plötzlich den anderen versteht, oder der Person genau das sagen kann, was dazu führt, dass diese wider aller Erwartung einem verzeiht, oder dem Antrag zustimmt, etc.

Zum Ende Deines persönlich gewählten Gebetsrhythmus oder mehrerer Gebetsrhythmen kommst Du wieder in der Stille an. Sei Dir bewusst, dass es durch den Gebetsrhythmus jetzt, mit oder ohne Anliegen, „gut" und stimmig ist. Werde Dir darüber bewusst und fühle noch einmal nach. Und wenn Du es fühlen kannst oder spürst, dass Du dankbar bist, drücke Gott gegenüber in Deinen Worten Deine Dankbarkeit aus. Unspektakulär und schlicht.

Du beendest den Gebetsrhythmus mit dem Abschlussgebet:

„Ehre sei dem Vater und dem Sohn und dem Heiligen Geist
Wie im Anfang, so auch jetzt und alle Zeit und in Ewigkeit
Amen."

Wohl wissend, dass Du weißt, was Du da Gott gegenüber bekundest und dass du es genauso meinst!

Die Zeit danach

Da der Gebetsrhythmus nach seiner Beendigung zu wirken beginnt, wirst Du seine Wirkung nach und nach im Alltag spüren. Nimm diese Wirkung aufmerksam zur Kenntnis. Dein Wissen, Dein Wohlgefühl, Deine Dankbarkeit oder die Synchronizitäten und Fügungen, Gedankenimpulse und Ideen, die Du erhältst. Und vergiss nicht, das umzusetzen, was Du an Ideen oder Impulsen erfahren hast. Vertraue Deiner inneren Stimme, die über Deine Seele, von Gott zu Dir, spricht. Du kannst mithilfe des Gebetsrhythmus an Deiner seelischen Durchlässigkeit arbeiten. Daran, göttliche Impulse und Informationen für Dich und Dein Leben zu erhalten. Mit jedem Gebetsrhythmus weitest Du Dich seelisch unter anderem für Deine Durchlässigkeit für „göttliche Informationen" und „göttliche Kommunikation zwischen Dir und Gott". Außerhalb von Erwartungen oder dem Haben-Wollen, -Sollen oder -Müssen.

Übrigens: Sobald Deine Anliegenkerze abgebrannt ist, kannst Du den Zettel Deines Anliegens entfernen, und wenn Du magst, in Dein Seelenbuch legen.

Der Rosenkranz – intensiver Gebetsrhythmus für Deine Anliegen

Ich erinnere mich als Kind daran, den Rosenkranz nicht gemocht zu haben. Der wurde meistens in einer dunklen Ecke von vielen alten Frauen in der Kirche heruntergeleiert, in einer Geschwindigkeit, die mich als kleines Mädchen definitiv nervte.

Das Rosenkranzgebet machte damals in der Kirche für mich mehr den Eindruck, es wurde gebetsmäßig „abgearbeitet", als in Andacht zum jeweiligen Anliegen vor Gott herangetragen zu werden.

Maria, breit den Mantel aus

Maria, breit den Mantel aus,
mach Schirm und Schild für uns daraus;
laß uns darunter sicher stehn,
bis alle Stürm vorübergehn.
Patronin voller Güte,
uns allezeit behüte.

Dein Mantel ist sehr weit und breit,
er deckt die ganze Christenheit,
er deckt die weite, weite Welt,
ist aller Zuflucht und Gezelt.
Patronin voller Güte,
uns allezeit behüte.

Er ist der intensivste und längste Gebetsrhythmus, den es gibt. Er wird seit vielen Jahrhunderten praktiziert, ebenso wie die Grundgebete. Der Rosenkranz setzt sich nach einem festgelegten Ritual und der Aneinanderreihung der Grundgebete zusammen.

Da das Rosenkranzgebet sehr ausführlich ist, hat man als Hilfsmittel eine Kette oder Schnüre aus Perlen zusammengebunden. So erfunden, meist durch ein Bild von Mutter Maria oder/und einem Kreuz ergänzt. Damit lässt sich während des Betens des Rosenkranzes leicht feststellen, welches Gebet nach dem Ritus und in der Folge des Rosenkranzes gerade gebetet wird, und wie oft. Außerdem sind in einer Rosenkranzkette Zeichen, wann ein Gebetswechsel unter den Gebeten stattzufinden hat. Deshalb ist es durchaus hilfreich, bei der Praktizierung des Rosenkranzgebets eine Rosenkranzkette in Besitz zu haben.

Eine solche Rosenkranzkette, die nur Du persönlich für das Beten des Rosenkranz-Gebetsrhythmus benutzt, entwickelt sich für Dich im Laufe der Zeit zu einem persönlichen Kraftgegenstand. Deshalb gehe durchaus bedacht und wertschätzend mit Deinem Rosenkranz um.

(Wie Du Deinen Rosenkranz weihen kannst und wie Du damit umgehst, findest Du in Kapitel 3, Seite 120 und Kapitel 4, Seite 149.)

Dein Gebetsbewusstsein ist ein besonderer Schlüssel
Gerne möchte ich – ebenso mit dieser heiligen Eintönigkeit – immer und immer wiederholen, wie wichtig es beim Beten der Grundgebete und in den Gebetsrhythmen ist, *zu wissen und vor Dir präsent zu haben, was Du inhaltlich betest*. Und zu wissen, welche Bedeutung die gesprochenen Worte für Dein Leben haben. Du darfst wissender Betender oder Betende sein.

In jedem Gebetsrhythmus und besonders im großen Rosenkranz-Gebetsrhythmus kann jeder Gedanke und jedes Wissen in den Hintergrund treten. Es geht hier um die Heiligkeit der Eintönigkeit im Wiederholen, mit seinen göttlichen „Nebenwirkungen", wie z. B. Klarheit, Reinigung und Impulse. Es bedeutet, bei der Praktizierung des großen Rosenkranz-Gebetrhythmus, in Andacht und Konzentration zum Gebetsprozess *an sich* zu treten. Entweder mit oder ohne Anliegen.

Das Rosenkranzgebet steht von jeher für das traditionelle Gebet, für ein konkretes Anliegen, da die Fürsprache Marias besonders intensiv angerufen wird. Der große Rosenkranzrhythmus für ein Anliegen dauert sehr, sehr viel länger als ein „normaler" Gebetsrhythmus mit einem von Dir gewählten Grundgebet. Dies liegt daran, dass Du Dir bewusst und klar darüber sein darfst, dass Du den Rosenkranz für Dein Anliegen *lediglich einmal – dafür jedoch intensiv und gründlich betest*. Um dieses danach in „Gottes Hände" zu übergeben und es dann loszulassen.

Anders verhält es sich mit den von Dir gewählten Gebetsrhythmen, die Du beliebig häufig für ein Anliegen praktizieren kannst. Doch wisse – weniger ist oft mehr.

Die Rosenkranzkette

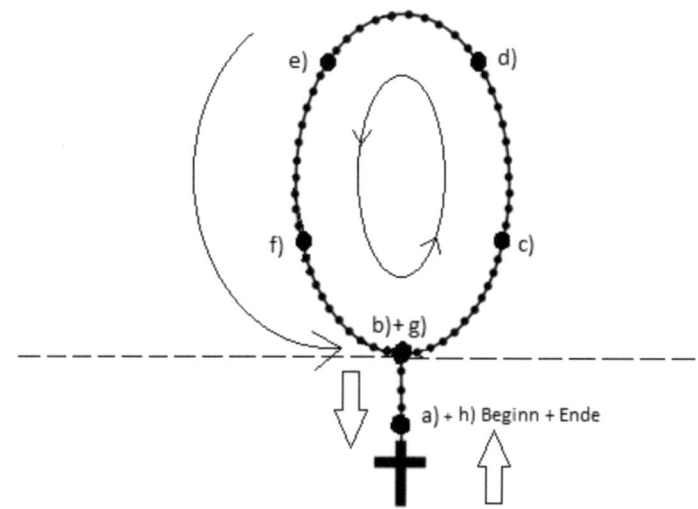

Große Perle: 1x "Ehre sei dem Vater ..."
1x "Vaterunser"
1x "Ehre sei dem Vater ..."
Kleine Perle: 1x "Gegrüßet seist Du Maria"

Beginn: Große Perle a)

Ende: Große Perle h)

Ein komplettes Rosenkranzgebet umfasst also 8 große Perlen und 56 "Gegrüßet seist Du Maria"

Von b) bis g) wird in jedem der 50 "Gegrüßet seist Du Maria" ein seelisches Geheimnis rezitiert.

Nimm zum Beten des Rosenkranzes vorzugsweise eine Rosenkranzkette zur Hilfe. Schließe Deine Augen, atme tief ein und aus.

Sei Dir nun Deines Gebetsbeginns bewusst. Sprich das erste Gebet Deines Rosenkranzes, laut oder leise. Sprich die einzelnen Gebete in ihrer entsprechenden Häufigkeit und Abwechslung. Bete die einzelnen Gebete, geduldig, ruhig und andächtig. Geh aus der Zeit und gebe Dich hin, durch diese Prozedur des Rosenkranzes, rituell betend zu wandern.

Du baust nun in der kommenden Stunde ein großes Energiefeld auf, welches genau diese Zeit und diesen Raum für Dein Anliegen benötigt. Mache möglichst vor jedem Gebetswechsel eine Pause und fühle, spüre nach, wie es in der Stille ist. Spüre nach, ob Du Impulse erhältst, Gedanken oder Ideen. Mache Dir unter Umständen Notizen dazu in Deinem Seelenbuch.

Und so fährst Du in einem fort.

Der Rosenkranz-Ablauf

1x
„Ehre sei dem Vater und dem Sohn, und dem Heiligen Geist. Wie im Anfang, so auch jetzt, und alle Zeit, und in Ewigkeit, Amen."

1x
„Vater unser im Himmel
Geheiligt werde Dein Name
Dein Reich komme
Dein Wille geschehe
Wie im Himmel, so auf Erden
Unser tägliches Brot gib und heute
Und vergib uns unsere Seelenlosigkeit
Wie auch wir vergeben dem Seelenlosen
Und führe uns durch die Versuchung
Sodass sich unser Ego erlösen kann
Denn Dein ist das Reich und die Kraft und die Herrlichkeit, in Ewigkeit
Amen"

1x
„Ehre sei dem Vater und dem Sohn, und dem Heiligen Geist. Wie im Anfang, so auch jetzt, und alle Zeit, und in Ewigkeit, Amen."

3x hintereinander
„Gegrüßet seist Du, Maria
Voll der Gnaden
Der Herr ist mit Dir
Du bist gebenedeit unter den Frauen
Und gebenedeit ist die Frucht Deines Leibes, Jesus
Heilige Maria, Muttergottes
Bitte für uns Menschen, jetzt und alle Tage unseres Lebens
Amen"

1x
„Ehre sei dem Vater und dem Sohn, und dem Heiligen Geist. Wie im Anfang, so auch jetzt, und alle Zeit, und in Ewigkeit, Amen."

1x
„Vater unser im Himmel
Geheiligt werde Dein Name
Dein Reich komme
Dein Wille geschehe
Wie im Himmel, so auf Erden
Unser tägliches Brot gib und heute
Und vergib uns unsere Seelenlosigkeit
Wie auch wir vergeben dem Seelenlosen
Und führe uns durch die Versuchung
Sodass sich unser Ego erlösen kann
Denn Dein ist das Reich und die Kraft und die Herrlichkeit, in Ewigkeit
Amen"

1x
„Ehre sei dem Vater und dem Sohn, und dem Heiligen Geist. Wie im Anfang, so auch jetzt, und alle Zeit, und in Ewigkeit, Amen."

10x hintereinander
„Gegrüßet seist Du, Maria
Voll der Gnaden
Der Herr ist mit Dir
Du bist gebenedeit unter den Frauen
Und gebenedeit ist die Frucht Deines Leibes, Jesus
Heilige Maria, Muttergottes
Bitte für uns Menschen, jetzt und alle Tage unseres Lebens
Amen"

1x
„Ehre sei dem Vater und dem Sohn, und dem Heiligen Geist. Wie im Anfang, so auch jetzt, und alle Zeit, und in Ewigkeit, Amen."

1x
„Vater unser im Himmel
Geheiligt werde Dein Name
Dein Reich komme
Dein Wille geschehe
Wie im Himmel, so auf Erden
Unser tägliches Brot gib und heute
Und vergib uns unsere Seelenlosigkeit
Wie auch wir vergeben dem Seelenlosen
Und führe uns durch die Versuchung
Sodass sich unser Ego erlösen kann
Denn Dein ist das Reich und die Kraft und die Herrlichkeit, in Ewigkeit
Amen"

1x
„Ehre sei dem Vater und dem Sohn, und dem Heiligen Geist. Wie im Anfang, so auch jetzt, und alle Zeit, und in Ewigkeit, Amen."

Also fünf Runden:

- *„Gegrüßet seist Du, Maria", 10x hintereinander*
- *„Ehre sei dem Vater", 1x*
- *„Vater unser", 1x*
- *„Ehre sei dem Vater", 1x*

So, dass es zu insgesamt 50 „Gegrüßet seist Du, Maria" kommt.

Der Rosenkranzrhythmus schließt nach den „5 Runden" mit:

1x
„Ehre sei dem Vater und dem Sohn, und dem Heiligen Geist. Wie im Anfang, so auch jetzt, und alle Zeit, und in Ewigkeit, Amen."

1x
„Vater unser im Himmel
Geheiligt werde Dein Name
Dein Reich komme
Dein Wille geschehe
Wie im Himmel, so auf Erden
Unser tägliches Brot gib und heute
Und vergib uns unsere Seelenlosigkeit
Wie auch wir vergeben dem Seelenlosen
Und führe uns durch die Versuchung
Sodass sich unser Ego erlösen kann
Denn Dein ist das Reich und die Kraft und die Herrlichkeit, in Ewigkeit Amen"

1x
„Ehre sei dem Vater und dem Sohn, und dem Heiligen Geist. Wie im Anfang, so auch jetzt, und alle Zeit, und in Ewigkeit, Amen."

3x
„Gegrüßet seist Du, Maria
Voll der Gnaden
Der Herr ist mit Dir
Du bist gebenedeit unter den Frauen
Und gebenedeit ist die Frucht Deines Leibes, Jesus
Heilige Maria, Muttergottes
Bitte für uns Menschen, jetzt und alle Tage unseres Lebens
Amen"

1x

„Ehre sei dem Vater und dem Sohn, und dem Heiligen Geist. Wie im Anfang, so auch jetzt, und alle Zeit, und in Ewigkeit, Amen."

1x
„Vater unser im Himmel
Geheiligt werde Dein Name
Dein Reich komme
Dein Wille geschehe
Wie im Himmel, so auf Erden
Unser tägliches Brot gib und heute
Und vergib uns unsere Seelenlosigkeit
Wie auch wir vergeben dem Seelenlosen
Und führe uns durch die Versuchung
Sodass sich unser Ego erlösen kann
Denn Dein ist das Reich und die Kraft und die Herrlichkeit, in Ewigkeit
Amen"

1x
„Ehre sei dem Vater und dem Sohn, und dem Heiligen Geist. Wie im Anfang, so auch jetzt, und alle Zeit, und in Ewigkeit, Amen."

Eine traditionelle Alternative:

Während der 10er-Rhythmen des Mariengebets werden die „5 seelischen Geheimisse" rezitiert (sie kommen also 2 x in einem 10er-Rhythmus vor). Es wird hintereinander, jedes Mal eins, angefügt, und zwar immer nach der Gebetspassage:

„… und gebenedeit ist die Frucht Deines Leibes, Jesus, …"

1. Der uns in Liebe miteinander verbindet.
2. Der unser Vertrauen stärkt.
3. Der uns die Freude schenkt.
4. Der uns die Heilung bringt.
5. Der uns segnet und liebt.
6. Der uns in Liebe miteinander verbindet.
7. Der unser Vertrauen stärkt.
8. Der uns die Freude schenkt.
9. Der uns die Heilung bringt.
10. Der uns segnet und liebt.

Das Gebet klingt dann so:

„Gegrüßet seist Du, Maria
Voll der Gnaden
Der Herr ist mit Dir
Du bist gebenedeit unter den Frauen
Und gebenedeit ist die Frucht Deines Leibes, Jesus –
Der uns in Liebe miteinander verbindet.
Heilige Maria, Muttergottes
Bitte für uns Menschen, jetzt und alle Tage unseres Lebens"

„Gegrüßet seist Du, Maria
Voll der Gnaden
Der Herr ist mit Dir
Du bist gebenedeit unter den Frauen
Und gebenedeit ist die Frucht Deines Leibes, Jesus –
Der unser Vertrauen stärkt.
Heilige Maria, Muttergottes
Bitte für uns Menschen, jetzt und alle Tage unseres Lebens"

„Gegrüßet seist Du Maria ..."
und so weiter

Am Ende Deines Rosenkranzes spüre längere Zeit nach. Es ist ein feierlicher Augenblick, den Rosenkranz zu beenden, da Du auf eine sehr besondere Weise dieses Anliegen loslässt. Bleibe eine Weile ruhig sitzen und atme tief ein und aus. Mache Dich offen. Sei dankbar, fühle Deine Dankbarkeit und die Tiefe dieses Gebetsrhythmus, den Du gerade vollzogen hast.

Dann lasse auch diesen Augenblick los, indem Du Dich bewegst und die Flamme der Gotteskerze mit einem Kerzenlöscher löschst. Die Kerze Deines Anliegens lässt Du ausbrennen. Hierzu kannst Du die Kerze nochmals gesondert „sichern", z. B. mit einem hohen Rundumglas (Windlicht) oder aber die Kerze steht schon sicher in Deinem Heiligen Raum.

Das Rosenkranzgebet für ein Anliegen

Ablauf:
Du bist vorzugsweise in Deinem „Heiligen Raum" für Deine „Allerliebste Zeit". Du sorgst für Deine Muße und Ungestörtheit, damit Du Dich auf die kommende Zeit andächtig einlassen und konzentrieren kannst.

Mach es Dir gemütlich und sei Dir Deines Anliegens bewusst. Dann ist es Zeit, die Gotteskerze am ewigen Licht zu entzünden mit den Worten:

„Dir zu Ehren entzünde ich dieses Licht."

Nun schreibst Du in wenigen Worten Dein Anliegen auf einen Zettel und entzündest für Dein Anliegen nach Deiner Niederschrift eine weiße Stabkerze, die auf einem stabilen Kerzenständer platziert ist. Unter den Kerzenständer legst Du Deinen Anliegenzettel. Danach entzündest Du auch diese Kerze mit einem Streichholz und sprichst:

„Dir zu Ehren entzünde ich dieses Licht."

Du bist Dir bewusst, dass Du zu Ehren Deines Anliegens dieses Licht entzündet hast.

Es folgt das Grundgebet:

„Herr, ich bin es würdig, dass Du eingehst unter mein Dach, so sprich Du nur ein Wort und meine Seele wird gesund."

Jetzt lässt Du Dein Anliegen los und wendest Dich ganz und gar Deinem großen Rosenkranz-Gebets-Rhythmus zu.

Anliegen beim Rosenkranzgebet:

- Genesung von der Krankheit (Herzinfarkt, Schlaganfall, Infektion, Lebensmittelvergiftung, etc.)
- Finanzielles Aufkommen für die die Ausbildung/das Studium des Kindes
- Gesunde Rückkehr des Sohnes aus dem Militäreinsatz
- Guter Ausgang für die Trennung der Tochter von ihrem Mann

- Lösung von Familienzwist/Dramen, bei Erbstreitigkeiten, Rechtsfällen, wenn die Familie sich zu entzweien/auseinanderzubrechen droht
- Liebevolle Partnerschaft

Kapitel 5 – Segen und Segnen

Die Liebe ist geduldig und gütig.
(1. Korinther, 13.4)

Deine Segenskraft aktivieren

Der Segen ist eine Energie – eine Heilkraft – direkt von Gott kommend. Über die Seele eines jeden Menschen ist es möglich, dass sich der göttliche Segen auf die Erde bringen lässt. Es braucht hierzu nur Dein Bewusstsein. Lange Zeit galt die Ausschließlichkeit, segnen zu können und zu dürfen, nur den eingeweihten Personen, wie Geistlichen, Priestern, Pfarrern etc. Doch segnen zu können ist kein Exklusivrecht, Hierarchie- oder Autoritätsrecht, das Gott jemals so bestimmt hat. Auch Du kannst segnen, mit der Kraft Deiner Seele und durch Deine Seele.

Außerhalb Deines Egos, Deines Haben-Wollens, -Sollens oder -Müssens darfst Du Dir einräumen, Segen überall dorthin zu spenden, wo Du fühlenden Herzens und sehenden Auges meinst, dass es sinnvoll ist. Denn der Segen ist eine göttliche Energie, die sich gemäß der geeignetsten Entwicklung eines Menschen oder einer Sache vollzieht, wie sie aus dem Bewusstseinsfeld des Universums gemeint ist.

Von Seele zu Seele

Das Bewusstseinsfeld des Universums ist hier als Ausdruck der von uns Menschen nicht erfassbaren göttlichen Heil- und Wirkungsdimension gemeint, die zum Beispiel über den Segen zum Ausdruck kommt. Von dem Wissen ausgehend, dass der Segen, so wie von Jesus Christus gezeigt, göttliche Heilkraft in sich trägt, vermehrt sich Gottes Wirken durch den Segen, unabhängig von dem aktuellen Bewusstsein des jeweiligen Menschen, der den Segen gibt. Und damit, dass beim Segen, in diesem Vertrauen und im Wissen um dessen Göttlichkeit, alle schädigenden Begrenzungen des Menschen aufgehoben sind. So, dass Vorstellungen und Intentionen keine Rolle mehr spielen, sondern nur das göttliche heilende Wirken präsent ist. Es vollzieht sich von Seele zu Seele.

Der Sinn des Segnens
Das bedeutet, Du segnest nicht mit einer Vorstellung, was aus diesem von Dir gespendeten Segen sich ereignen oder entwickeln soll. Mit dem Segen kannst Du nichts beeinflussen oder manipulieren.

Du weißt lediglich durch Deinen Segensakt, dass Du göttliche Energie auf eine Sache oder Menschen gelenkt hast, die durch den Segen jetzt zentrierter, göttlich und liebevoller gelenkt und bedacht werden.

Du bist nicht überheblich, wenn Du Dein Herz und Deine Seele selbstmächtig öffnest, um Dir zu erlauben zu segnen. Weil Du göttlich bist. Es braucht keine Qualifikation. Es braucht nur Dein eigenes Bewusstsein über Deine Beseeltheit. Über Dein Herzblut, wem oder was Du gerade Deinen Segen spenden willst.

Segen aus Dir heraus zu spenden, ist ein leiser Akt zwischen Dir und Gott. Du vollziehst es innerlich, ohne darüber zu sprechen, um den Geist und die Wirkung des Segens so konzentriert wie möglich zu halten. Verzichte lieber darauf, darüber zu reden, wen oder was Du alles gesegnet hast oder segnest. Je stiller, leiser, aus Deiner Seele heraus, Du den Segensakt praktizierst, desto mehr Segensenergie bist Du in der Lage, durch Dich zum Gesegneten fließen zu lassen.

Was Du segnest, sollte eine Bedeutung für Dich haben. Zum Beispiel Dein persönliches Leben, Menschen, die Du liebst und mit denen Du lebst und arbeitest. Oder Gegenstände und Plätze, die für Dich wichtig sind. Freunde, Institutionen, praktische Dinge des Alltages. Oder auch Menschen, die Du nicht kennst, denen Du begegnest und denen es vielleicht nicht so gut geht. Dem Segnen ist keine Grenze gesetzt.

Hier sind einige Vorschläge, was Du alles segnen kannst

Den Tag, diesen Morgen, den vergangenen Tag mit allem, was man erlebt hat, den ersehnten Abend, das Jahr (in Rückschau das ganze Jahr, egal, wie es war), „diesen Augenblick", seinen eigenen Geburtstag, den Geburtstag des Kindes, der Eltern, seine Lebensspur, seine Haustiere, seine Kinder und alle Familienangehörigen, den Arbeitsplatz, den Kollegen, der mir spürbar uneigennützig geholfen hat, und auch den Kollegen, der mir gerade sehr geschadet hat (auf dass ich meine Ohnmacht in gute Gefilde abgebe und daraus eine positive Kraft wirken lasse durch meinen Segen), die Wohnung, die Reise, die Feier, das Rendezvous, das gemeinsame Essen, die Speisen und Getränke, den Obdachlosen, der einem beim Nachhauseweg aufgefallen ist, oder die schimpfende Mutter, deren weinendes Kind, die man beide beim Spaziergang beobachtet hat, den Fahrradunfall auf der Straße, den man vom 5. Stock aus beobachtet hat.

Segnen kann jeder
Du brauchst keinen Menschen, der Dich segnet, um Dich gesegnet zu fühlen. Du kannst Dich und Dein Leben, Deine Anliegen und Bitten selber segnen. Und Du kannst andere Menschen zu deren höchstem Wohl ebenso segnen. Vielleicht segnet Dich, ohne dass Du es weißt, ein anderer Mensch. Es ist mehr die Vorstellung eines Egos, man bräuchte den Segen Gottes durch eine geweihte Person. Und einen anderen Menschen zu bitten, dass er Dich segnen möge, ist mehr eine Sache Deines Egos, das an seine eigene Segenskraft und Segensspendungen nicht glaubt. Oder der Segenskraft des anderen mehr „Macht", „Wirkung" oder „Kraft" zuspricht. Jeder verfügt über die Fähigkeit zu segnen, über die gleiche „mächtige" – selbstmächtige – Energie. Denn das Grundwesen einer jeden Seele, und die Verbindung zu Gott, sind immer gleich. Der einzige Unterschied besteht in der jeweiligen Ausdehnung und Weisheit eines Menschen mit seinem Bewusstsein. So kann es hier Unterschiede geben, je nachdem, wie seelisch entwickelt ein Mensch ist und auch bereits

egobefreit – besonders im Hinblick auf seine aktiven, seelischen Werte.

Unterschätze Dich bitte selbst nicht und Deine Kraft, die Dir Deine Seele zur Verfügung stellt, wenn Du bewussten Kontakt mit Deiner Seele und damit zu Gott herstellst. Es geht nicht mehr darum, Gott zu konsumieren oder zu illusionieren. Sondern es geht darum, Gott im Innen und Außen bewusst erkennen und wahrnehmen zu können. Gerade über Deine Seele. Es geht auch nicht mehr darum, mit christlichem Bewusstsein in Hierarchien zu verweilen, die Dich glauben machen wollen, nur spezielle, ausgewählte Menschen könnten göttlichen Segen spenden. Und zwar reinen Herzens! Wer weiß das schon, ob ein anderer Mensch wahrlich reinen Herzens gesegnet hat. Nur Du weißt, ob Du reinen Herzens Gottes Segen mithilfe Deiner Seele auf die Erde bringst, weil es Deine klare, vor Dir erklärte Intention und Wahrheit ist. Und darum geht es. Sich dieser Reinheit des Segens absolut sicher zu sein. Das ist die Kraft des freien Segens, der ganz gewiss, weil er ohne Erwartungen oder Vorstellungen ist, seine Wirkung für und auf das Gesegnete haben wird.

Wenn Du beginnst zu segnen, wirst Du bemerken, wie gut Dir das tut, Segen in Dein Leben und unter das Leben zu bringen. Du wirst das Segnen, wie das Beten, als „Allerliebste Zeit" wahrnehmen können und die Ruhe, Geborgenheit und Liebe, die mit jeder Segnung einhergeht.

Deine Segenskraft ist ein Geschenk von Gott. Nutze sie!

Wie Du praktisch seelischen Segen spendest

Segnen ist kein großer Akt, da Du eigentlich immer und überall alles und jeden, der Dir wichtig ist, segnen kannst. Du kannst, wenn Du unterwegs bist, zum Beispiel den Bettler an der Ecke segnen. Indem Du *innerlich* sprichst, während Deine leise Aufmerksamkeit auf diesen Menschen gerichtet ist (imaginär, Du stellst ihn Dir innerlich vor):

„*Ich segne Dich.*"
Und während Du dies sprichst, siehst Du, wie sich ein weißes Licht über diesen Menschen ergießt. Es reicht sogar aus, wenn Du nur diesen Satz sprichst und weitergehst.

Doch wie schon erwähnt, ist die Konzentration der Segenskraft in Dir eine bedeutende Sache. Denn wie im Beispiel erklärt, könnte der Segen eher flüchtig werden, weil er nicht in zentrierter Stille erfolgt ist. Wobei natürlich auch die „Weisheit" gilt, dass es in manchen Situationen besser ist, auch scheinbar eher „flüchtig" zu segnen als gar nicht.

Wenn Du Dir und allem, was Du segnest, etwas Gutes tun willst, dann gönnst Du Dir einen „Allerliebste Zeit-Moment".

Du wählst einen Moment, in dem Du Dich an Deinen heiligen Platz, vor Deinen Altar zurückziehst, um den Segen in der Energie von Ruhe und gewählter Aufmerksamkeit fließen zu lassen. Das gibt Dir ein stimmiges Grundgefühl und Ordnung an Deiner „Heiligen Stätte". Es ist intensiver, als den Segen „zwischendurch" zu spenden. Du könntest deshalb auch Menschen, wie den Bettler auf der Straße, im Nachhinein innerhalb Deiner „Allerliebsten Zeit" segnen.

Vorschlag für Deine Segnungen
Siehe hierzu wieder »Erwähnenswertes für jede „Allerliebste Zeit"«, Kapitel 2, Seite 126.

Zünde Deine Gotteskerze am ewigen Licht an, und sprich:

„Dir, meinem Gott zu Ehren und der nun kommenden, gemeinsamen Zeit, entzünde ich dieses Licht und danke für Dein Dasein. Amen."

Je nach Deinem Gefühl und Vorhaben entzünde Deine Seelenkerze, da sie geweiht wurde, an einem langen Streichholz und sprich die Worte:

„Dir, meiner Seele, zu Ehren entzünde ich dieses Licht. Wandere mit der Flamme meines Herzenslichtes und mit der Flamme meiner Seele hinauf zu

Gott Vater, Sohn und dem Heiligen Geist und wirke für mich aus seinem herrlichen Reich. Amen."

Speziell für die Segnungen kannst Du eine weiße Stabkerze entzünden. Diese Segenskerze symbolisiert das Segenslicht für all Deine kommenden und später vollzogenen Segnungen. Es sollte deshalb im Anschluss an Deine Segnungen ausbrennen können.

Entzünde eine Kerze und mache es Dir wie immer gemütlich. Sorge dafür, dass Du ungestört bleibst in der Zeit Deines Segens und Deiner Segnungen.

Schließ die Augen und sei Dir Deiner Segenskraft bewusst.

Sei Dir Deiner Seele bewusst und dass zwischen Dir und Gott nichts steht, was mit Deinem oder einem Ego zu tun hat. Wisse, wenn Du gleich den Segen bewusst aktivierst, dann sendet Gott über Deine Seele seinen Segen dorthin, die Du vorab benannt hast.

Dann stell Dir vor, wohin Du Segen spenden möchtest. Nehmen wir zunächst einmal Dich. Du möchtest Dich und Dein Leben segnen. Dann stellst Du Dir mit geschlossenen Augen Dich selbst vor. Du siehst Dich vor Deinem inneren Auge vor Dir stehen. Wenn Du nichts imaginieren kannst, schreibe vor Deinem geistigen Auge die Worte:
„Ich (Dein Name)."
Und dann, wenn Du Dich selber siehst oder Deinen Namen geschrieben hast, sprich die Worte:
„Ich segne mein Leben."
Warte einen kurzen Augenblick und sieh oder fühle intuitiv, wie sich über Dich Segensenergie ergießt. Bleib eine Weile bei diesem Segensfluss, bis Du spürst: Jetzt ist es gut. Oder bis Du den Impuls hast, zu einer weiteren Segnung überzugehen.

Du kannst alles aus und in Deinem Leben segnen. Wenn Du zum Beispiel Ängste oder Zweifel hast, dann segne diese. Oder wenn Du eine Erkältung hast, segne diese. Bewerte oder vermute nicht mit Deinem Ego, dass Du zum Beispiel, wenn Du Deine Depressionen segnest, diese mit dem Segen verstärkst. Das wäre die Idee des Egos. Segne alles, was Dir auch gerade negative Gefühle und Gedanken macht, damit sich diese göttliche Energie – Gott – noch konzentrierter darum kümmern kann, was deren Heilung betrifft. Außerhalb von Deinem Ego oder der Vorstellung, wie es morgen mit den Ängsten und Zweifeln auszusehen hätte. Vertraue das „Gesegnete" Gott noch tiefer an mit Deiner Segensspendung. Leite damit automatisch Segensenergie zur Hilfe und Heilung auf das, was den Segen bekommt und braucht. Zu seiner wohlwollenden und geeignetsten Entwicklung, die außerhalb einer menschlichen Vorstellung liegt.

Weiteres Segensbeispiel
Willst Du einen anderen Menschen in Deiner „Allerliebsten Zeit" segnen, dann tue dies. Nehmen wir einmal an, Du willst Dein Kind segnen. Dann schließe auch hierzu die Augen und stelle Dir vor, wie Du Dein Kind vor Deinem inneren Auge siehst oder schreibe seinen Namen innerlich auf.

Wenn Du dann Dein Kind siehst, sprich die Segnung aus, in dem Du sagst:
„Ich segne Dich, mein Kind (und dessen Name)."
Warte wieder eine kleine Weile, bis Du siehst, dass sich das Segenslicht über Dein Kind ergießt. Halte diesen Augenblick so lange, bis Du spürst, dass es gut ist und Du zur nächsten Segnung überschreiten möchtest.

Wisse: Je konzentrierter, ruhiger und ungestörter Du den Segen vollziehst, desto tiefgreifender ist seine göttliche Wirkung.
Du kannst auch spezielle Dinge, die Du Gott mit der Segenskraft um Unterstützung bittest, besonders mit Segen versehen. Wenn

Dein Kind zum Beispiel vor seiner Berufswahl steht, kannst Du diese – außerhalb Deiner eigenen Ideen, was gut für Dein Kind wäre – segnen. Du siehst dann wiederum Dein Kind vor Deinem inneren Auge oder schreibst seinen Namen und sprichst den Segen mit folgenden Worten aus:
„*Ich segne die Berufswahl meines Kindes (und dessen Name)*".

Segne Deine Werte

Für außerordentlich wichtig halte ich die bewusste Segnung Deiner seelischen Werte. So solltest Du Dir regelmäßig Zeit nehmen, damit Du diese mit Segenskraft stärkst und umhüllst – um diese seelischen Werte zu beschützen und zu bewahren, aber auch um diese noch klarer, konkreter, konsequenter und stimmiger in Deinem Leben auszudrücken. Mit der Segnung Deiner seelischen Werte drückst Du vor Gott noch einmal aus, wie Du Deinen Selbst-Wert (die Summe Deiner Werte) verstehst und was Du gleichermaßen deshalb auch an erfahrbaren Werten von außen selber wert bist. Deine eigenen Werte regelmäßig zu segnen, korrigiert im Laufe der Zeit Deine eigenen Missverständnisse zu den jeweiligen Werten und zu dem, was noch an Egoanteilen bei diesen Werten in Dir im Hintergrund mitwirkt.

Du kannst beim Segnen Deiner Werte Dein Wissen und Deine Präsenz über sie verstärken. Dein Bewusstsein stärken, dass Du diesen Wert hast, auslebst oder noch stärker ausleben möchtest. Segne so viele Werte, wie Dir in Dir bewusst sind, damit Deine seelischen Werte zum Segen für alle werden.

Der wahre Selbstwert – gelebte Werte
Wenn Du den Wert der Warmherzigkeit lebst, dann werde Dir bewusst, *wie* Du diesen Wert lebst. Und dann werde Dir klar darüber, dass Du selbstverständlich – aus göttlicher Gerechtigkeit und Logik heraus – diesen Wert der Warmherzigkeit selber wert bist, also diesen von anderen Menschen, wie auch immer, wert bist zu erfahren.

So ist es mit all Deinen seelischen Werten, die Du aktiv in Deinem Leben lebst und worüber Du Dir bewusst bist. Das ist die Summe Deines Selbstwertes.

Du könntest also eine Reihe von seelischen Werten aus Dir heraus segnen:
Deine Warmherzigkeit, Gründlichkeit, Deinen Optimismus, Deine Lösungsorientiertheit, Toleranz, Freundlichkeit, Verbindlichkeit, Väterlichkeit, Deinen Mut, Deine Einsatzbereitschaft, Kreativität und so weiter. Und Du bist sie fraglos alle wert.

Verletzte oder ungesehene Werte
Wenn Du Dich von Menschen in Deinem Leben verletzt oder missachtet fühlst, darfst Du Dich zur Heilung Deiner Verletzung um Deine ungesehenen Werte, um die es in dem einen oder anderen Fall gegangen ist, mit Segen kümmern. Wenn Du verletzt bist, weil sie Deine Werte nicht gesehen oder ignoriert, gar nur konsumiert haben, ohne Dir dafür Achtung, Wertschätzung, Anerkennung oder Dankbarkeit zu schenken.

Wenn Du Dich als Mutter von Deinem Kind verletzt fühlst, dann segnest Du Deine Mütterlichkeit, indem Du Dich selber vor Deinem inneren Auge siehst oder Deinen Namen innerlich schreibst und Deinen Segen wie folgt aktivierst:
„Ich segne meine Mütterlichkeit."
Du praktizierst diese Segnung allgemein und nicht gekoppelt zu einem bestimmten Kind.

Situationen, in denen man verletzte oder ungesehene Werte segnen kann:

- Ein Patient wurde mit allerbestem Wissen und Gewissen behandelt, fühlt sich jedoch ungerecht (gesehen und) behandelt, macht lautstark seinem Unmut Luft und zieht die

Kompetenz und die Bemühungen des Therapeuten infrage, schimpft und verunglimpft. – Der Therapeut segnet seine eigene Hingabe, seine Kompetenz, seine Empathie, sein Verständnis, all dies, was objektiv auch zum Tragen kam, nur vom Gegenüber nicht angenommen wurde.

- Du hilfst einem Freund beim Umzug, jedoch kommt kein Dank zurück, im Gegenteil, Du wirst kritisiert, weil Du vielleicht eine Reihenfolge vergessen hast. – Du segnest Deine Hilfsbereitschaft, Deine Einsatzbereitschaft, Deine Kraft und Ausdauer (Du hast den ganzen Tag Möbel geschleppt).
- Du hast jemanden zum Essen eingeladen, wolltest eine Freude bereiten und hast gerne alles bezahlt. Deinem Gegenüber jedoch hat es leider nicht gemundet und überhaupt war das Restaurant und der Sitzplatz „irgendwie blöd ausgewählt". Obwohl er das Recht hat zu äußern, dass es nicht geschmeckt hat, so hat dieser jedoch über seiner Enttäuschung Deine Bemühung nicht gesehen. – Du segnest Deine Großzügigkeit, Deine Zuneigung, Deine Achtsamkeit, Deine Geselligkeit, Deinen Langmut.
- Du zeigst Deinem aufgedrehten und übermüdeten Kind Grenzen auf und bleibst konsequent bei Deinem Vorhaben, wirst jedoch von Außenstehenden kommentiert und kritisiert über Deine Wortwahl, und überhaupt „das arme Kind". – Du segnest Deinen seelischen Willen, Dein seelisches Führungsbewusstsein im Wissen, dass Du im Sinne der Seele Deines Kindes handelst und nicht danach, was gerade von anderen als chic oder modern angesehen wird.
- Du setzt Dich mit Anschuldigungen Deines pubertierenden Kindes auseinander, das Dir vorwirft, nichts zu dürfen „im Gegensatz zu allen anderen", und Du seiest gemein und herzlos, wohingegen Du, aus der Sicht des Erwachsenen, Deine Mütterlichkeit, Deine Umsicht, Deine Aufrichtigkeit segnest, ohne in Verletztheit und damit in Bestrafung des Kindes zu geraten.

Regelmäßige Segensrhythmen

Sehr empfehlenswert ist es, dass Du Dir tatsächlich regelmäßig Zeit nimmst, Dein Leben und Deine Lieben und Anliegen zu segnen. Wenn ich hier von Segensrhythmus spreche, dann deshalb, weil wir Menschen generell sehr positiv auf Regelmäßigkeiten und „seelische Eintönigkeiten" in unserem Leben, und damit Rhythmen, reagieren. Regelmäßigkeiten sowie ein generell positiver, geregelter Lebensrhythmus schaffen schon bei unseren Kindern Orientierung, Sicherheit, bringen Ruhe und Frieden. Das gilt auch für jeden erwachsenen Menschen.

Du darfst darauf achten, es Dir wert zu sein, und Dir Regelmäßigkeit gönnen. Eine, die nichts mit Langeweile zu tun hat.

Solch eine Regelmäßigkeit ist deshalb nicht nur bedeutsam bei alltäglichen Bedürfnissen wie Schlaf, Essen oder Pflege. Auch Deine Seele, ebenso wie Dein Geist beziehungsweise Dein Bewusstsein, brauchen Regelmäßigkeit. Zur Sammlung, Entspannung, zum Krafttanken, Loslassen, Sich-Ausdehnen und Beruhigen. Wer keine Regelmäßigkeit in seinem Leben körperlich, seelisch oder geistig vollzieht, beginnt auf eine sehr subtile Weise, sich persönlich an einer wichtigen Stelle als Mensch zu vernachlässigen. Auch in der persönlichen Klarheit, das eigene Leben in schöpferische, geordnete Bahnen zu lenken und sinnvolle Initiationen zu vollziehen.

Genau dafür ist die Praktizierung der Segensrhythmen eine wunderbare Sache. Dabei nimmst Du Dir Zeit, in einem bestimmten, zeitlichen Abstand Dein Leben zu segnen. Du nimmst Dir Zeit, all das, was Dir wichtig ist, zusammenzutragen und in Deinem Raum der „Allerliebsten Zeit" den Segen zu spenden. Nach und nach.

Persönlich gestalteter Segensrhythmus

Am besten ist es, Du schreibst Dir einmal auf, was Du alles gerne in Deinem Leben segnen möchtest. Zum Beispiel Dein persönliches Leben, Deine Kollegen, einen Konflikt, einen Ausflug, eine Reise, das Finden einer Wohnung, Deine OP am kommenden Tag, das

Ärzteteam, Deine Entschlackungskur, Dein Aufhören mit dem Rauchen, Deine Partnersuche usw., usw.

Weitere Dinge, die man aus dem erlebten Alltag heraus, ganz individuell, segnen kann:

- Die Kollegen, die einen mobben; die geliebte Kollegin, die einen nicht wahrnimmt
- Die eigenen Fehler (meine Ungeduld, meine Fehlerhaftigkeit meine Ungenauigkeit, meine Nervosität, meine Panik, meine Sprachlosigkeit, meine Gefühlsstarre, meine Verletztheit, mein verletztes Ego, mein stures Ego, meine Bitterkeit, mein Eingeschnappt-Sein, meine Gemeinheit, die mir jetzt leid tut, mein Gefühl, dass ich grad nicht aus meiner Haut kam, meine Überforderung, meine ungerechte Äußerung meinem Partner gegenüber, meine Unterwürfigkeit, meine Angst, verlassen zu werden, die Trennung von meinem Partner, meine Angst, zu kurz zu kommen, meine rüde Antwort, weil sich jemand vorgedrängelt hat)
- Das Gespräch mit meiner Oma, das verpasste Gespräch mit meiner Oma, der Verlust meiner Großeltern
- Meine Fehlinvestitionen (Computerkauf, Aktien, Auto, das ständig kaputt geht)
- Das schlechte Abschneiden meines Sohnes in der Schule (und meine Ratlosigkeit darüber)
- Meine ständige Zeitnot/den Zeitdruck

Wie Du siehst, sind Deiner persönlichen Segensliste keinerlei Grenzen gesetzt, was du in Deinen persönlichen Segensrhythmus aufnehmen kannst. Am tiefgreifendsten geschieht diese Zusammenstellung, wenn Du Dir in Deinem Raum der „Allerliebsten Zeit" Muße und Zeit für die Zusammenstellung nimmst, um damit Impulse, was in diese Liste hineingehört, zulassen und „hereinlassen" zu können. Mach Dir bei der Zusammenstellung keinen Stress.

Wisse:
Selbst, wenn Dir während der ersten oder zweiten Segenssequenz, die Du tätigst, die eine oder andere Segnung noch einfällt, die Du zusätzlich vollziehen willst, dann trägst Du diese einfach nach.

Mache es so persönlich, wie möglich mit der Segensliste, indem Du diese handschriftlich zusammenstellst. Zunächst im Groben. Dass Du dann noch einmal überprüfst, ordnest und verbesserst. Und vor dem ersten persönlichen Segensrhythmus in Dein Seelenbuch hineinschreibst.

Ablauf des persönlichen Segensrhythmus
Wenn es dann soweit ist, ziehe Dich in Deinen von Dir wohltuend gestalteten Raum der „Allerliebsten Zeit" zurück. Mach es Dir gemütlich. Beginne Deine Segnungen mit einer inneren Sammlung, atme tief ein und aus. Schließe Deine Augen. Vielleicht hast Du eine schöne Musik, die Deine Segnungen im Hintergrund begleitet. Sei Dir bewusst, dass Du in den kommenden Minuten die Energie des göttlichen Segens durch Deine Seele in Deine Segensthemen spenden wirst.

Sei Dir bewusst, dass Du nun göttlicher Segenskanal bist. Und sei dankbar für diese göttlich-seelische Tatsache in Dir. Wenn Du magst, kannst Du intuitiv noch ein Gebet sprechen oder gleich mit dem Segen beginnen. So, wie ich es Dir oben bereits zum „Ablauf" erklärt habe.

Du nimmst dann jede Segnung nach und nach in Dein Herz, vor Dein Auge und sprichst die Segnung aus. Lass Dir nach der letzten Segnung genügend Zeit, um den Rhythmus zu beenden. Der letzte Segen lautet immer:

„Ich segne alle Segnungen."

Vielleicht kannst Du diese geborgene Energie um Dich, Dein Leben und Deine Lebensthemen sogar wahrnehmen. Du brauchst Dir keine Sorgen zu machen.

Vergiss keinesfalls, Dich in den Momenten Deines alltäglichen Lebens an diese Segnungen zu erinnern. So kannst Du schnell substanzielles Vertrauen zu Gott und dem Seelischen finden. Du kannst das mit den negativen Gefühlen und Gedanken, den Ängsten und Zweifeln, den Sorgen und Befürchtungen konsequent sein lassen.

Jedoch erinnere Dich daran! Unbedingt!

Den persönlichen Segensrhythmus kannst Du nach Belieben praktizieren.

Regelmäßig kann bei Dir bedeuten: jeden Tag, einmal in der Woche, einmal im Monat oder einmal im Jahr. Ich empfehle Dir, Deinen persönlichen Segensrhythmus einmal in der Woche zu vollziehen.

Sollten sich im Laufe der Zeit manche Segnungen erübrigen oder nicht mehr nötig sein, kannst Du sie aus Deinem Segensrhythmus ausklammern. Möchtest Du nach einiger Zeit den Segensrhythmus neu überarbeiten und zusammenschreiben, dann notiere ihn erneut in Dein Seelenbuch

Morgensegen

Viele Menschen praktizieren bereits die Morgenmeditation. Die morgendliche Sammlung vor dem alltäglichen oder besonderen Leben des Tages. Manche sind der Meinung, sie müssten das *auch tun*. Doch die Vorstellung darüber, am Morgen hätte man keine Zeit für innere Sammlung, oder man würde dabei so viel Zeit verlieren, hält sie von der Praktizierung ab. Dabei ist das eine zeitliche „Milchmädchenrechnung". Wer schon einmal die Erfahrung gemacht hat, sich am Morgen mit Gebet oder Meditation zu sammeln weiß, dass man diese Zeit „spielend" wieder einholt. Mehr noch, die Wirkung dieser morgendlichen Sammlung kultiviert im Tag selbst eine viel höhere Effizienz und Konzentriertheit. Ebenso ist eine energetische Wirkung die Folge: *positive Synchronizitäten im Alltag zu erschaffen.*

Deshalb ist der Morgensegen eine hervorragende Sache, sich bewusst und sinnvoll in den Tag zu bringen und sein Leben zu segnen. Dazu dauert er nur ca. 10-15 Minuten und hat eine enorme Wirkung auf Dein emotionales und mentales Empfinden. Durch den Morgensegen weißt Du um die geborgene Energie und die darin liegende, fügende Fürsorglichkeit, die in jedem Segen, also auch im Morgensegen, steckt.

Ich habe für Dich einen Morgensegen geschrieben, der so ziemlich alles umfasst, was am Tag für Dich oder für Menschen wichtig ist. Diesen Morgensegen kannst Du als Segensrhythmus jeden Morgen beten.

Morgenlicht leuchtet
(Morning Has Broken)

Morgenlicht leuchtet, rein wie am Anfang.
Frühlied der Amsel, Schöpferlob klingt.
Dank für die Lieder, Dank für den Morgen,
Dank für das Wort, dem beides entspringt.

Sanft fallen Tropfen, sonnendurchleuchtet.
So lag auf erstem Gras erster Tau.
Dank für die Spuren Gottes im Garten,
grünende Frische, vollkommnes Blau.

Mein ist die Sonne, mein ist der Morgen,
Glanz, der zu mir aus Eden aufbricht!
Dank überschwänglich, Dank Gott am Morgen!
Wiedererschaffen grüßt uns sein Licht.

Morgenlicht leuchtet, rein wie am Anfang.
Frühlied der Amsel, Schöpferlob klingt.
Dank für die Lieder, Dank für den Morgen,
Dank für das Wort, dem beides entspringt.

Ablauf des Morgensegens
Beginne mit Deiner Segenskraft und zu Deinem höchsten Wohl, Deine kommenden Tagesstunden mit der Kraft aus der Quelle der Schöpfung zu energetisieren.

Schließe Deine Augen und atme tief ein und aus.

Lass Dich mit Deinem Herzen, Deinem Geist und Deiner Seele jetzt ganz und gar auf diesen neuen Tag ein und segne das, was Dir wichtig ist. Stelle Dir dazu einfach vor, wie über das, was Du gerade segnen möchtest, ein helles, weißes, strahlendes Licht herabfällt und dieses für Dein Leben einhüllt.

Atme tief ein und aus und beginne nun zu segnen.

„Ich segne diesen heutigen Tag und werde mir seiner bewusst, mit Wochentag, Datum und Jahr.
Ich segne den gesamten Verlauf dieses Tages, jede einzelne Stunde und jede Minute.
Ich segne meine Liebe, meine Seele und all ihre Werte.
Ich segne alle Menschen, denen ich heute begegne und mit denen ich Worte, Blicke, Zeit und Nähe teile.
Ich segne meine Arbeit und alle meine Taten, die ich heute, im Sinne meiner Berufung und im Sinne anderer Menschen und deren Wohl, vollziehe.
Ich segne meinen Liebes- und Lebenspartner, meine Kinder und Kindeskinder und meine gesamte Familie.
Ich segne die Natur und die Tiere und ganz besonders meine eigenen Tiere.
Ich segne mein Haus, meine Wohnung, mein Heim und die Atmosphäre darin, die meine Seele stimmig bereichert und erfüllt.
Ich segne alle meine heutigen Entscheidungen, meine Überlegungen und Planungen, Erwägungen und alle Initiationen für die Dinge meines Lebens.
Ich segne alle Möglichkeiten, alle Inspirationen und Chancen, die mir für meinen heutigen Tag oder meine Entwicklung begegnen.
Ich segne mein offenes Herz, meine hörenden Ohren und meinen klaren Blick für die Wahrhaftigkeit gegenüber dem, was gesagt werden muss.

Ich segne alle Lösungen und Auflösungen für Blockaden, Probleme, negative Gedanken und Gefühle oder gar für Menschen, die mich tangieren.
Ich segne meinen Körper, meine Vitalität, meine Regenerationskraft und meine körperliche, seelische und geistige Gesundheit sowie alle gute Bewegung, die meinem Wohle dient.
Ich segne mein Geld und meinen Geldfluss, all meine heutigen Einnahmen und auch meine heutigen Ausgaben zu meinem höchsten Wohl und zu meiner vollkommenen Zufriedenheit.
Ich segne meine Ernährung, all meine Nahrungsmittel und alle meine Getränke.
Ich segne all meine heutigen Erfahrungen, Erkenntnisse, Einsichten und wachsenden Weisheiten für ein reiferes Leben.
Ich segne meine Freude, meine Leichtigkeit, alle Fügungen und Einfälle.
Ich segne meine Kraft und mein Strahlen, mein Geben und mein Nehmen.
Und nun segne ich auch das, was mir für heute ganz besonders wichtig ist und für das ich den Segen nun innerlich bestimmen will."

Atme tief ein und aus und lenke Deine Aufmerksamkeit auf Dein Herz.

Sei Dir bewusst, dass Du Deinen Tag harmonisch und sinnvoll für Dich und Dein Leben mit Deinem Segnen geebnet hast. Sei dankbar für diese Kraft und gehe nun mit Liebe, segensreicher Gewissheit und Wertschätzung in Deinen neuen Tag.

Und ganz langsam kannst Du Deine Augen wieder öffnen.

Abendsegen

So gibt es zum Ende des Tages oder vor Deinem Zubettgehen ebenso den zweiten, wohltuenden Segensrhythmus für den Abend. Den Abendsegen. Auch er dauert nur ca. 10-15 Minuten. Er hat eine ausgleichende Wirkung auf die Ereignisse oder Geschehnisse und etwaigen Missstände des gelebten Tages. Dies tut Deiner Seele gut und wird Deinen Schlaf in der Tiefe optimieren. Du kannst in der Nacht besser abschalten und Kraft schöpfen. Den Abendsegen kannst Du jeden Abend vollziehen. Vielleicht als Alternative zum Abendgebet.

Ich habe Dir einen Abendsegen geschrieben, der wiederum alles abdeckt, was für Dich und Deine Seele am Ende des Tages wichtig ist. Praktiziere es und habe eine gesegnete Nacht.

Ablauf des Abendsegens:
Dieser Tag geht nun zur Neige, Dein Tag. Und Du kannst ihn mit Liebe, Frieden und Wertschätzung, gleichwohl, was Dir heute widerfahren ist, mit diesem heilsamen Segen beenden.

Schließe für einen Augenblick Deine Augen und lasse Dich in Deine eigene Segenskraft für diese Zeit des Segnens hineinfallen.

Atme tief ein und aus und sei Dir dieses heutigen Tages, dieses Abends mit seinem Datum und dieser Stunde bewusst. Beginne, gleich zu segnen und damit sogar rückwirkend das zu ebnen, was sich heute an diesem gelebten Tag unstimmig oder unwohl für Deine oder eine andere Seele ereignet hat. Und während Du segnest, wohin Dich meine Worte tragen, siehe, wie das helle, weiße Segenslicht das, was Dir gerade wichtig ist, mit seinen heilenden Strahlen umhüllt.

Atme tief ein und aus und beginne nun zu segnen.

„Ich segne meinen gelebten Tag und all das, was geschehen ist in mir, um mich herum und mit den Menschen.
Ich segne alle meine Worte, die ich heute sprach.
Ich segne alle meine Gedanken, die ich heute dachte.
Ich segne alle meine Gefühle, die ich heute fühlte.
Ich segne meine vollzogenen Taten und all das, was diese im Morgen erschaffen werden.
Ich segne meine heute gelebte Verantwortlichkeit, meinem eigenen Leben oder dem anderer Menschen gegenüber.
Ich segne meine heute gelebten Werte, die ich mit anderen Menschen geteilt habe.
Ich segne meine heute gelebte Klarheit und Wahrhaftigkeit gegenüber dem Leben und den Menschen, die mir begegneten.

*Ich segne meinen heutigen Mut, ehrlich und authentisch für mich und andere gehandelt zu haben.
Ich segne meinen heute gelebten Selbstwert und meine gelebte Selbstliebe.
Ich segne mein gelebtes, heutiges Mitgefühl, meine Liebe zu all den Menschen, die mir wichtig sind und heute wichtig waren.
Ich segne meine heutige gelebte Vertretung meiner persönlichen Anliegen und Interessen.
Ich segne meine Dankbarkeit, meinen Respekt und meine Wertschätzung, einen Tag wie diesen erleben zu können.
Ich segne alle heutigen aufgetretenen Disharmonien, Unklarheiten, Konflikte und Missverständnisse, auf dass diese sich zum Wohle aller auflösen und klären mögen.
Ich segne all das, was ich heute noch nicht erledigen konnte und dem ich heute zu wenig Aufmerksamkeit schenkte.
Ich segne alle guten Ergebnisse, alle erreichten Ziele und alle Fügungen, die sichtbaren und die unsichtbaren, des heutigen Tages.
Ich segne diesen Abend und diese kommende Nacht für mich selbst und für alle Menschen.
Ich segne meinen heilsamen, erholsamen Schlaf und mein frohes Aufwachen im neuen Tag.
Und ich segne all meine stillen Anliegen in diesem Moment für die Heilung und Regeneration in dieser Nacht."*

Dein großer Lebenssegen

Dieser große Lebenssegen ist, anders als Dein persönlicher Segensrhythmus, den Du für Dich selbst zusammenstellen kannst, zeitlos und allgemeingültig. So stehen in ihm Segnungen, wie zum Beispiel „Ich segne meine Kinder" oder „Ich segne meinen Partner". Also auch, wenn Du keine Kinder oder einen Partner hast. Doch war es mir wichtig, einen großen, beispielhaften Lebenssegen für Dich in diesem Buch aufzuschreiben. Einen Lebenssegen, an dem Du Dich orientieren kannst und den Du auch weitreichend – für lange Zeit – übernehmen kannst, wenn Du es möchtest. Selbst, wenn in diesem

Lebenssegen etwas gesegnet wird, was Du meinst, nicht segnen zu können oder zu müssen, kannst Du diese Segnungen durchführen. Wer weiß, was dadurch sich noch alles göttlich fügt. Selbstverständlich kannst Du den großen Lebenssegen für Dich korrigieren, ergänzen, verkleinern, wie Du es möchtest. Bedenke jedoch, hier sind alle Bereiche des Lebens berücksichtigt, die für jeden Menschen seelisch und als verantwortungsvoller Erwachsener von Bedeutung sind.

Ich empfehle Dir, den großen Lebenssegen in deinem Raum der „Allerliebsten Zeit" einmal in der Woche zu vollziehen. Mehr ist nicht nötig, da die Qualität der Segnungen durch Deine Konzentrationskraft, Deine Aufmerksamkeit und Hinwendung von größerer Bedeutung ist als die Häufigkeit. Lass Dir, wie bei Deinen persönlich zusammengestellten Segnungen, nach diesem Segensrhythmus Zeit, Dich aus diesem seelischen Raum langsam zu lösen und wieder in den Alltag zu begeben. Sei stets dankbar für diese seelisch-göttliche Tatsache, dass Du Segen spenden kannst.

Ablauf des großen Lebenssegens
Schließe Deine Augen und mache es Dir bequem. Sei Dir bewusst, dass Du Dich in den kommenden Minuten Deinem Leben und dem, was Dir seelisch wichtig ist, zuwenden wirst. Du hast Dich entschieden, Dir mit der Kraft Deines Segens Zeit für den großen Lebenssegen und seinen heilenden Rhythmus zu schenken.

Atme tief ein und aus. Erlaube Dir, Dein Herz zu öffnen und nun Dein Leben, zu Deinem höchsten Wohl, mit göttlichem Segen zu umhüllen. Siehe vor Deinem inneren Auge (oder denke mental an) das, was Du jeweils in Deiner Aufmerksamkeit in diesem Segensrhythmus mit Segen beschicken möchtest. Und siehe, wie dieser mit einem hellen, weißen Licht all das, was Dir wichtig ist, mit seiner Kraft direkt umhüllt.

Atme tief ein und aus und lasse die Segenskraft für Dich und Dein Leben wirken. Beginne, göttliches Wohl in Hingabe, außerhalb von Wollen, Sollen oder Müssen, für Dich fließen zu lassen.

„Ich segne den heutigen Tag.
Ich segne diesen Monat.
Ich segne dieses Jahr.
Ich segne meine Geburt und meinen Geburtstag.
Ich segne mein Leben und meine gesamte Lebenszeit.
Ich segne den Sinn meines Lebens.
Ich segne meine Lebensenergie.
Ich segne alle meine Gedanken und alle meine Gefühle.
Ich segne meine Seele und all meine seelischen Werte.
Ich segne meine Eltern und meine Ahnen.
Ich segne meine Familie, meine Kinder und Kindeskinder.
Ich segne meinen ebenbürtigen Lebens- und Liebespartner.
Ich segne alle meine Beziehungen in jedem Bereich meines Lebens.
Ich segne den liebevollen Umgang mit all den Menschen, die mit mir leben und die mir begegnen.
Ich segne alle Menschen, die ich liebe, jemals geliebt habe oder jemals lieben werde.
Ich segne mein sinnvolles Handeln und Tun.
Ich segne alle meine Entscheidungen.
Ich segne meine Arbeit und meine Berufung.
Ich segne all meine Arbeits-, Wirkungs- und Entfaltungsstätten.
Ich segne meinen Körper, meine Gesundheit und meine Vitalität.
Ich segne meine Ernährung mit ihren Nahrungsmitteln und Getränken.
Ich segne mein Haus, meine Wohnung und mein Heim.
Ich segne alle Möbel und Gegenstände, die mich umgeben.
Ich segne meinen Schlaf und meinen Schlafplatz.
Ich segne alle Verkehrsmittel, die ich benutze.
Ich segne mein Selbstbewusstsein, meinen Selbstwert und mein Erwachsensein.
Ich segne meine Selbstverantwortung und die Verantwortung gegenüber dem Leben.
Ich segne meine Lebensziele und Visionen.
Ich segne meine Offenheit, Klarheit und Wahrhaftigkeit.
Ich segne meinen Mut und mein konsequentes Handeln.

Ich segne meine Heilkraft und meine Selbstheilungskraft.
Ich segne die Zeit und meine Zeiteinteilung.
Ich segne das Wetter.
Ich segne alles, was ich habe und was ich dabei bin zu bekommen.
Ich segne meine Wertschätzung mir selbst und dem Leben gegenüber.
Ich segne meinen inneren und äußeren Wohlstand und die Fülle, die mich umgibt.
Ich segne alle meine Bankkonten und meine Bankkarten.
Ich segne all mein Bargeld.
Ich segne meine Geldbörse.
Ich segne meine Geldeinnahmen und meine Geldausgaben.
Ich segne meine persönliche Entwicklung.
Ich segne die Stille und den Frieden in meiner Seele.
Ich segne die Natur und die Tiere.
Ich segne alle meine Erfolge, die großen und die kleinen.
Ich segne die Erfüllung meiner Wünsche.
Ich segne die Stimmigkeit meines Lebens.
Ich segne alle Erfüllungen und Bereicherungen, die mir in meinem Leben widerfahren.
Ich segne meine Freunde.
Ich segne meine Hobbies und meine Talente.
Ich segne die Menschen, für die ich arbeite.
Ich segne die Heilung all meiner seelischen Anliegen.
Ich segne die Auflösung jeden Mangels in mir und um mich herum.
Ich segne diesen Platz, diesen Ort, dieses Land, diesen Kontinent und den Planeten Erde.
Ich segne die Menschheit und die Einheit.
Ich segne das Universum, alle Galaxien, alle Dimensionen und die Geistige Welt."
Und nun segne ich … "

Nun hast Du auch Zeit für all das, was bisher von Dir nicht benannt wurde, Dir jedoch in dieser Segnung wichtig ist, mit Segenskraft zu umhüllen. So siehst Du dies nun vor Dir oder benennst es geistig, sodass sich der Segen dahin lenken kann.

Nun geht Dein Segensrhythmus fast zu Ende. Von Herzen mögest Du mit den folgenden Segnungen schließen:

„Ich segne meine Dankbarkeit.
Ich segne alle Segnungen.
So sei es."

Atme tief ein und aus. Sei Dir bewusst, dass Du den großen Lebenssegen für Dein Leben vollzogen hast. Du kannst mit tiefem Vertrauen diesen Segensrhythmus für Dein Leben schließen.

Atme tief ein und aus und sei dankbar für all die erhaltenen segensreichen Umhüllungen.

Atme tief ein und aus.

Du kannst nun ganz langsam Deine Aufmerksamkeit aus dieser Segenstiefe lösen und Deine Augen, so wie Du es möchtest, wieder öffnen.

Schon bald wirst Du bemerken, wie diese Umhüllungen für Dich zu wirken und zu fügen beginnen. Ohne Haben-Wollen, -Sollen oder -Müssen.

Komm, Schöpfer Geist, kehr bei uns ein

Komm, Schöpfer Geist, kehr bei uns ein,
besuch das Herz der Kinder dein:
die deine Macht erschaffen hat,
erfülle nun mit deiner Gnad.

Der du der Tröster wirst genannt,
vom höchsten Gott ein Gnadenpfand,
du Lebensbrunn, Licht, Lieb und Glut,
der Seele Salbung, höchstes Gut.

(Veni Creator Spiritus,
Übertragung von Heinrich Bone 1847)

Kapitel 6 – Seelenandacht – Gebet und Lebensreflexion

Der Schlüssel Deiner guten Beziehung zwischen Dir und Gott ist Deine „Erreichbarkeit" für ihn. Mit Deinem Herzen und dem seelischen Verstand.
(Marija)

Messen und Andacht „damals" und „heute"

Der Sonntag und der Feiertag waren für die Menschen im letzten Jahrhundert streng geregelte Kirchentage. An diesen Tagen wurden konsequent Messen und Andachten besucht. Es wurden besondere Festtage gefeiert und der Sonntag als der „Tag des Herrn".

Der Sonntag deshalb, weil er für die meisten Menschen der einzige freie und damit heilige Tag in der Woche war, als wöchentlicher „Feiertag", da man die Arbeit in der Regel ruhen ließ. Es war der Tag der Familie.

Für die Menschen war der Gang ins Gotteshaus am Sonntag eine Gelegenheit, in einem sakralen Raum etwas für sein „Seelenheil" zu tun. Sich damit vor Gott durch die Riten einer Messe und Andacht mit ihm und mit sich selbst auseinanderzusetzen.

Mit Gebeten, Gesängen und sakraler Musik werden die Andachten und Messen auch heutzutage gestaltet und nach der Liturgie gefeiert. So liest der Geistliche an bestimmten Stellen einer Messe Worte aus der Bibel, Gleichnisse und hält auch eine Predigt.

Es wird im direkten wie im übertragenen Sinne das Wort Gottes gepredigt. Eine Predigt diente lange Zeit im weitesten Sinne zur Ermahnung des Menschen, sein Leben vor Gott zu überdenken. Mithilfe der Gleichnisse aus der Bibel aus dem alten und neuen Testament. Es diente – vielleicht auch noch heute – dazu, über sich und sein alltägliches und besonderes Verhalten nachzudenken und dieses mitunter zu korrigieren.

Der Geistliche, dem in den meisten Fällen Respekt und Fraglosigkeit über seine „geistlichen Kompetenzen" entgegengebracht wurde, stellte sich über die Menschen – stellvertretend für Gott – auf eine Kanzel und richtete seine Worte an die „Gläubigen".

Für die meisten Menschen war der Gang zu einer Andacht oder Messe ein „Muss", um als „guter Christ" zu gelten. Und er war auch eine tatsächliche Gelegenheit, sich im Ritus der Andacht oder der Messe auf seine Weise zu sammeln und zur Ruhe zu kommen. Es gehörte zu der Zeit der christlichen „Gläubigen".

Deine Seelen-Andacht an Sonntagen

So möchte ich Dir empfehlen, *den guten alten „Sonntag" als den „Tag des Herrn"*, als den „Tag Gottes" in Dir heilig zu belassen. Am siebten Tage ruhte der Herr. Der Sonntag ist nicht umsonst von jeher der Tag, an dem wir Menschen, so gut es uns eben möglich ist, uns vom Alltag ausruhen und auch in gewisser Weise abgrenzen sollten. Ein Tag, in dem es äußerlich ruhiger ist – die Geschäfte haben geschlossen. Ein Tag mit eingeschränkten Möglichkeiten für Konsum. Ein Tag – kein Alltag – in der Woche.

Einer, der dafür da ist, Beziehungen zu pflegen und sich um die eigene Seele zu kümmern. Du darfst den Sonntag als das, was er gemeint ist, in Deinem Leben wertschätzen und ehren. Oder vielleicht sogar als solchen neu überdenken und für Deine Seele „erwecken".

Vielleicht überprüfst Du deshalb einmal an dieser Stelle, wie Du Deine Sonntage so verlebst und welches Verhältnis Du zum Sonntag hast. An solch einem, auch äußerlich stilleren Tag in der Woche, darfst Du Deiner Seele Deine Aufmerksamkeit schenken. Und damit auch Gott. Dafür musst Du nicht in ein sakrales Gebäude gehen. Das kannst Du auch zu Hause in Deinem heiligen Raum.

Schenk Dir einfach eine Stunde am Sonntag, in der Du Dich sammelst und nach einem bestimmten Ritus Deine Seelenandacht vollziehst. Du wirst sehen, wie gut Dir diese eine Stunde in der Woche tut und wie viel Klarheit und Erkenntnisse sie Dir gibt.

Dein Sonntagsleben neu erleben

In der Schnelllebigkeit unserer Zeit geriet der Sonntag als „heiliger" Tag oder als Tag *der besonderen Wertschätzung in der Woche*, vielerorts in den Hintergrund. Ein Tag, den Gott sich aufgrund der Schöpfungen als „Ruhe- und Sammlungstag" bereits selbst verordnet hatte und damit auch den Menschen.

Wenn du die Seelen-Andacht vollziehst, übst Du Klärendes in Deinem praktischen Leben und in Deinem Bewusstsein aus.

Egal, ob Du mit anderen Menschen lebst oder alleine bist. Nutze den Tag. Lies ein gutes Buch, mache Wellness, meditiere, gehe ins Kino oder spazieren. Spiel mit Deinen Kindern, koche ein besonderes Essen, geh einen Menschen besuchen.

Kleine Beispiele, wie man den Sonntag gestalten kann:

- Schwimmen gehen, Saunabesuch
- Sich zum Sport verabreden, zum Fahrradfahren ins nahe Naturgebiet
- Besuch beim Flohmarkt mit den Kindern
- Schöne Musik hören
- Konzert oder Theater besuchen
- Einen Spaziergang machen
- Einen Ausflug machen, ins Kino gehen
- Zu Kaffee und Kuchen einladen

- Ein besonderes Essen zubereiten
- Einen Sonntagsspaziergang machen
- Eine Kerze am Abend ans Fenster stellen oder vor die Haustür
- Familienmitglieder besuchen.
- Ein Kirchgang
- Gemeinsame Malzeiten für den Tag vereinbaren
- Zusammen mit der Familie Zeit verbringen, Spiele spielen
- den Familienrat einberufen, kleine Rituale zusammen finden
- Den Friedhof besuchen
- Eine Hausandacht machen

Die Seelenandacht

„Was immer du erwirbst, erwirbst du nur in der Stille, und göttlich ist nur, was im Schweigen geworden ist."
(Sören Kierkegaard, Kierkegaard - Philosophische Schriften)

Du vollziehst Deine Stunde der Andacht in deinem heiligen Raum am Altar. Du hast ihn für diesen Anlass nach Deinem Geschmack und in bewusster Wertschätzung zum kommenden Moment gestaltet. Vielleicht hast Du Blumen im Zimmer und natürlich zündest Du im Verlauf Deine Gotteskerze und Dein Seelenlicht an. Wenn Du magst, auch gleich mehrere.

Halte Dein Seelenbuch bereit, für etwaige Notizen – kommt es für Dich während der Zeit zu Erkenntnissen oder Impulsen, die Du gerne festhalten willst.

Es ist schön, wenn Du Deine Andacht mit sakraler Musik gestaltest. Entweder lässt Du die Musik die ganze Zeit leise im Hintergrund laufen, oder Du wählst während der einzelnen Passagen bestimmte Lieblingsstücke aus.

Unabhängig davon mache ich Dir nachstehend einen Vorschlag, wie Du die sonntägliche Seelenandacht gestalten könntest. Führe sie zumindest einmal aus – auch wenn Du im Moment noch nicht davon überzeugt bist. Versuche diese Stunde der Andacht zu praktizieren, damit Du den *Reichtum* dieser Zeit in Dir erfahren kannst und das Wertvolle dieser Möglichkeit nicht verpasst.

Vorschlag für eine Andacht:

Du bist Dir bewusst, dass Du Dich in der kommenden Stunde Deiner Seele und Gott zuwenden wirst und zwischen Dir und ihm nichts stört. Alles ist gut, zwischen Deiner Seele und Gott. Und Du weißt, dass Du diese Andacht für Dich vollziehst, da Du Dein Leben und Deine Seele besser verstehen möchtest und für Dich reflektieren und visionieren willst, über die vergangenen und die kommenden Tage. *Es geht Dir um Dein gutes Leben.* Es geht für die kommende Stunde darum, dass Du das Leben nicht an Dir vorbeiziehen lässt, ohne das Leben besonders bemerkt zu haben. Und aus dem, was sich ereignet hat oder ereignen wird, ohne heilsame Schlüsse oder Impulse zu bleiben. Die Andacht holt Dich heraus aus dem Konsum des Lebens.

Deshalb wirst Du bemerken, wie Du Dich an vieles vielleicht gar nicht mehr so genau erinnerst, was für Dich in der letzten Woche mit Menschen und in Situationen passiert ist. Es wäre zu schade für Gott und Deine Seele, hier so viel Sinnvolles zu übersehen. Oder Sinnloses – gewöhnlich und unbewusst – auch für die Zukunft hinzunehmen. Die Seelenandacht ist ein breitgefächertes Geschenk, welches Du mit Deinem Bewusstsein jeden Sonntag erneut Deiner Seele und Gott schenken kannst. Denn Du darfst erfahren, was bei Dir im Leben bewusst oder unbewusst stimmig oder auch unstimmig ist. Damit Du dadurch in der Lage bist, in Deinem Leben zu Deinem höchsten Wohl zu entscheiden, zu handeln oder zu verändern.

Die Praktizierung der Seelen-Andacht

Sei der oben genannten „seelischen Ausgangslage" bewusst und komme zur Ruhe. Du spürst in Dir, wenn es gut ist, mit Deiner Seelenandacht zu beginnen.

Zünde Deine Gotteskerze am Ewigen Licht an und sprich:

„Dir, meinem Gott zu Ehren und der nun kommenden, gemeinsamen Zeit, entzünde ich dieses Licht und danke für Dein Dasein. Amen."

Je nach Deinem Gefühl und Vorhaben, entzünde Deine Seelenkerze, da sie geweiht wurde, an einem langen Streichholz und sprich die Worte:

„Dir, meiner Seele zu Ehren entzünde ich dieses Licht. Wandere mit der Flamme meines Herzenslichtes und mit der Flamme meiner Seele hinauf zu Gott Vater, Sohn und dem Heiligen Geist, und wirke für mich aus seinem herrlichen Reich. Amen."

Bete das Eröffnungsgebet:

„Ehre sei dem Vater und dem Sohn und dem Heiligen Geist
Wie im Anfang so auch jetzt und alle Zeit und in Ewigkeit
Amen"

Vielleicht spielt sakrale Musik. Schließe Deine Augen und atme tief ein und aus. Lass Dir Zeit damit.
Bete nun das „Vater unser".

Dann gehe zur ersten Andachts-Reflexion über:

Reflexion – Die vergangenen Tage

Gehen wir davon aus, dass Du immer am Sonntag diese Andachts-Reflexion vollziehst, so handelt es sich bei dieser um einen Zeitraum von sieben Tagen, also einer Woche. In dieser ersten Andachts-

Reflexion lenkst Du Deine Aufmerksamkeit deshalb auf genau diesen Zeitraum und schaust Dir unter den unterschiedlichsten Gesichtspunkten diese Vergangenheit an. Doch bevor Du dies tust, nimmst Du Dir erst einmal gründlich Zeit, überhaupt Kontakt zu den letzten sieben Tagen zu machen. Um Dich an die Tage an sich, mit den jeweiligen Ereignissen, Kontakten, Menschen, Gesprächen, Gefühlen, Situationen zu erinnern.

Schon bei dieser Sammlung von allgemeiner Rückerinnerung wirst Du bemerken, *was* Du bereits zum jetzigen Zeitpunkt Deiner Reflexion alles vergessen hast oder Wichtiges vergessen hättest. Dieses Aufnehmen der letzten sieben Tage, vor Deinem inneren Auge, solltest Du wirklich gründlich machen. Du solltest auch versuchen, Dich an die einzelnen Tage zu erinnern und was in der Zeit der sieben Tage in Deinem Leben alles geschehen ist.

Sei dies persönlich, beruflich, familiär, innerhalb Deiner Beziehungen, Deines Besitzes oder beim Thema Geld.

Schau Dir die Woche an: Den letzten Sonntag, den Montag, den Dienstag, den Mittwoch, den Donnerstag, den Freitag, den Samstag … und hier die markanten, täglichen Geschehnisse.

Lasse Dir Zeit!

Wenn Du nach einiger Zeit gründlichen Rückerinnerns glaubst, das Wichtigste der letzten sieben Tage erfasst und Dir bewusst gemacht zu haben, dann kläre diesen Zeitraum ganz speziell ab, auf diese folgenden Betrachtungen hin. Es empfiehlt sich, jede Frage einzeln zu untersuchen und innerlich zu beantworten. Wenn Du magst, kannst Du Dir Notizen dazu in Dein Seelenbuch machen. So hast Du bei all Deinen Antworten rückwirkend einen Überblick, ob Du mit Deinen Erkenntnissen in Deinem zukünftigen Alltag *weise* in der Folge gehandelt hast.

Reflexionsfragen zu den vergangenen Tagen:

- Kläre für Dich: Was hat Dir in dieser Zeit bzw. diesen letzten Tagen überhaupt nicht gutgetan? Von Dir selbst oder einer anderen Person ausgehend, einer Situation? Sei dies ein Gespräch, ein Mensch, eine Handlung, die Du vollbrachtest, eine Entscheidung, eine Begegnung, was auch immer.
- Was würdest Du rückblickend auf die letzte Woche, aufgrund des Erlebten, für Dich nicht mehr wiederholen? Nicht mehr erlauben oder genauso mit Dir selbst, einer Person oder Situation nicht mehr leben? Wo würdest Du für Dich rückblickend, besser und klarer, für Dich oder eine Sache handeln?
- Was hat Dir in den letzten sieben Tagen besonders gutgetan? Was hat Dir viel gegeben? Was hat Dir Freude bereitet und Dich bestätigt, genau das Richtige für Dich und Dein Leben oder Deine Lieben zu tun? Sei dies von Dir selbst ausgehend, einer anderen Person zu Dir hin oder in einer Situation, die Du in den letzten Tagen erlebt hast.
- Was würdest Du aufgrund der Reflexion in jedem Fall wieder tun, aufgrund Deiner Erfahrungen in dieser Woche?
- Welche Erkenntnisse würdest Du, aufgrund Deiner positiven wie negativen Erfahrungen als Deine persönliche „Wochenweisheit" oder „Wochenweisheiten" festhalten?

Spüre, nachdem Du die Fragen in Dir beantwortet und vielleicht etwas dazu notiert hast, einige Zeit mit geschlossenen Augen nach und atme dabei tief ein und aus.

Bevor Du zum nächsten Andachtspunkt kommst, bete ein *Grundgebet Deiner Wahl* (oder auch mehrere) und/oder lasse ein Musikstück spielen.
Wandere nun mit Deiner Aufmerksamkeit auf die nächste Andachts-Reflexion.

Die kommenden Tage
Sicher weißt Du, wie Dein Leben in den kommenden sieben Tagen alltäglich und im Besonderen aussehen wird. Du gehst zur Arbeit, hast Familie oder eine Partnerschaft, Pläne und Termine, besondere Ereignisse stehen bevor, Freizeit und Freunde oder einfach nur Zeit mit Dir selbst. Werde Dir jetzt darüber bewusst, was Du in dieser Woche – mit dem Wissen Deines heutigen Tages – erleben und erfahren wirst und worum es Dir persönlich in dieser Woche besonders geht. Geh innerlich in diese Zeit hinein, in die einzelnen Tage und diese spezielle Woche. Sieh vor Deinem inneren Auge das Kommende. Werde darüber bewusst, was Dir wichtig ist, hier zu erleben und zu geben. Gib sozusagen in diese Zeit bewusst Deine seelischen Werte hinein, die Dich in Deinem positiven Gelingen und Erleben stärken sollen. Werde Dir Deiner seelischen Werte, die Du anhand der Tage leben willst, bewusst.

Zum Beispiel, dass Du als Sekretärin arbeitest und spürst, es kommt eine Menge Arbeit in dieser Woche auf Dich zu. Dann sei Dir bewusst, dass Du hierfür ganz besonders die Werte Souveränität, Kreativität, Dynamik und Kompetenz oder auch Organisationstalent hineinfließen lassen möchtest. Oder Du bringst Dein Kind zum ersten Mal in den Kindergarten. Dann sei Dir bewusst, dass Du in diesen Tag oder dieser Situation Deine seelischen Werte wie Sicherheit, Geborgenheit, Wärme, Zuversicht, Freude, Motivation, Langmut, Geduld und Loslassen mit hineinbringen möchtest. Oder wenn Du vorhast, eine Wohnung zu renovieren, dass Du dies mit Deinen seelischen Werten wie Fleiß, Kreativität, Ausdauer, Durchhaltevermögen, Freude und Schönheitssinn tragen möchtest. Oder wenn Du mit Dir alleine bist, dass Du Dich selber mit Deinen seelischen Werten wie Selbsttreue, Kreativität, Selbstfindung, Geduld und Selbstliebe erleben und führen willst.

Die Aktivierung von Werten „in der kommenden Woche":

Kommende Aktivitäten	Hilfreiche, zu aktivierende Werte
Viele Patienten-, Klienten- oder Kundenkontakte	Geduld, Einfühlungsvermögen, Offenheit, Geborgenheit, Einsicht, Achtsamkeit, Aufmerksamkeit, Hingabe, Kompetenz
Bevorstehender Umzug	Klarheit, Ausdauer, Fleiß, Durchhaltevermögen, Struktur, Kraft
Abgabe der Steuererklärung	Ordnung, Fleiß, Strukturiertheit, Pünktlichkeit
Gespräch mit dem Anwalt über die bevorstehende Scheidung	Offenheit, Fairness, Verständnis, Lösungsbereitschaft, Ergebnisorientiertheit, Erwachsenenkompetenz, Souveränität
Besuch beim Arzt	Gelassenheit, Offenheit, Flexibilität, Aufmerksamkeit, Belastbarkeit
Bevorstehender Urlaub	Stabilität, Leichtigkeit, Beweglichkeit, Genuss

Diese Beispiele zeigen Dir auf, dass Du in der Reflexion zu den kommenden Tagen, Dir Deiner selbst klar und aus Dir heraus, alles Gute mobilisieren kannst. Um jede Situation und in jedem Alltagsmoment mit Deinen seelischen Werten präsent zu sein und sehr wohl an Dich selbst glauben kannst.

Reflexionsfragen zu den kommenden Tagen:

- Worauf freue ich mich in dieser Woche besonders?
- Was möchte ich in dieser Woche verändern in meinem Leben, in einer Situation oder Beziehung?
- Was ist mir in dieser Woche besonders wichtig?
- Was gönne ich mir oder anderen Menschen diese Woche?

Mach Dir wieder Notizen dazu. Vielleicht hörst Du währenddessen wiederum sakrale Hintergrundmusik. Und spürst am Ende der Notizen noch einmal weiter nach.

Bevor Du zum nächsten Schritt, „Herz voller Dankbarkeit", kommst, bete ein weiteres *Grundgebet* Deiner Wahl.

Herz voller Dankbarkeit

Jeder Mensch hat Anlass, für irgendetwas in seinem Leben dankbar zu sein. Für große Dinge oder kleine, alltägliche oder besondere. Für Menschen, Tiere, Pflanzen, Besitztümer, Ereignisse und Fügungen.

Sich darüber bewusst zu sein, während dieser Seelen-Andacht vor Gott, ist eine tiefe Wertschätzung dem Leben gegenüber.

So nimm Dir in dieser Passage Zeit, Dir bewusst zu werden über das, wofür Du spürst, dankbar zu sein. Ist es Deine Wohnung, Dein Bett, diese Stunde, Dein Auto, Deine Eltern, Dein Partner, Deine Kinder, Dein Arbeitgeber, Deine Talente? Was auch immer. Trage vor, wofür Du in Deinem Leben dankbar bist. Lass Dir Zeit damit, untersuche und durchsuche Dein Leben sehr genau, damit Du so viel wie möglich an Dankesenergie erschaffst. Und damit an freigesetzter Wertschätzung gegenüber dem Leben, was Dich bereichert und erfüllt.

Wenn Du zum Beispiel spürst, dass Du dankbar für Deinen Arbeitsplatz bist, weil diese Arbeit Dich zufrieden macht, dann sprich laut oder leise zu Gott diese oder ähnliche Worte:

„*Ich danke Dir, lieber Gott, für meinen Arbeitsplatz. Danke*".

Oder Du bist dankbar für Deine Partnerschaft, weil Du spürst, da fühlst Du Dich richtig und geliebt, dann sag zum Beispiel die Worte: *„Ich danke Dir, lieber Gott, für meine/n Partner/in". Danke".*
So nimm Dir Zeit, Dir über all das, wofür Du in dem Augenblick dieser Andacht dankbar bist, bewusst zu werden. Und dies vor Gott dankbar auszusprechen.

Wenn Du spürst, dass es gut ist, lasse diese Dankbarkeits-Reflexion los und bete zwischen diesem und dem nächsten Punkt *ein oder mehrere Gebete Deiner Wahl.*

Kraft Deines Segens

„Der Herr denkt an uns und will uns segnen."
(Ps. 115.12)

Nimm diese kommenden Minuten Deiner Seelen-Andacht zum Anlass, Dein Leben und all das, was Dir in Deinem Leben wichtig ist, zu segnen. Menschen, persönliche Ereignisse der kommenden Tage, Deine neue Woche, Mangelsituationen, Ängste oder Zweifel, was auch immer. Hast Du zum Beispiel „Respekt" vor einem Vorstellungsgespräch, dann vollziehe den Segen hierfür zum Beispiel so:

Du siehst vor Deinem inneren Auge die bevorstehende Situation des Gespräches. Wenn Du den Ort und die Zeit und die Gesprächsperson weißt, nimm auch diese Informationen mit in dieses Sehen vor Deinem inneren Auge. Und wenn Du diese Situation siehst, oder vor Deinem inneren Auge aufgeschrieben hast, sag laut oder leise:

„Ich segne das Vorstellungsgespräch am kommenden Tag XYZ."

Dann sieh, wie weißes Licht sich über diese innere Situation, die Du gerade durch Deine Worte gesegnet hast, hinabfließt.

Du kannst für die bevorstehende Woche alles segnen, was Dir wichtig erscheint. In dieser Seelenandacht und durchaus auch im Allgemeinen. Also durchaus auch Deinen Chef, Deine Kollegin, die geplante Schiffsfahrt, den ersten Schultag Deines Kindes, den Geburtstag einer Freundin. Es sind Dir bei Deinen wöchentlichen Segnungen keine Grenzen gesetzt.

Vielleicht schreibst Du Dir vorher auf, was Du segnen möchtest und beginnst dann mit Deinen Segnungen oder Du segnest spontan während dieser Andachtssequenz, was Dir intuitiv einfällt.

Bevor Du zum nächsten Andachtsteil übergehst, bete wiederum *ein Gebet*, was Dir guttut und in diesem Moment stimmig erscheint.

Bete an dieser Stelle, bevor Du mit dem nächsten Schritt beginnst, das Gebet:
„Herr, ich bin es würdig".

Stilles Gespräch mit Gott
Diese Andacht entspricht einem sakralen Aufbau. Die Seelenandacht klärt und „reinigt" Dich mit den ersten beiden Reflexionen und räumt Dich innerlich auf, damit Du wieder stärker in Deine Seelenkraft eintauchen kannst.

Die zweite und dritte Passage der Seelenandacht erhebt Dich mit Deinem bewussten Dank und Segen zum Göttlichen oder zu Gott hinauf. Damit Du aus dieser geschaffenen Gottesnähe heraus ein inniges Zwiegespräch mit Gott eröffnen kannst.

Jetzt, im Anschluss an Deine Segnungen

Sei Dir bewusst, dass an dieser Stelle der Moment gut ist, mit offener Seele und fühlendem Herzen Deine Aufmerksamkeit ganz und gar auf Gott zu richten. Um in diesem intensiven Moment all das aus Dir heraus an ihn heranzutragen, was Dir wichtig ist.

Jetzt ist Gelegenheit und der Zeitpunkt da, dass Du mit ihm über Deine Sorgen, Bitten, Wünsche, kurzum, alle Deine Anliegen sprechen kannst. Gott wird Dir jetzt besonders gut zuhören können, da Du durch diese Andacht in eine ganz besondere „Gesprächsstimmung" getreten bist.

Gott wird Dir zuhören, Dich annehmen, wie Du bist, und Dir liebevolle Aufmerksamkeit schenken. Sag ihm aus tiefster Seele heraus alles, was Dir jetzt wichtig ist und halte nichts zurück. Auch Deinen Ärger oder Deinen Frust, der sich in Deinem Ego eingelagert hat und Dich belastet. All dies kannst Du ihm vortragen.

Und dann, wenn Du wiederum spürst, dass Du das Gespräch „vollbracht hast", geh in die unbedingte Stille Deines Herzens und bleibe einige Minuten in der Ruhe.

Vielleicht wirst Du in dieser Zeit Gott selbst hören oder spüren können und seine Impulse wahrnehmen. Gedankenblitze, Sätze, liebevoller Zuspruch, Energie, all dies kannst Du in dieser Zeit als Antwort Deines Zwiegespräches von Gott erhalten. Sei einfach offen, erwarte nichts, denn Gott wird nicht Deinem Ego antworten, mit seinen Erwartungen und dem Haben-Wollen, -Sollen oder -Müssen. Gott wird Deiner Seele eine Antwort geben. Eine Antwort, die Dir etwas gibt, außerhalb Deiner Vorstellungen. Diese Antwort darfst Du still in Deinem Herzen tragen und für Dein Leben nutzen.

Bete wieder einige Male ein oder mehrere Gebete. Bete vor dem bevorstehenden Abschluss Deiner Seelenandacht noch einmal das Gebet „Herr, ich bin es würdig".

Bitte um den „Göttlichen Segen"
Nun naht der Abschluss Deiner Seelen-Andacht. Ja, Du bist es würdig, dass er und alles, was Dir zur Segnung gereicht, unter „Dein Dach" eingeht – in Deine Seele, Dein menschliches Leben, Deinen Alltag, Deine Beziehungen, Deine Familie, Deinen Beruf, rundherum.

So ist es Zeit, in Deine ganze Aufmerksamkeit und Dein Bewusstsein des göttlichen Segens zu treten, gemäß Deiner Seele würdig zu sein. Öffne mit diesem Bewusstsein Dein Herz. Und halte Dir in Deinem Bewusstsein präsent, dass Du das Göttliche durch Deine Seele dadurch ehrst, dass Du Liebe und Selbstliebe praktizierst. Und im Leben verbreitest.

Sammle Dich und atme tief ein und aus, bevor Du diese Anrufung sprichst und den Segen Gottes und seines Reiches in Empfang nimmst:

„Herr, ich bin es würdig, dass Du eingehst unter mein Dach, ...
Gott Vater, Sohn und Heiliger Geist, Muttergottes, alle Engel und Heiligen, ich bitte Euch von Herzen um den großen göttlichen Segen. Den Segen für mein Leben, das Leben meiner Lieben, all dessen, was mir wichtig ist, im Großen und im Kleinen. Ich bitte um Euren Segen."

Halte in diesem Moment inne und fühle, wie sich der Segen über Dich ergießt.

Nach einer Weile sprich weiter:

„Ich bitte auch um Euren Schutz und um mein Heil, mithilfe Eures lebendigen Lichtes. Ich bitte um Eure Begleitung, Eure Hilfe und Heilung, Eure Impulse und Zeichen, an jedem neuen Tag."

Und auch hier wartest Du eine Weile, bis Du Dir wiederum bewusst wirst, dass Deine Seelenandacht nunmehr dem Ende zugeht:

„Ehre sei dem Vater und dem Sohn und dem Heiligen Geist
Wie im Anfang so auch jetzt und alle Zeit und in Ewigkeit
Amen. So sei es. So meine ich es."

Liebe ist nicht nur ein Wort

Liebe ist nicht nur ein Wort,
Liebe das sind Worte und Taten.
Als Zeichen der Liebe ist Jesus geboren,
als Zeichen der Liebe für diese Welt.

Freiheit ist nicht nur ein Wort,
Freiheit das sind Worte und Taten.
Als Zeichen der Freiheit ist Jesus gestorben,
als Zeichen der Freiheit für diese Welt.

Damit ist Deine Seelenandacht vollbracht. Ruhe und gestalte den Moment, wie du es gerne möchtest.

Deine Stunde der Andacht für den beginnenden Monat

Die Seelen-Andacht lässt sich am Anfang eines Monats als Monatsandacht gestalten. Hier empfiehlt es sich, nicht den Sonntag als Tag der Monats-Seelenandacht zu wählen, sondern tatsächlich den 1. Tag eines Monats als Initiationstag des Monats. Du nimmst dann den vergangenen Monat als die erste Seelenreflexion, indem Du den Monat auf seine Ereignisse und deren Wirkung auf Dich überprüfst. Und statt der „kommenden Tage" schaust Du auf die bis dahin Dir bekannten Abläufe und Planungen oder Vorhaben im neuen Monat, also die durchschnittlichen vier Wochen. Alle anderen Reflexionsschritte bleiben in der Monatsandacht gleich, wie in der Sonntags-Seelen-Andacht (Dank, Segen, Gespräch mit Gott, Segen von Gott).

Kleine Andacht zur Geburt eines Menschen

Kinder sind ein Geschenk des Herrn
(Psalm 127.3)

Diese Andacht bietet sich zu Ehren eines neugeborenen Menschen an. Dabei spielt es keine Rolle, ob Du selbst ein Kind bekommen hast, für das Du diese Andacht zelebrierst oder für ein anderes Kind aus der Familie, welches geboren wurde und durchaus auch „weiter weg" sein kann. Es kann das Kind einer Freundin oder einer Bekannten sein. Deines Nachbarn oder eines anderen Menschen, den Du mit seinem Kind wertschätzt.

Diese kleine Andacht kannst Du ebenso vollziehen, wenn ein Kind durch eine Adoption bei seinen neuen Eltern eingezogen ist. Dann vollziehst Du diese Andacht in der gleichen Abfolge.

Sie wird einmalig vollzogen.

Ablauf
Es genügt, wenn Du das Geburtsdatum und den Namen des Kindes kennst.
Weihe hierzu eine weiße Kerze, speziell für dieses Menschenkind, bevor Du mit der Andacht beginnst.
Diese Kerze sollte als Inschrift den Namen des Kindes in sich tragen sowie sein Geburtsdatum. Dies mögest Du vor der Weihe in die Kerze hineinritzen, zum Beispiel mit einem Kugelschreiber oder einer Büroklammer (Weihe siehe hierzu Kapitel 3, „Deine Seelenkerze", Seite 110).

Stell diese Kerze auf einen stabilen Kerzenständer und sorge dafür, dass diese Kerze nach der Andacht ausbrennen kann.

Wenn Du diese Vorbereitung vollzogen hast, gehe in die Stille und beginne mit der Andacht. Entzünde die üblichen Altarkerzen, also die Gotteskerze und Deine Seelenkerze.

Zünde Deine Gotteskerze am ewigen Licht an, und sprich:

„Dir, meinem Gott zu Ehren und der nun kommenden, gemeinsamen Zeit, entzünde ich dieses Licht und danke für Dein Dasein. Amen."

Je nach Deinem Gefühl und Vorhaben, entzünde Deine Seelenkerze, da sie geweiht wurde, an einem langen Streichholz und sprich die Worte:

„Dir, meiner Seele zu Ehren, entzünde ich dieses Licht. Wandere mit der Flamme meines Herzenslichtes und mit der Flamme meiner Seele hinauf zu Gott Vater, Sohn und dem Heiligen Geist, und wirke für mich aus seinem herrlichen Reich. Amen."

Siehe hierzu auch Kapitel 3, „ Deine Seelenkerze", Seite 110.

Bete zunächst das:

*„Ehre sei dem Vater und dem Sohn und dem Heiligen Geist
Wie im Anfang so auch jetzt und alle Zeit und in Ewigkeit
Amen"*

Und danach bete einmal das „Vater unser":

*„Vater unser im Himmel
Geheiligt werde Dein Name
Dein Reich komme
Dein Wille geschehe
Wie im Himmel, so auf Erden
Unser tägliches Brot gib uns heute
Und vergib uns unsere Seelenlosigkeit
Wie auch wir vergeben dem Seelenlosen
Und führe uns durch die Versuchung
Sodass sich unser Ego erlösen kann.
Denn Dein ist das Reich
und die Kraft und die Herrlichkeit, in Ewigkeit.
Amen"*

Entzünde nun mit dem Zündholz die Kerze für das Kind mit den Worten:

„Dir zu Ehren, Gotteskind (Name), geboren am (Geburtsdatum), entzünde ich dieses Licht. Möge es Deine Seele und Dein Leben segnen, stärken und erhellen und Deinen Lebensweg voller Freude und Sinn bahnen. Amen."

Danach bete einen Gebetsrhythmus mit dem „Gegrüßet seist Du, Maria".

Gehe nach diesem Gebetsrhythmus in die Stille und erlebe, was Du wahrnimmst.

Lenke Deine Aufmerksamkeit auf das Kind, für dessen Leben Du betest. In Gedanken sprich jetzt geistig zu dem Kind aus, was Du ihm von Herzen für sein Leben und seinen Lebensweg wünschst. Du könntest zum Beispiel sagen:

„Ich wünsche Dir, kleiner Viktoria, Gottes Segen, ganz viel Mut, ein offenes Herz und dass Du Geborgenheit und Liebe erfährst. Ich wünsche Dir eine schöne Kindheit und eine glückliche Beziehung mit Deinen Eltern und Deiner Familie. Ich wünsche Dir viele Freunde, Menschen, die Dich verstehen und annehmen, wie Du bist. Menschen die Dich unterstützen, seelisch führen und Dir gute Grenzen zeigen ..."

... und so weiter und so weiter.

Gehe in dieser kleinen Andacht für das Kind mit Deiner Seele ganz in die Aufmerksamkeit und damit zur Seele dieses kleinen Menschen und reiche ihm Deine persönlichen Wünsche mit auf den Weg.

Lass Dir Zeit damit und wenn Du spürst, dass es gut ist, segne auch Du dieses Kind, wie Du es kennst.

Im Anschluss an Deinen Segen bete dreimal das „Vater unser".

Und dann gehe wieder in die Ruhe und fühle, wie es Dir geht und wie selig dieser Augenblick von Deiner Seele zur Seele des Kindes wandert.

Vielleicht hörst Du noch ein wenig schöne Musik, bevor Du dann diese Andacht beendest mit den Worten:

„Der liebe Gott segne und behüte Dich, liebes Kind, ewiglich. Amen"

und danach:

„Im Namen des Vaters und des Sohnes und des Heiligen Geistes. Amen."

Vielleicht magst Du hierzu auch das Weihwasser mit einsetzen und verwenden.

Nun ist diese kleine Andacht für den „neuen Menschen" vollzogen. Gib Deinen Gebeten und Deinen Segenswünschen symbolisch durch die Kerze, die Du für das Kind geweiht hast, Raum, damit sich Deine Wünsche energetisch für das Kind entfalten können und seine Seele stärken.

Dein Geburtstag mit Gott – Geburtstagsandacht

„Euer ganzes Leben soll von der Liebe bestimmt sein."
(Epheser 5.2)

Der Tag Deiner Geburt sollte Dir stets ein bewusster Ehrentag sein. Deine Geburt und Menschwerdung war ein Einfall Gottes. Es gibt einen Grund, warum Du gerade bei diesen Eltern und an diesem Ort geboren oder groß geworden bist. Es steht hinter jedem Menschenleben ein tieferer Sinn.

Deinen Geburtstag zu feiern bedeutet, in Dir die bewusste Haltung zu tragen, dass Du mit jedem neuen Lebensjahr ein weiteres, geschenktes Jahr von Gott erhalten hast. Wenn Du zum Beispiel 30 Jahre alt wirst, dann lebst Du bereits 30 Jahre und trittst in Dein 31stes Lebensjahr hinein. Die 30 Jahre an Lebenszeit, die hattest Du bereits und deshalb feierst Du an Deinem Geburtstag die Dir von Gott geschenkte Zeit von 30 Jahren. Und im nächsten Jahr feierst Du die Zeit von 31 Jahren.

Viele Menschen haben mit dem Älterwerden ein Problem, da die Schönheit und die Kraft des Körpers nachlassen. Sehen wir allerdings das Älterwerden in Verbindung mit Gott, so ist es eine große Gnade, älter und älter und älter zu werden. Lebenszeit, die wir Menschen nutzen dürfen, für den Sinn und das Sinnvolle im Leben. Es ist aus dieser Sicht sogar eine Ehre, dem Menschen die Zeichen des Älterwerdens anzusehen. Deshalb nimm zu Deinem Lebensalter stets eine dankbare Haltung ein. Es ist Deine von Gott geschenkte Zeit.

Und so kannst Du auch mit ihm an diesem Tag eine kleine Geburtstagsandacht für Dich gestalten.

Ablauf der Geburtstagsandacht
Du geht zu Deinem „heiligen Platz"
(Siehe hierzu wieder »Erwähnenswertes für jede „Allerliebste Zeit"«, Kapitel 3, Seite 126.)
und entzündest das Gotteslicht am ewigen Licht, und sprichst:

"Dir, meinem Gott zu Ehren und der nun kommenden, gemeinsamen Zeit, entzünde ich dieses Licht und danke für Dein Dasein. Amen."

Entzünde Deine Seelenkerze am Gotteslicht mit den Worten:

"Dir, meiner Seele zu Ehren, entzünde ich dieses Licht. Wandere mit der Flamme meines Herzenslichtes und mit der Flamme meiner Seele hinauf zu Gott Vater, Sohn und dem Heiligen Geist, und wirke für mich aus seinem herrlichen Reich. Amen."

Das Entzünden Deiner Geburtstagskerze
Dann zündest Du zusätzlich eine Geburtstagskerze für Dich an. Auf diese schreibst Du vorher Deinen Namen, Dein Geburtsdatum und die Zahl Deiner bisher gelebten Jahre.

Du entzündest diese Geburtstagskerze am Gotteslicht mit den Worten:

"Dir, meiner Seele zu Ehren, meinem Körper und meinem Geist zu Ehren, entzünde ich dieses Licht. Möge die Flamme meines Geburtstages mein neues Lebensjahr hell erleuchten und mich das Göttliche in diesem neuen Jahr segnen, leiten und schützen. Amen."

Dann gehst Du in die Stille und atmest tief ein und aus. Sei Dir bewusst: Du hast heute Geburtstag.

Bete zunächst das *"Ehre sei dem Vater"*.

Danach bete einen Gebetsrhythmus mit dem *"Vater unser"* und warte im Anschluss auf etwaige Impulse.

Bete nach einer Weile *"Herr, ich bin es würdig"*.
Werde Dir nach diesem Gebet bewusst, was Du „würdig", besser gesagt aufgrund Deiner eigenen, gelebten seelischen Werte, Dir selber etwas wert bist.

Erachte Dich somit als wertvollen Menschen.

Lass Dir Zeit damit, vielleicht machst Du auch Notizen in Dein Seelenbuch, anlässlich der Werte und Deines Geburtstages.

Werde wieder ruhig und atme ruhig ein und aus. Bitte Gott, mit Deinen Worten, jetzt um seinen Geburtstagssegen. Und fühle, wie dieser Segen zu Dir fließen wird.
Lass Dir Zeit, bis Du den Impuls verspürst, nun zum Ende Deiner kleinen Geburtstagsandacht zu kommen.

Bete hierzu das *„Gegrüßet seist Du, Maria"*

Abschluss der Geburtstagsandacht
Sprich nun abschließend das Dankesgebet zu Deinem Geburtstag:

„Lieber Gott, ich danke Dir für mein Leben und für jeden Tag meines Lebens. Mein Geburtstag macht mir das Geschenk meiner Lebenszeit zu keinem anderen Tag im Jahr so bewusst wie dieser Festtag meines Lebens. Ich will meine Lebenszeit dankbar annehmen, sinnvoll nutzen und damit das Leben ehren. Danke für meine Zeit. Danke für mein Leben. Amen"

Lieber Gott – Dein göttlich-alltägliches Leben
Lass Dein Leben an jedem neuen Tag Deines wertvollen Lebens bewusst Deine „Allerliebste Zeit" sein. Dann kannst Du eines Tages, am Ende Deines Lebens, mit völliger Gewissheit sagen, Du hattest ein Leben mit Gott und ein lebendiges, seelisches Leben.

Genau das wünsche ich Dir von Seele zu Seele und von ganzem Herzen.

Marija

Kleine Andacht für einen Verstorbenen

Christus sagt: Ich bin die Auferstehung und das Leben
(Joh. 11.25)

Diese Andacht kannst Du für einen nahe verstorbenen Menschen vollziehen oder auch für einen Menschen, der Dir nicht so nah und bekannt ist, sein Tod und seine Hinterbliebenen Dich dennoch berührt und beschäftigt.

Hierzu weihst Du eine Kerze für diesen Menschen, auf der sein Name und möglichst sein Geburtsdatum und sein Todesdatum aufgetragen ist. Hast Du nur seinen Todestag, so schreibe diesen auf. Und weißt Du auch diesen nicht genau, schreibe nur seinen Namen auf die Kerze. Diese kleine Andacht kannst Du kurz nach dem Versterben vollziehen oder auch einige Zeit, ja sogar lange Zeit später, wenn Du erst dann von dessen Tod erfahren hast.

Diese Andacht vollziehst Du einmalig.

Du gedenkst in dieser Andacht dieses Menschen, seines Lebens und seines Guten. Also was er Gutes an Taten, Worten, Handlungen, Werten gelebt und in die Welt gebracht hast. Beruflich, allgemein, in seine Familie oder in Situationen. Du gedenkst seiner Art.

Natürlich ist dies unterschiedlich intensiv, je nachdem, ob Du den Menschen gut kanntest und er Dir sehr nahe stand, oder ob es vielleicht der Vater eines Freundes war, der kürzlich verstarb und den Du nur vom einmaligen Sehen kanntest. So ist dieses Gedenken an den Menschen während der Andacht sehr unterschiedlich. Der Ablauf ist jedoch gleich.

Ablauf

Nachdem Du die Kerze geweiht hast, entzündest Du die üblichen Kerzen für die „Allerliebste Zeit"

Siehe hierzu wieder »„Erwähnenswertes für jede „Allerliebste Zeit"«, Kapitel 3, Seite 126.

Zünde Deine Gotteskerze am ewigen Licht an, und sprich:

„Dir, meinem Gott zu Ehren und der nun kommenden, gemeinsamen Zeit, entzünde ich dieses Licht und danke für Dein Dasein. Amen."

Je nach Deinem Gefühl und Vorhaben, entzünde Deine Seelenkerze, da sie geweiht wurde, an einem langen Streichholz und sprich die Worte:

„Dir, meiner Seele, zu Ehren entzünde ich dieses Licht. Wandere mit der Flamme meines Herzenslichtes und mit der Flamme meiner Seele hinauf zu Gott Vater, Sohn und dem Heiligen Geist, und wirke für mich aus seinem herrlichen Reich. Amen."

Die geweihte Kerze für den Verstorbenen platzierst Du auf einem gesonderten Kerzenständer.
Dann beginnst du mit der Andacht, indem Du zur Ruhe kommst, ruhig ein- und ausatmest und betest:

„Ehre sei dem Vater und dem Sohn und dem Heiligen Geist
Wie im Anfang so auch jetzt und alle Zeit und in Ewigkeit
Amen"

und danach ein „Gegrüßet seist Du, Maria":

„Gegrüßet seist Du, Maria
Voll der Gnaden
Der Herr ist mit Dir
Du bist gebenedeit unter den Frauen
Und gebenedeit ist die Frucht Deines Leibes, Jesus
Heilige Maria, Muttergottes
Bitte für uns Menschen, jetzt und alle Tage unseres Lebens
Amen"

Danach entzündest Du mit einem Zündholz die geweihte Kerze mit den Worten:

„Dir zu Ehren, (Name), Deinem Leben zu Ehren und Deinem Versterben zu Ehren, entzünde ich dieses Licht. Möge dieses Licht Deiner Seele leuchten und Dich in Frieden und Liebe in Gottes Reich beschenken. Amen."

Schließe die Augen und bete nun einen Gebetsrhythmus mit dem „Vater unser".

Nachdem Du dies vollbracht hast, nimm wiederum wahr, was Du erlebst und lenke Deine Aufmerksamkeit auf die Seele des Verstorbenen und seinen Namen. Vollziehe innerlich wiederum Dein Gedenken an ihn, indem Du Dich an das erinnerst, was Du mit diesem Menschen erlebt hast oder von diesem Menschen weißt, was Dich berührt hat.

Lass Dir Zeit damit und sammle Deine Erfahrungen mit diesem Menschen.

Wenn Du dabei berührt bist und zu Tränen berührt, lasse Dir Zeit und weine, wenn es passiert.

Es ist traurig, einen wertvollen Menschen zu verlieren. Sei in der Zeit dieser Andacht ganz und gar mit Deinem Herz und Deiner Seele bei diesem Menschen, egal wie nah oder fern Du ihm im alltäglichen Leben auch warst. Schaue Dir mit Deinem inneren Auge an, welche seelischen Werte dieser Mensch gelebt hat, anderen Menschen geschenkt hat oder auch mit Dir teilte. Lass dir Zeit bei diesem Gedenken.

Wenn Du nach einer Weile spürst, dass es gut ist sprich folgende Worte aus Deiner Seele zu seiner Seele:

„(Name), ich danke Dir für alles, was ich von Dir bekommen habe. Danke. So nimm Du nun meinen Segen für Dein jenseitiges Leben."

Spüre eine Weile, was du alles von diesem Menschen bekommen hast und fühle Deine Dankbarkeit.

Sammle Dich wiederum und segne diesen verstorbenen Menschen mit den Worten:

„(Name), ich segne Dich, ich segne Dich, ich segne Dich. Amen."

Und dann gehe wiederum in die Stille und verweile, solange Du spürst, dass es gut ist.

Am Ende Deiner Andacht sprich dreimal das „Vater unser" und danach das

„Im Namen des Vaters und des Sohnes und des heiligen Geistes. Amen"

Lass auch jetzt wiederum die geweihte Kerze ausbrennen, damit sich Dein Segen und Dein Dank für die Seele des Verstorbenen zu seinem Seelenwohl verströmen und entfalten kann.

Was Uns Die Erde Gutes spendet

Was uns die Erde Gutes spendet,
was unsere Hände Fleiß vollbracht,
was wir begonnen und vollendet,
sei, Gott und Herr, zu dir gebracht.

Kapitel 7 – Allerliebste „Festtags-Zeiten" im Jahreskreis

Gott will Dich berühren.
Und er will Dich bewegen, in Deinem Leben.
(Marija)

Feste im Jahreskreis

Während eines Jahres gibt es verschiedene sakrale Feste, die in unserer Zeit – und sicher bis in die Ewigkeit – von Menschen beachtet und gefeiert werden. Der Mensch trägt eine natürliche, seelische Sehnsucht für immer wiederkehrende Rhythmen an tiefsinnigen Festlichkeiten in sich.

Außerdem dienen Feste zur Orientierung; VOR Ostern ist anders als NACH Ostern, vor Pfingsten und nach Pfingsten, vor Weihnachten und nach Weihnachten. Da weiß gleich jeder Mensch, wo er zeitlich „dran" ist.

Die höchsten Feste im Jahreskreis sind aus christlicher Sicht Weihnachten, Ostern und Pfingsten. Jedes dieser Feste baut sich in einer Art „Vorbereitungszeit" auf, so zum Beispiel die Adventszeit vor Weihnachten, die Fastenzeit vor Ostern und die 40 Tage zwischen Ostern und Pfingsten.

Diese Festtags- und Vorbereitungszeiten können für Dich Anlass sein, auf Dein alltägliches, seelisches Leben noch ein bisschen mehr einzugehen und damit Deine Seele zu verfeinern. Ich persönlich liebe diese Beachtung des christlichen Jahreskreises, da er eine reinigende, klärende und stärkende Wirkung auf den Körper, den Geist und die Seele hat. Nicht zuletzt, weil der Jahreskreis die Beziehung und das Miteinander mit und zu Gott vertieft.

Dein ganz persönlicher Jahreskreis – Deine Hochfeste
Vielleicht gibt es für Dich eine ganz besondere „Lieblingszeit", die Du einmal im Jahr für Dich, im Zusammenhang mit einem christlichen Hochfest, rituell gestalten möchtest.

Du bist frei in Deiner Wahl, Dir alle Festtagsrhythmen zu einem Erlebnis zu machen oder – wie gesagt – nur den einen, den Du besonders „lieb hast".

Silvester gehört zwar in der Auflistung der christlichen Feste nicht zur Tradition, jedoch ist es ein einmaliger Anlass, das neue Jahr auch in einer Form zu gestalten, in der Du auf Grundgebete oder Gebetsrhythmen in der Gestaltung Deiner Jahresabschluss-Reflexion oder Jahresbeginn-Vision zurückgreifen kannst. Silvester ist das Initiationsfest für Deine Seele und das neue Jahr.

Der Advent – Der seelische Adventskalender
Persönliche Vorbereitung durch die Anerkennung Deiner seelischen Werte

Der Advent ist die Vorbereitungszeit auf die Geburt Christi. Er ist eine wunderschöne, geheimnisvolle Zeit, unterstützt durch die frühe Dunkelheit der Tage und die besondere Wärme, die uns brennende Kerzen mit ihrem Licht in dieser Zeit schenken.

Die Sehnsucht der Menschen ist – bewusst oder unbewusst –, seelisch anzukommen, so wie Jesus Christus in dieser Welt, von Gott gesandt, als Mensch auf der Erde angekommen ist. Das schönste Gefühl, das wir in der Weihnachtszeit in uns wahrnehmen und teilen können, ist dieses:

> *„Ich bin angekommen, in mir, in dieser heiligen Zeit.*
> *Ich bin voller Frieden bei diesem Fest angekommen, im Innen und im Außen, mit meiner Familie, meinem Zuhause, ja mit den Menschen, die mir wichtig sind und mich umgeben."*
> *„Zu Hause"*

Weihnachten ist das Friedensfest. Es gehört zu den sakralen Grundbedürfnissen eines Menschen, dieses Ankommen von Jesus Christus an Weihnachten und seine Symbolik der Menschwerdung
auch in sich
zu spüren und nicht zu verpassen.

Und jedes Jahr passiert im Grunde das gleiche Desaster in der Weihnachtszeit. Die Zeit fliegt in den vier Wochen des Advents so davon, die Menschen sind hektisch und beschäftigt.

Vor Weihnachten will man in jedem Fall noch dieses oder jenes erledigen oder meint, es sollte erledigt werden.

Die Zeit „zwischen den Jahren"
Denn zwischen Weihnachten und Silvester klingt das Jahr bereits aus, Abschlüsse werden gemacht, viele Menschen haben Urlaub. Und so „schlägt" fast schon mit Weihnachten die „Stunde" aller noch offenen Erledigungen, und das Streben, sie bis Weihnachten gemacht zu haben.

Wer Weihnachten liebt, kümmert sich nebenbei noch um die Geschenke und Dekoration oder um die Gestaltung des Weihnachtsabends mit seiner Familie. Weihnachtsgrüße möchten an Bekannte, Freunde, Geschäftspartner oder Verwandte geschrieben werden und so weiter. Die Schnelllebigkeit und der Konsum vor Weihnachten nimmt zu und ist zu keiner anderen Jahreszeit derart „zu toppen".

Dabei kommt bei vielen Menschen das eigentliche seelische Anliegen, sich auf Weihnachten mit Bedacht vorzubereiten, viel zu kurz. Das spüren viele Menschen manchmal sogar mit Wehmut. Eben, weil es in uns angelegt ist, der Sehnsucht nachzukommen, selber „anzukommen" am heiligen Fest.

So sehr ich Dir den „heiligen Sonntag" als Seelentag empfehle und als „heiligen Wochentag" ans Herz lege, so sehr lege ich Dir den gesamten Schatz der Adventszeit ebenso inbrünstig ans Herz. Um zumindest einen Tag in der Woche aus dem Alltag und dem Konsum, ja, auch aus der Schnelllebigkeit unseres Lebens zu treten. Nämlich: Dein eigenes Ankommen und damit das rituelle Gedenken an Jesus Ankunft als Gottessohn, *definitiv nicht zu verpassen.*

Nimm in Dir, und überhaupt bei Menschen, diese Ursehnsucht, „anzukommen" und in diesem Ankommen die Liebe Gottes wahrzunehmen, als das Geschenk der Weihnacht schlechthin in Dir auf.

Und nebenbei gibt es natürlich die anderen Geschenke unter den Menschen, die sich liebenden Auges und fühlenden Herzens Geschenke unter dem Weihnachtsbaum machen. Wenn sie bewusst schenken, dann tun die Menschen es aus Liebe. Weil diese Geschenke dem Beschenkten wissentlich guttun, ihn erfüllen und bereichern. Das sind Geschenke, wie Gott sie für uns gemeint hat. Geschenke mit beherztem Sinn für einen anderen, die unsere Wertschätzung für sein „So-Sein" verkörpern.

Die Krippe – ein Symbol seliger Einkehr

Zunächst jedoch geht es um den Weg zur Krippe.

Den Weg, die Erfüllung und Bereicherung nicht zu verpassen, die sich durch das Gefühl des „Ankommens" jedes Weihnachten vollziehen.

> Ankommen in Dir selbst.
> Ankommen an der Krippe,
> ankommen als Mensch,
> ankommen in Deiner Seele,
> ankommen bei Gott.

Wie kannst Du also Deine Adventszeit gestalten, um Deine Weihnachtszeit gemäß der Geburt Christi als Dein Ankommen zu feiern?
Zunächst ist es empfehlenswert, dass Du eine stimmige und klare Haltung zur Adventszeit in Dir trägst. Es darf Dir seelisch klar sein, dass Du diese Zeit der Vorbereitung für Dein *Ankommen wirklich willst und Du sie vor allem nicht verpassen möchtest.* Dass Du Deinem eigenen Ego, dem Konsum in der Adventszeit und der Hektik bewusst in einigen sakralen Momenten Deiner Adventszeit entfliehen willst.

Weil Dir diese Zeit so wertvoll ist.

Du kannst einen schönen Adventskalender für Dich besorgen, der jeden Tag Deiner Adventszeit begleitet. Und Du kannst, darüber hinaus, folgende kleine Adventszeremonie zelebrieren, um Dich für einen Moment – und jeden Tag ein bisschen mehr – auf die Weihnacht vorzubereiten.

Adventszeremonie – Sich innerlich verschenken lernen
Du bist Dir bewusst, Du möchtest seelisch für Dein Umfeld im übertragenen Sinne ein Geschenk sein. Und damit gehst Du vom 1. bis 24. Dezember sehr bewusst mit Deinem Inneren um. Damit hast Du die schöne Gelegenheit, Dir mit einer kleinen Kerze und in einem Moment der Ruhe noch mehr seelische Freude gemeinsam mit Gott zu bereiten.
   Stellen wir uns also vor, Du beginnst am 1. Dezember. Du gehst mit einer kleinen Kerze, einem Teelicht, an Deinen heiligen Platz

(zumindest einen ruhigen Platz für Dich, sofern Du nicht zu Hause bist) und entzündest diese Kerze mit den Worten:

*„Dir Jesus Christus, Gottessohn, zu Ehren entzünde ich dieses Licht. Ich will mit Dir gemeinsam in mir an Deiner Krippe ankommen. Ich will wie Du ein Geschenk für Menschen sein, gerade um **Dir** nahe zu sein."*

Halte einen Moment inne und spüre diesen seligen Moment.

Dann betest Du einmal das *„Vater unser".*

Nun werde Dir bewusst, welchen seelischen Wert Du aus Dir heraus in den kommenden 24 Stunden besonders unter den Menschen, Deinen Kollegen, in Dir und in Deiner Familie leben möchtest. Es gibt, wie Du bereits weißt, Tausende seelischer Werte. Für diesen einen Tag im Advent aber nimmst Du Dir einen bestimmten Wert – der wie ein Geschenk in Dir und für andere Menschen wirken möge – in Deine besondere Absicht.

Entscheidest Du zum Beispiel, den ersten Adventstag besonders mit dem seelischen Wert der „Offenheit" zu beleben, dann führst Du Deine Zeremonie wie folgt weiter:

„Gott Vater, Dir und Deinem Sohn zu Ehren, verschenke ich mich am heutigen Tag in mir und gegenüber den Menschen mit meinem Wert der Offenheit. Meine Offenheit soll für heute mein seelisches Geschenk an die Menschen sein. Für Dich! Amen"

Zum Abschluss betest Du ein „Vater unser" und beendest damit Deine kleine Adventszeremonie.

Wenn es Dir möglich ist, lasse die Kerze so lange es geht in Deiner Nähe brennen und wenn es problemlos geht (und meistens geht dies mit einem Teelicht in einem Glashalter) ganz ausbrennen. Dann bist Du Dir bewusst, dass Du die kommenden 24 Stunden besonders darauf achten wirst, Deinen seelischen Wert der Offenheit in Deinem

Leben und unter den Menschen zu leben. *Als Dein Tagesgeschenk.* Und schau, beobachte Dich und die Menschen, wie Deine Offenheit an diesem Tag sich in Dir anfühlt, wie sie bei Deinen Mitmenschen ankommt und ob sie von anderen Menschen an Dich zurückgegeben wird. Mache daraus einen stillen Prozess in Dir. Einen Prozess des Fühlens, Sehens und Handelns.

Aufgrund meiner eigenen Erfahrungen weiß ich, dass Du diese Adventszeit mithilfe der kleinen, täglichen Zeremonie ganz anders, tiefer, intensiver und sogar bewusst freudiger erleben wirst. Denn Du wirst feststellen, wie schön es ist, sich auf den seelischen Reichtum der Weihnacht vorzubereiten, durch das bewusste Leben eines seelischen Wertes an jedem neuen Tag im Advent. Du wirst Dich jeden Tag beschenkt fühlen – durch Deinen gelebten seelischen Wert, den Du für diesen Tag in den Mittelpunkt gestellt hast. Innerlich und vielleicht sogar äußerlich. Und Du wirst bemerken, dass Du wirklich dabei bist, in Dir und vor Gott anzukommen. Diese kleine Zeremonie dauert keine fünf Minuten, wenn Du sie ohne weitere Momente der Stille vor Beginn und am Ende gestaltest. Und dennoch hat sie so eine große Wirkung für ihre kurze Dauer. Wobei ich Dir natürlich empfehle, diese Zeremonie in Ruhe und wenn es geht, mit etwas mehr Zeit zu verbringen und für Dich zu gestalten.

Du wirst diese *Allerliebste Adventszeit* lieben und wertschätzen, weil du endlich das Gefühl haben kannst, diese heilige Zeit einmal nicht zu verpassen und damit zu ehren, worauf der Advent zugeht: auf Christi Geburt und die Menschwerdung.

Denn wenn Du Dir die Frage stellst, wann ist der Mensch göttlicher *Mensch?* So würde ich Dir antworten: Dann, wenn er sich seelisch spüren und leben kann. Und das kannst Du über Deine seelischen Werte, die Dich definitiv in der Liebe und göttlich ausmachen. Deine seelischen Werte sind gemacht, um Gott mit dem Sinn eines jeden Wertes in Dir, durch dessen gelebten Ausdruck, zu vertreten. Seelische Werte, Werte, die ein Mensch lebt, machen den Menschen aus. Nicht sein Auto, sein Boot, sein Haus, sein Schmuck oder andere Äußerlichkeiten. Wenngleich diese ein stimmiger sichtbarer Ausdruck sein können zu gelebten Werten.

Das Symbol am Ende der täglichen Adventszeremonie ist, dass Du Dir ganz bewusst bist, dass Du jeden Deiner bis dahin gelebten Werte, also 24, wissentlich als seelisches Paket, wie ein Geschenk, in Dir trägst. Sie zu den Menschen trägst *und zur Krippe bringst*. *Angekommen* in Deinem Bewusstsein, *angekommen* in Deinem Leben und in Deinem Umfeld.

Dein seelischer Adventskalender

> *„Wachsen im geistigen Sinne bedeutet nicht, größer werden,*
> *sondern kleiner werden."*
> *(Sören Kierkegaard, Die Leidenschaft des Religiösen)*

Ich möchte Dir hier einen Vorschlag unterbreiten, welche seelischen Werte Du an den vierundzwanzig Vorbereitungstagen, den Adventstagen, für Deine Zeremonie leben könntest. Du entscheidest dies aus dem Spektrum aller seelischen Werte und wenn Du mehr „Lust" auf einen anderen Wert hast, als den meines Vorschlages, dann tue das.

Der seelische Adventskalender – „Ich lebe, nehme und gebe, heute den Wert der ..."

01. Dezember – Offenheit:
Ich öffne mich dem, was mir entgegenkommt und anerkenne Offenheit in meinen Mitmenschen wertschätzend an. Ich prüfe, wo ich Wertungen, Interpretationen und vorgefertigte Meinungen habe, was mir vielleicht nicht immer bewusst war. Ich bin offen im Zuhören, Annehmen, Tolerieren. Ich bin offen für Ideen anderer Menschen und gehe vorbehaltslos auf mein Gegenüber ein. Ich bin selber Offenheit wert und begrüße es und bin dankbar dafür, wenn andere Menschen mit mir offen umgehen.

02. Dezember – Anerkennung:
Ich achte darauf, was mir an Gutem begegnet und ich gebe dem bewusst meine Anerkennung. Für nette Gesten, liebevolle Blicke, schöne Kleider, gute Gedanken. Ich spreche Anerkennung Menschen und Situationen innerlich oder äußerlich gegenüber aus. Ich bin selbst Anerkennung wert, da ich weiß, was ich bereit bin, an Werten zu leben, sodass sie sichtbar zutage treten und diese Werte von anderen Menschen in Anerkennung geachtet werden können. Ich danke für die Anerkennung anderer Menschen.

03. Dezember – Hilfsbereitschaft
Ich helfe gerne, gebe mich in meiner Zeit, meinen Gedanken und Taten, freimütig dem, der meine Hilfe braucht. Möge ich auch nichts selbst davon haben – wenn ich sehe, dass mein Wirken dem anderen guttut, überlege ich nicht lange, sondern packe zu. Ich sehe auch, wo man Hilfe bedarf und übe mich darin, stimmig zu unterscheiden. Und ich merke, wer mir hilfsbereit begegnet, was ich deutlich wertschätze.

04. Dezember – Großzügigkeit
Ich habe einen Sinn für Großzügigkeit, achte darauf, großzügig zu sein und erfreue andere mit meiner Großzügigkeit. Ich runde an der Kasse auf, damit sich der Kassierer freut. Ich berechne Klienten keinen vollen Stundensatz, trotz angefangener Stunden. Ich spendiere Bekannten einen Snack, bringe Kollegen etwas Nettes zur Arbeit mit. Ich sehe großzügig über Stress, Ungeduld und Kleinlichkeit anderer hinweg. Ich freue mich bewusst darüber, wenn ich sie bei anderen Menschen erkenne und man mir in Großzügigkeit begegnet. Ich bin Großzügigkeit wert.

05. Dezember – Warmherzigkeit
Ich bin warmherzig, das ist mein Geschenk. Ich bin zugewandt, liebevoll, wohlmeinend, habe selbst im Stress immer ein freundliches Wort übrig. Ich freue mich und bin dem Menschen ge-

genüber dankbar, der zu mir warmherzig ist; ich bin Warmherzigkeit wert, und ich wertschätze warmherzige Menschen und Begegnungen bewusst.

06. Dezember – Bescheidenheit

Ich bin bewusst darauf bedacht, gute Leistung zu erbringen und freue mich still über meine Talente und Werte und gehe in Dankbarkeit gegenüber Gott. Ich überprüfe meine Lebensbereiche daraufhin, wo ich „gelten" möchte oder mich in den Vordergrund stellen will und wo ich auf etwas stolz bin, ohne dafür etwas getan zu haben oder dafür zu können. Ich bin Bescheidenheit wert.

07. Dezember – Gelassenheit

Ich achte auf Gelassenheit in mir, gehe gelassen mit den Dingen und Menschen um und wertschätze, wenn mir Gelassenheit begegnet. Ich gebe den Dingen Raum, sich entwickeln zu können und bleibe bei mir und in meiner Mitte, wenn sich die Dinge nicht so entwickeln, wie geplant. Ich sehe das Gute in der Realität und gehe mit Situationen gelassen um. Stehe gelassen im Stau, an der Schlange, vor der Kundin, die sich nicht entscheiden kann. Ich freue mich, wenn man mir gelassen begegnet. Denn ich bin Gelassenheit wert.

08. Dezember – Zuversicht

Ich bin voller Zuversicht, erwarte nur das Beste von mir und von den Menschen, ich schenke Menschen meine Zuversicht durch Worte und Taten. Ich prüfe, wo ich realistisch mehr von der Situation erwarten kann, als ich sie einschätze, oder ertappe mich bei Pessimismus. Ich begegne heute insbesondere pessimistischen Menschen innerlich gelöst voller Zuversicht und freue mich, wenn diese sich dadurch aufhellen lassen. Und ich bin es wert, dass man mir in Zuversicht begegnet.

09. Dezember − Klarheit
Ich bin heute klar in allem, was ich tue und sage und auch in meinen Handlungen; ich sehe die Dinge um mich herum und die Menschen klar an, ich wertschätze Klarheit von anderen Menschen, mir gegenüber. Ich kümmere mich um Details, gebe konkrete Auskünfte, höre genau zu und gehe punktgenau auf Fragen meiner Mitmenschen ein. Ich gebe Klarheit und bin selbst Klarheit wert.

10. Dezember − Zuverlässigkeit
Ich bin selbstverständlich zuverlässig und nehme Zuverlässigkeit dankend und offen ausgesprochen an, sowie sie mir begegnet, denn ich bin selbstverständlich Zuverlässigkeit wert. Ich sorge für gute Ergebnisse, habe Zeitpläne im Blick und halte im Sinn, was ich wem zugesagt und was ich mir selbst versprochen habe. Ich registriere, wo ich es eventuell zu leicht oder zu wenig ernst nehme, was ich damit unterschätze und gehe dann besonders darauf ein.

11. Dezember − Dankbarkeit
Ich mache mir an diesem Tag besonders bewusst, wofür ich in meinem Leben dankbar bin. Auch für das Lächeln der Blumenverkäuferin oder das nette Wort in der Hotellobby. Ich nehme sinnvolle Hinweise dankbar an und erkenne, wo ich Dinge erhalte, die nicht selbstverständlich sind. Ich prüfe, wo ich in meinem Leben Dinge konsumiert habe, für die ich hätte dankbar sein können. Ich sage Danke und freue mich, wenn man sich bei mir bedankt. Ich bin selber Dankbarkeit wert.

12. Dezember − Fleiß
Ich achte darauf, nicht in mir zu diskutieren, sondern zu tun. Und ich wertschätze Fleiß offen bei anderen Menschen, wenn mir Fleiß entgegengebracht wird. Ich lobe meine Kinder und meinen Ehepartner bewusst für deren Fleiß. Ich nehme dankend an, den Fleiß wert zu sein, da ich fleißig bin.

13. Dezember – *Geduld*

Ich bin einfach geduldig, ich ertrage nicht, sondern ich bin geduldig. Ich bemerke es und danke dem, der mit mir geduldig ist, denn ich bin Geduld wert. Ich erkläre Dinge gerne zum wiederholten Mal, denn es geht mir darum, dass der andere etwas von der Begegnung mit mir hat. Ich lasse in der Geduld meinen Mitmenschen Zeit und Raum.

14. Dezember – *Zuneigung*

Ich reflektiere heute, wo und wem ich Zuneigung geben kann, wo ich sie länger nicht gegeben habe, aber hätte geben müssen, und freue mich wenn ich sie erhalte. Ich erkenne heute, wo bei anderen Menschen meine Zuneigung ankommen kann, und entdecke an dem Tag überall, wohin ich meine Zuneigung geben will, geben kann, und wo sie nicht angebracht oder unstimmig wäre. Denn ich bin Zuneigung wert.

15. Dezember – *Ernsthaftigkeit*

Ich denke über meine Vorhaben nach, die ich umsetzen wollte, aber nicht umgesetzt habe. Ich denke darüber nach, was ich jetzt doch umsetzen werde. Ich nehme mich und andere Menschen ernst. Das bedeutet, ich erkenne an, was man mir sagt und ich verhalte mich entsprechend. Und teile auch mit, dass ich mein Gegenüber in seiner Meinung oder Äußerung ernst nehme und zu Konsequenzen stehe und dazu bereit bin. Ich wertschätze die Ernsthaftigkeit, mit der meine Mitmenschen ihre Werte mir gegenüber leben. Ich bin diese Ernsthaftigkeit wert.

16. Dezember – *Ausdauer*

Das ist heute mein Geschenk an mich selbst und an meine Liebsten. Ich bin gerade dort ausdauernd, wo es sinnvoll gebraucht wird in meinem Leben. Ich erkenne, wo ich Kraftreserven habe, wo ich sie einsetzen kann und wo ich meine Ausdauer eventuell verkannt habe. Ich gebe Ausdauer, und bin daher Ausdauer wert.

17. Dezember – Sanftheit
Ich achte bewusst darauf, Sanftheit in Gedanken, Gefühlen und Taten zu vollziehen. Ich gehe sanft mit Menschen und Dingen um, berühre sanft und schütze und ehre Verletzlichkeit meiner Mitmenschen. Und spüre, dass ich selbst Sanftheit wert bin und fühle meine innere Sanftmut.

18. Dezember – Humor
Ich habe heute besonders Sinn für Humor, bei mir und in Wertschätzung gegenüber den anderen Menschen und Situationen, die mich heute zum Lachen gebracht haben. Ich bin humorvoll, bin erreichbar für Humor und bin den Humor wert.

19. Dezember – Einfachheit
Ich danke allem, was ich an Einfachheit heute leben darf – bewusst, wesentlich, wohltuend und einfach. Und ich reflektiere, wie oder ob ich Einfachheit in meinen Mitmenschen bewertet habe und kann sie heute besonders wertschätzen. Ich achte auf Einfachheit. Ich sage etwas einfach. Ich handle einfach. Ich erkenne, wenn etwas einfach ist. Und ich kann auch in Einfachheit handeln. Und bin die Einfachheit wert.

20. Dezember – Nähe
Ich gebe Nähe, fühle Nähe, die mir gegeben wird und wertschätze Nähe. Ich lasse heute Menschen an mich heran, ich spüre, wo meine Grenzen sind und wo ich mehr Nähe geben könnte. Ich prüfe, wo ich verschlossen reagiere, „zumache" und was ich auf Distanz halte in meinem Leben, obwohl ich mich annähern könnte. Ich bin alle Nähe wert.

21. Dezember – Sinnhaftigkeit
Ich gehe heute auf alles ein, was in meinem Leben Sinn macht, und reflektiere, wo ich keinen Sinn lebe. Und dass ich Sinnhaftigkeit wert bin, aber nicht gesehen habe, wo man zu mir sinnhaft war. Ich unterlasse jede Sinnlosigkeit, die ich erkenne, die

sich in mir eingeschliffen hat. Ich registriere Unsinn und Sinn um mich herum.

22. Dezember – Achtsamkeit

Heute bin ich achtsam mit meinen Gedanken und Gefühlen. Ich reflektiere meine Handlung, bevor ich sie ausführe. Ich setze eine Achtsamkeits-Instanz zwischen dem, was mir begegnet und dem, wie ich darauf reagiere. Ich achte darauf, wo mir Achtsamkeit entgegengebracht wird, und ich wertschätze dies laut und offen. Ich bin Achtsamkeit wert.

23. Dezember – Freude

Ich habe einen Sinn für Freude und ich wertschätze Freude, die ich in anderen sehe und die mir begegnet. Ich gebe Freude, verursache Freude, empfange Freude. Ich bringe in Erfahrung, was meinen Mitmenschen Freude bereitet, und beteilige mich daran, sie zu erfreuen. Ich bin Freude wert.

24. Dezember – Genuss

Heute genieße ich die heilige Zeit und das, was ich mit allen meinen Sinnen erlebe. Ich bereite Genuss, bereite meinen Lieben, Freunden oder Bekannten, eine leckere Speise zu, oder trage zum Genuss bei. Ich nehme diesen Tag vollkommen in mir auf, und teile den Genuss dieses Tages mit anderen Menschen. Ich bin mir bewusst, wo ich Genuss selbst wert bin und wo ich Genuss bereite – durch gute Gedanken, Worte, Taten, Zubereitungen und Gefühle.

Die Adventssonntage – Der Adventskranz

Die vier Sonntage vor der Weihnacht sind besondere Vorbereitungssonntage. Wenn es Dir möglich ist, versuche an diesen Tagen (oder stellvertretend an einem anderen Tag) „Ruhetage" einzurichten. Die Adventssonntage werden begleitet durch den Adventskranz mit den vier Kerzen, die diese Sonntage symbolisieren. An jedem Sonntag wird eine weitere Kerze entzündet. Vom vierten Sonntag an ist die Weihnacht sehr, sehr nah.

Ich möchte vorschlagen, Dir an diesen Adventssonntagen die bereits beschriebene Seelenandacht zu gönnen, um Dein Leben jetzt erst recht zu reflektieren und zu klären. Oder um Dir die Zeit zu nehmen, Deine Überlegungen zum Fest zu übersinnen. Also zum Beispiel die Gestaltung der Weihnacht, mit wem Du feierst, was und wie Du dekorieren wirst oder wem Du welches Geschenk bereiten willst. Gerade an diesen Sonntagen.

Diese Sonntage sind gemütliche Zeiten, um die Weihnachtspost an die Menschen vorzubereiten, denen Du einen Weihnachtsgruß senden willst.

Einen Weihnachtsgruß, weil man es so tut, *abzuarbeiten*, passt nicht zu der Intention Deiner Seele. Dein Gruß möge beherzt beim Gegenüber ankommen. Sich – egal um welchen Menschen es sich handelt – an einem oder mehreren Adventssonntagen hinzusetzen und damit zu beginnen, Geschenke zu verpacken oder Briefe zu schreiben, kommt von einer anderen Getragenheit, ja Zuwendung und Liebe, die wir letztendlich mit unseren Gaben *mit* verschenken wollen.

Verschaffe Dir an den Adventssonntagen wertvollen und liebevollen Raum, um Dich selbst zu klären und um bewusst an diesen Tagen, auf die ein oder andere Art und Weise, für die Menschen da zu sein, die Dir wichtig sind.

Diese Vorbereitung auf das Fest, vor allem die bewusste, praktische Vorbereitung, drückt indirekt und von Seele zu Seele aus:

„Ich will da sein, bei Dir. Auch wenn es nur eine Kleinigkeit, einige Zeilen etc. sind. Ich will mit meinen Herzensgrüßen bei Dir ankommen."

Schreibe oder beschenke lieber weniger Menschen. Schreibe oder beschenke die Menschen mit Gehalt, denen Du Dich mit weihnachtlichen Wünschen mitteilen willst. Diese wertvolle Haltung wird ankommen und Freude bereiten. Ganz gewiss.

Weihnachten teilen mit Liebe und Bewusstsein

Durch die Geburt Jesu sandte Gott seinen heiligen Sohn in die Welt und wurde Mensch. Damit zeigte Gott den Menschen, wie sehr er um das „Selige" im Menschen wusste, durch seinen menschgewordenen Sohn.

Jesus bedeutet für uns Menschen den Ausdruck der göttlichen Liebe zum Menschen. Wir können in jedem Moment unseres Lebens das Selige (ein Ausdruck für das Gute aus dem Göttlichen, dem göttlichen Reichtum) in uns zum Ausdruck bringen. Durch unsere seelischen Werte. Und damit Gott unsere Liebe und unser Verständnis für das Göttliche zeigen. Wenn Du Deine seelischen Werte lebst, lebst Du aus Dir heraus etwas göttlich Gutes, *Seliges*.

Jesus als Gottessohn hat unzählige seelische Werte während seines Lebens gelebt und seine Spuren mit seinen Werten uns Menschen hinterlassen. Nur durch seine Geburt und seine Menschwerdung können wir auch seine „Spuren" feiern und unserer eigenen Seele in jedem Jahreskreis erneut zum Geschenk machen. Ohne die Geburt Jesu, dem Anfang der Aussendung seiner seelischen Spuren, gäbe es kein Ostern und kein Pfingsten, die anderen „Hochzeiten" unserer christlichen Tradition. Mit der Geburt Jesu Christi beginnt in Reinheit und Klarheit etwas für die Menschen. Nämlich die Klarheit darüber, dass dieses Kind in der Krippe, als Gotteskind nur ein „gutes" Kind, ein wertvolles und ein seelisches, heilbringendes Kind sein konnte. Ein seliges Kind. Mit der Geburt Christi wurde dies ein absolutes Wissen für die Menschen, denn es war das Kind von Gott. Es ist Gottessohn und damit absolut.

Ankommen im Seligen

Wir Menschen haben die Sehnsucht, an Weihnachten und den geweihten Tagen, den heiligen Nächten, im *Seligen* anzukommen. Im Seligen in uns und im Seligen in unseren Familien und in unserem Umfeld. Wir wollen miteinander selig sein und uns selig begegnen.

Es ist eine so tiefe Sehnsucht, die uns auf besondere Weise versöhnlich und verzeihlich stimmt. Da wir in dieser Zeit das Selige in uns und in anderen Menschen erkennen wollen.

Es ist eine Zeit, in der das Ego, Dein Ego oder andere Egos, sich mit dem Spektrum von allem Unguten befrieden dürfen. Ärger, Mangel, Streit, Ängste, Zweifel, Blockaden loszulassen, um in diese Offenheit des Guten, Seligen und Liebevollen der Weihnacht eintauchen zu können.

Weihnachten ist die Zeit des wissentlich Seligen. Deshalb ist es hilfreich, wenn Du mit Deinem seelischen Adventskalender Dir in den letzten 24 Tagen innere Gewissheit darüber geben konntest, dass Du in Dir die seelischen Werte hast, lebst und Du mit jedem einzelnen von ihnen ein Geschenk bist und diesen Wert als Geschenk erleben kannst.

Mit diesem *Wertepäckchen* in Deiner Seele (und dieses Wertepäckchen hat natürlich noch viel, viel mehr Werte in sich als die beispielhaften 24) weißt Du vor Dir selbst, dass Du damit selig bist. Das ist Dein Wissen, das ist absolut. Und mit diesem Guten kannst Du in der Weihnacht auch zu Gott und dem Gottessohn treten, frei von Zweifeln, dass definitiv das Selige in Dir wohnt und wirkt.

Mit dem Seligen in uns wollen wir Menschen im Göttlichen ankommen. Das ist der Frieden der Weihnacht. Dieser Frieden braucht deshalb tatsächlich eine Zeit der bewussten Vorbereitung, um sich über das Selige am Heiligen Abend und in den Heiligen Nächten bewusst zu sein und seine Präsenz zu fühlen.

So möchte ich Dir, wie immer Du lebst, empfehlen, Dir das Selige für Deine persönliche Weihnacht und für Deine Familie, zu gestalten. Sei dies ein klitzekleiner Rahmen, den Du nur mit Dir selbst feierst oder mit Menschen, die Du liebst. Bereite Dich mit dem seelischen Adventskalender bewusst auf das göttlich Gute an der Krippe vor. Auf dieses absolute Symbol des guten Neubeginns, des guten Miteinanders. Eine stimmige Atmosphäre, wertvolle (nicht materiell gemeinte), ausgesuchte Geschenke, ein schönes Essen, was auch immer für Dich Deine oder Eure Weihnacht selig macht.

Natürlich geht es in Deiner Weihnacht auch darum, Dir selbst einen schönen, sakralen, weihnachtlichen, heiligen Moment zu gestalten.

Wann Du diesen vollziehst, solltest Du entscheiden, so wie Du die Muße und Ruhe für Dich einräumen kannst.

Deine kleine, innere Weihnachtsfeier braucht ein bisschen Zeit. Ich persönlich halte den ersten Weihnachtsfeiertag, egal zu welcher Stunde, deshalb für ideal. Manche Menschen beginnen mit dieser Andacht die persönliche Weihnachtszeit bereits am Heiligen Abend einzuläuten, sofern sie nicht in eine Christmesse gehen.

Macht hoch die Tür

Macht hoch die Tür, die Tor macht weit;
es kommt der Herr der Herrlichkeit,
ein König aller Königreich,
ein Heiland aller Welt zugleich,
der Heil und Leben mit sich bringt;
derhalben jauchzt, mit Freuden singt:
Gelobet sei mein Gott,
mein Schöpfer reich von Rat.

(Georg Weissel, in Anlehnung an Psalm 24)

Deine persönliche Weihnachts-Andacht

Du begibst Dich an Deinen heiligen Platz vor dem Altar und bist Dir des Tages mit seiner Bedeutung bewusst.

Vielleicht hast Du Gelegenheit, das Bild einer Krippe auf Deinen Altar zu stellen oder eine richtige Krippe oder die Darstellung der Heiligen Familie.

Es gilt in dieser Weihnachtsandacht bewusst nach dem Seligen in Deinem Leben zu schauen. Also, was ist alles göttlich gut und damit sinnvoll für Dich? Mit dem Blick auf das Selige vollzieht sich, anders als beim Danken, das Erachten dessen, was in Dir göttlich gut ist. Also der seelischen Werte und dessen, was selig ist in anderen Menschen, *also auch um das Erachten „derer seelischen Werte"*.

Es geht darum, welche seelischen Werte Du mit anderen Menschen generell oder speziell zu dieser Weihnachtszeit teilst.

Vorbereitung für die Weihnachtsandacht
Halte für diese Andacht eine rosafarbene Stumpenkerze bereit, die Du für das Fest der Liebe symbolisch während Deiner Andacht weihen und anzünden wirst – damit diese Kerze nach Deiner Andacht Dich oder Deine Familie über Weihnachten, und ein bisschen darüber hinaus, begleiten kann. Wenn Du magst, kannst Du diese Kerze vor der Andacht liebevoll gestalten oder beschriften. Mit Deinem Namen, den Namen der Menschen, mit denen Du feierst und dem Wort „Weihnachten" mit der „Jahreszahl".

Die Weihe der Weihnachtskerze unterscheidet sich von der Weihe der anderen Kerzen.

Anders als bei der Seelenkerze und den Anliegenkerzen, ist die Weihe der Weihnachtskerze in den Ablauf der Weihnachtsandacht (siehe unten) integriert.

Wähle, wenn Du magst, für die Zeit Deiner Andacht besonders feierliche Musik aus – Weihnachtsmusik, die Dich in der Zeit der Stille begleitet.

Ablauf der Weihnachtsandacht
So beginne Deine Weihnachtsandacht damit, dass Du die Gotteskerze entzündest, und wenn Du eine Seelenkerze hast, auch diese.
Siehe hierzu wieder »Erwähnenswertes für jede „Allerliebste Zeit"«, Kapitel 3, Seite 126.

Zünde Deine Gotteskerze am ewigen Licht an, und sprich:

„Dir, meinem Gott zu Ehren und der nun kommenden, gemeinsamen Zeit, entzünde ich dieses Licht und danke für Dein Dasein. Amen."

Entzünde Deine Seelenkerze, da sie bereits geweiht wurde, an einem langen Streichholz an und sprich die Worte:

„Dir, meiner Seele, zu Ehren entzünde ich dieses Licht. Wandere mit der Flamme meines Herzenslichtes und mit der Flamme meiner Seele hinauf zu Gott Vater, Sohn und dem Heiligen Geist, und wirke für mich aus seinem herrlichen Reich. Amen."

Atme einige Male tief ein und aus und bete Deine frei gewählten Gebete, möglichst mit geschlossenen Augen. Danach bleibst Du einen kurzen Moment nach der Gebetsrezitierung in der Ruhe.

Segne Dich, wenn möglich, mit dem geweihten Wasser und sprich die Worte:

*„Ehre sei dem Vater und dem Sohn und dem Heiligen Geist
Wie im Anfang so auch jetzt und alle Zeit und in Ewigkeit
Amen."*

Atme tief ein und aus und werde Dir dieses Augenblickes bewusst. Werde Dir bewusst, dass Du dabei bist, in Dir und vor Gott, der Krippe und Gottessohn mit Deinem Seligen anzukommen. Werde Dir darüber bewusst, dass Du ein wertvoller Mensch bist, umgeben vom Seligen und göttlich guten Menschen.

Dann bete das *„Vater unser"* und halte wieder inne.

Nun erinnere Dich an Deine seelischen Werte, aus der Zeit des seelischen Adventskalenders und auch darüber hinaus. Werde Dir Deiner seelischen Werte bewusst und was Du damit vor Dir selbst und auch im Sinne Gottes Gutes lebst und bewirkst. Nimm Dir dafür Zeit, Dir dieses Selige in Dir bewusst zu machen. Hast Du den seelischen Adventskalender nicht vollzogen, so werde Dir in diesem Augenblick nach und nach Deiner seelisch gelebten Werte aus dem Alltag bewusst.

Fühle, wie sich das für Dich anfühlt. Lass Dir dafür Zeit. Genieße diesen Moment.

Beispiele der Reflexion über eigene Werte, was sie Gutes bewirken und wie sich das anfühlt, darüber zu reflektieren:

Weiß man von sich selbst, man ist tolerant – dann weiß man um die Qualitäten, die man dadurch auslebt, wie:
- Man lässt andere Meinungen gelten
- Man gibt anderen das Gefühl, akzeptiert/O.K. zu sein
- Man bewertet sich und andere nicht
- Man weiß dadurch, man ist es selbst wert, Toleranz
- entgegengebracht zu bekommen

Ist man von Grund auf ein pünktlicher Mensch, dann lebt man dadurch:
- Man respektiert die Zeit anderer Menschen
- Man sorgt für zeitgerechte Erledigung seiner eigenen
- Aufgaben
- Man strahlt Zuverlässigkeit aus

Man ist von sich aus warmherzig/herzlich:
- Man geht offen und unvoreingenommen auf andere zu
- Man ist anderen gegenüber erreichbar, ansprechbar
- Man geht liebevoll auf Menschen ein, fürsorglich
- Man ist Inspiration für andere

Nun sprich das Gebet „*Herr, ich bin es würdig*".

Und wieder sei in Stille und fühle, dass Du es vor Gott würdig bist, weil Du das Selige in Dir würdigst.

Lenke Deine Aufmerksamkeit auf Deine Weihnachtszeit, wie und mit wem Du diese Zeit im Guten gestaltest.

Wenn Du zum Beispiel mit Dir alleine feierst, dann anerkenne Deine gute Vorbereitung, Dein Weihnachtsfest schön gestaltet zu haben. Wie selig die Atmosphäre in Deinem Zuhause ist, wie selig und ruhig die Lichter brennen, wie „göttlich" Dein Essen ist. Oder anerkenne das Programm, das du Dir im Laufe der Weihnachtstage vorgenommen hast. Vielleicht auch, was das Selige daran ist, das Weihnachtsfest für Dich stimmig alleine zu gestalten.

Wenn Du mit Freunden feierst, wie ihr das göttlich Gute miteinander lebt oder leben werdet und was Deine Freunde für Seliges aus sich heraus leben. Also welche Werte diese von sich geben oder mit Dir teilen.

Wenn Du mit Deinen Eltern, Deinem Partner oder Deinen Kindern oder weiterer Familie feierst, dann geh dem einmal in Deiner Weihnachtsandacht nach, was Ihr göttlich Gutes miteinander erleben und teilen werdet oder bereits geteilt habt. Welche Werte der eine oder andere in diese Gemeinschaft mit einbringt oder mit Dir und Euch teilt. Werde Dir des Seligen unter Euch bewusst und dass es selig ist, diese Weihnachtszeit zusammen zu sein.

Spüre über diese Reflexion wieder nach, wie sich das innerlich für Dich anfühlt und spüre vor allem diese seelischen Geschenke, die Dich auf die eine oder andere Art und Weise erreichen. Unbezahlbare, zwischenmenschliche Geschenke. Unbezahlbare, innere Geschenke für Dich oder mit Dir alleine.

Bete nun wieder: „*Herr, ich bin es würdig*".

Spüre, wie es Dir geht und sei Dir bewusst, Du kommst gerade bei Gott an, mit allem Seligen in Dir und um Dich herum.

Die Weihe Deiner Weihnachtskerze

Nimm nun Deine Weihnachtskerze in Deine Hände und weihe sie damit, dass Du diese oder ähnliche Worte sprichst, langsam und andächtig, während Du die Kerze hältst:

„Herr, Gott Vater, Sohn und Heiliger Geist, ich danke Euch für meine Weihnacht. Für die Weihnacht gestern, heute und morgen.
Ich danke Dir, lieber Gott, das Selige in mir gefunden zu haben und es von ganzem Herzen zur Krippe tragen zu können. Auf dass meine Seligkeit an der Krippe ankommen möge und wirke.

Danke, dass ich jetzt angekommen bin.

Möge das Licht meiner Weihnacht das Selige in mir und um mich herum in die Welt tragen, jetzt und für alle Zeit. Amen"

Das Segnen und Entzünden der Weihnachtskerze
Dann segne die Kerze mit etwas Weihwasser. Stelle die Kerze auf den Altar auf einen Untersatz oder in ein Gefäß zum besseren Halt. Nimm Deine langen Zündhölzer und entzünde die Kerze mit folgenden Worten.

„Dir zu Ehren, Gottessohn, entzünde ich dieses Licht. Möge das Licht des Seligen in dieser göttlichen Weihnachtszeit für alle Menschen zum Segen gereichen. Möge der Stern von Bethlehem, als Zeichen des Seligen in mir, jetzt hell erstrahlen. Amen."

Fühle diesen Augenblick und genieße ihn.

Gestalte die kommenden Minuten, wie Du es für Dich am allerliebsten erleben möchtest. In Stille, Bewegtheit, Dankbarkeit, Erfüllung, mit Musik … wie auch immer.

Abschluss der Weihnachtsandacht
Beende diese Weihnachtsandacht mit einem „*Gegrüßet seist Du, Maria*".

Nach der Andacht
So lange und so oft Du kannst, lasse das Licht Deiner Weihnacht in diesen Tagen und auch darüber hinaus für Dich und Deine Lieben leuchten. Es kann durchaus auch dort stehen, wo die Gemeinschaft sich aufhält.

Es ist in diesem Zusammenhang übrigens ein schönes Ritual, diese geweihte Weihnachtskerze in der Nacht zu Silvester ausbrennen zu lassen.

Neubeginn des Jahres – Lebensthemen klären

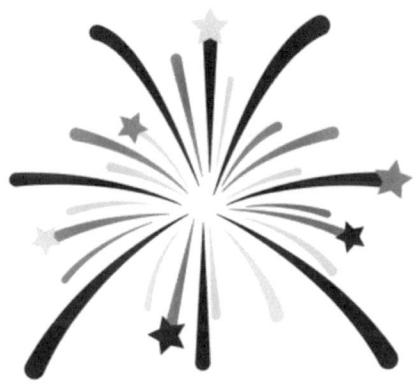

Silvester ist der Tag des Jahreswechsels und damit der letzte Tag in unserem laufenden Jahr. Damit ist der Silvestertag, der 31. Dezember eine gute Gelegenheit, sich ein bisschen Seelenzeit zu nehmen, um das vergangene Jahr Revue passieren zu lassen und sich auf das neue Jahr vorzubereiten.

Du kannst Dir mit den Grundgebeten und der von mir vorgeschlagenen Silvesterandacht innere Klarheit und Erkenntnisse schenken. Darüber, wie Du das alte Jahr innerlich und äußerlich für Dich sinnvoll gelebt hast oder was sinnvoller für Dich hätte sein können. Lass Deine bewussten oder unbewussten Erkenntnisse nicht einfach im alten Jahr oder brach liegen. Sondern schöpfe mithilfe der Silvester-Seelenandacht Weisheiten und Erkenntnisse über Dein Jahr in das kommende Jahr hinein und nutze diese Reflexionen.

Gleichermaßen dient Dir die Silvester-Seelenandacht als Vorbereitungs-Ritual für das neue Jahr, in dem Du gezielt – vielleicht sogar in Deinem Buch notiert – niederschreibst und festhältst, was Dir im neuen Jahr an Zielen, Visionen, Entscheidungen, Schritten, Maßnahmen, Zwischenmenschlichkeit, familiär und beruflich wichtig ist. Nutze diese Klarheit, um mit dieser klaren Kraft das neue Jahr zu beginnen und Deine Vorsätze hierfür zu kräftigen, damit diese sich im Laufe des Jahres erfüllen.

Ablauf der Silvester-Seelenandacht

Plane für diese Andacht ein bis zwei Stunden Zeit ein, denn immerhin geht es um zwei Jahre Deines Lebens, über die Du schauen wirst.

Diese „Allerliebste Zeit" solltest Du möglichst an Deinem Altar, Deinem heiligen Platz oder in Deinem heiligen Raum vollziehen. Wenn Du eine Weihnachtskerze hast, so entzünde diese ebenso.

Siehe hierzu »Erwähnenswertes für jede „Allerliebste Zeit"«, Kapitel 3, Seite 126.

Zünde Deine Gotteskerze am ewigen Licht an, und sprich:

"Dir, meinem Gott zu Ehren und der nun kommenden, gemeinsamen Zeit, entzünde ich dieses Licht und danke für Dein Dasein. Amen."

Entzünde Deine Seelenkerze, da sie bereits geweiht wurde, an einem langen Streichholz, und sprich die Worte:

"Dir, meiner Seele, zu Ehren entzünde ich dieses Licht. Wandere mit der Flamme meines Herzenslichtes und mit der Flamme meiner Seele hinauf zu Gott Vater, Sohn und dem Heiligen Geist und wirke für mich aus seinem herrlichen Reich. Amen."

Symbolisch kannst Du zwei weitere weiße Stabkerzen auf einem Ständer stabil stehend entfachen, die das alte Jahr und das neue Jahr repräsentieren. Schreibe oder ritze hierzu Deinen Namen auf jede Kerze. Auf die eine Kerze zusätzlich die Jahreszahl des alten Jahres und auf die andere Kerze die des kommenden Jahres.

Entzünde diese zwei Jahreskerzen nicht zu Beginn, sondern erst im Verlauf Deiner Seelen-Andacht, an der Gotteskerze. Gestalte wie immer Deine Andacht nach Deinem Belieben mit sakraler Hintergrundmusik oder speziellen Musikstücken, die Dir von Bedeutung sind.

Teil 1 – Jahresrückblick

Wenn alle Kerzen brennen (außer den Jahreskerzen) beginne mit dem Gebet: *„Ehre sei dem Vater"*.

Wenn Du magst, zeichne das gleichschenklige, positive Christensymbol des Kreuzes mit dem Weihwasser auf Deine Stirn, Dein Herzchakra, Deine rechte und Deine linke Schulter.

Nun betest Du einmal das „*Vater unser*". Danach entzündest Du die Kerze für das „alte Jahr" mit den Worten:

„Dir zu Ehren, meinem Jahr (Jahreszahl benennen), *entzünde ich dieses Licht. Möge es auf diese letzten zwölf Monate für meine Seele scheinen, damit ich das Sinnvolle daraus mit in mein neues Jahr hineinnehmen kann. Amen."*

Schließe wiederum die Augen. Atme tief ein und aus und sei Dir des Anlasses dieser Andacht bewusst. Bereite Dich für die kommenden Schritte mit einem Gebetsrhythmus (Deiner Wahl) und dem anschließenden einmaligen (oder zusätzlichen) *„Gegrüßet seist Du, Maria"* vor.

Wenn Du magst, halte Dein Seelenbuch bereit.

Spüre, nachdem Du den Gebetsrhythmus gesprochen hast, wie Du Dich fühlst und welche Impulse, Einfälle oder Gedanken Dich erreichen. Notiere sie.

Lenke nun Deine Aufmerksamkeit auf die folgenden Fragen, indem Du diese für Dich nach und nach untersuchst und für Dich klärst. Mach Dir hierzu in jedem Fall Notizen, denn sehr wahrscheinlich fällt Dir ziemlich viel ein, was Du für die Zukunft festhalten kannst und Dir im kommenden Jahr sicher als Erinnerung für Dein Leben dient.

Reflexionsfragen Deiner Silvester-Seelen-Andacht zum „alten" Jahr:

1. An welche Ereignisse, Inhalte, Menschen, Begegnungen oder Erfahrungen erinnere ich mich im

> *Januar*
> *Februar*
> *März*
> *April*
> *Mai*
> *Juni*
> *Juli*
> *August*
> *September*
> *Oktober*
> *November*
> *Dezember?*

Versuche Dich, so gut es geht, daran zu erinnern und mache Dir Notizen dazu.

Wenn Du bestimmte Ereignisse zeitlich nicht mehr zuordnen kannst, schreibe sie intuitiv zu dem Monat, in dem Du sie vermutest.

2. **Was hat mich in diesem Jahr besonders erfüllt und welche Werte hat mir dies gegeben oder konnte ich dadurch leben und teilen?**

> *Von einem Menschen*
> *Von mir*
> *Von meiner Familie*
> *Von meinem Beruf*
> *Von meinem Zuhause*
> *Von meinen Finanzen*
> *Von meiner Gesundheit*
> *Von meinen Freunden*
> *Von meiner Freizeit*
> *Von meiner persönlichen Entwicklung*

Mache Dir auch hier Notizen dazu.

Beispiele, wie solch eine Notiz aussehen kann:

... von meinem Beruf: Ich habe eine Beförderung und einen Bonus erhalten. Diese erlaubt mir, meine Wohnung endlich zu verschönern und zu verbessern, gibt mir mehr finanzielle Freiheit. Ich kann endlich mit meiner Frau/meinem Mann in den Urlaub fahren und mein Kind zum Sportverein anmelden, die Nachhilfe bezahlen, etc. Also meine Familie und ich können uns mehr entfalten.
... von meiner Freizeit: Ich habe einen Fallschirmsprung gemacht. Das hat mich sehr erfüllt und bereichert. Die Werte Abenteuerlust, Neugierde, Freiheitsgefühl, Naturverbundenheit, Sportlichkeit, Dynamik konnte ich ausleben.

3. **Was hat mich in diesem Jahr besonders herausgefordert, mir zu schaffen gemacht, mich verletzt, enttäuscht, angestrengt, traurig gemacht, belastet?**

> *Von einem Menschen*
> *Von mir*
> *Von meiner Familie*
> *Von meinem Beruf*
> *Von meinem Zuhause*
> *Von meinen Finanzen*
> *Von meiner Gesundheit*
> *Von meinen Freunden*
> *Von meiner Freizeit*
> *Von meiner persönlichen Entwicklung*

Beispiel:

… von mir: Ich erlitt einen Wasserrohrbruch und war damit überfordert, zumal meine Mutter wegen einer OP im Krankenhaus lag und mein Kind Schwierigkeiten in der Schule hatte. Auch fand ich kaum Zugang zu meinem Kind und ich hatte das Gefühl, dass es sich immer weiter von mir entfernt.
… von meinen Freunden: Meine Freundin hat mich sehr verletzt, nachdem ich ihr meine ehrliche Meinung zu ihrer Partnerwahl mitgeteilt hatte. Meine Meinung traf auf Unverständnis; mir war jedoch an meiner Freundin gelegen. Wie es sich für mich dargestellt hat, begibt sie sich in eine unstimmige, bequeme Beziehung, die ihr nicht gerecht wird, sodass ich ihr schlicht meine Bedenken äußerte. Anstelle meine gute Intention zu sehen, dass ich sie ernsthaft konfrontieren wollte, warf sie mir Neid und Eifersucht vor und dass ich absichtlich einen Keil in deren Beziehung treiben wolle. Das hat mir wehgetan.

Sammle aufgrund Deiner bisherigen Erkenntnisse aus Punkt 2 und 3 Folgendes:

4. Was will ich aufgrund dieser Erfahrungen im neuen Jahr (Jahreszahl benennen) in keinem Fall mehr tun, entscheiden, sagen, handeln, teilen, verantworten, etc.?

5. Was will ich aufgrund dieser Erfahrungen in jedem Fall auch im neuen Jahr (Jahreszahl benennen) tun oder sogar mehr tun als im alten Jahr, entscheiden, sagen, handeln, teilen, verantworten, lieben, etc.?

Überprüfe diese beiden Punkte ganz genau und mache Dir Notizen dazu.

Danach mache eine kurze, stille Pause, atme tief ein und aus und bete jetzt einen weiteren
Gebets-Rhythmus mit dem *„Vater unser".*

Nachdem Du diesen gebetet hast, achte wiederum auf Deine Impulse und mach Dir Notizen dazu.

Sei Dir dessen bewusst, was Du alles im alten Jahr für Dich hast erfahren und lernen können. Bewerte niemals den scheinbaren oder im übertragenen Sinne „gezahlten Preis"!

Nun lenke Deine Aufmerksamkeit auf Deine innere Überprüfung zu folgenden Fragen:

6. **Wo habe ich im alten Jahr mehr aus meinem Ego heraus gelebt, gefühlt, geredet, gedacht oder entschieden? Und zwar aus dem „Haben-Wollen, -Sollen oder -Müssen", aus meinen Ängsten, Zweifeln, Minderwert, Mangelgefühlen und Blockaden heraus?**

Wo habe ich im alten Jahr mehr aus meinem Ego heraus gelebt, gefühlt, geredet oder entschieden? Und zwar aus dem Haben-Wollen, -Sollen oder -Müssen, aus meinen Ängsten, Zweifeln, Blockaden, Mangelgefühlen heraus?

Beispiel 1:
— Ich bin im vergangenen Jahr schlecht mit meinem Körper umgegangen. Ich habe Rückenbeschwerden bekommen, die ich lange missachtete, war doch durch eine Entlassungswelle meine Arbeitsstelle gefährdet. Und war dann soweit, mich ambulant behandeln lassen zu müssen. Ich habe in der Zeit übermäßig Alkohol getrunken.

Beispiel 2:
- Ich habe mich mit meiner älter werdenden Mutter viel gestritten und oft Verletzendes von mir gegeben, fühlte mich aber oft ungerecht behandelt. Ich habe aus Wut und Rachegefühlen über ihre ständigen Einmischungen in die Erziehung meiner Tochter zeitweise den Kontakt abgebrochen, weil ich wusste, dass das Wirkung zeigen würde. Anstelle mich erwachsen mit ihr auseinanderzusetzen und mit klaren Positionen mich zu vertreten und gesunde Grenzen aufzuzeigen.

Beispiel 3:
- Ich bin meiner Freundin dieses Jahr viel ausgewichen, habe mich ihr entzogen und sie mit der Schwangerschaft ziemlich alleine gelassen. Ich sagte, ich sei viel auf Montage, habe aber gelogen und bin um die Häuser gezogen. Ich war total überfordert und konnte mit der Situation und den Erwartungen an mich seitens ihrer Eltern überhaupt nicht umgehen. Ich fühlte mich schwach und ärgere mich über mich selbst und schäme mich im Nachhinein sehr.

Sieh Dir dies jetzt in Ruhe und wertfrei an. Mache Dir Notizen dazu.

7. **Wo habe ich im alten Jahr aus meiner Seele und aus erwachsener Liebe gehandelt? Wo habe ich seelische Werte gelebt und bin mir damit selber treu geblieben?**

Sieh Dir diese auch in Ruhe an und mache Dir Notizen dazu.

Beispiele:

- Ich habe, gemäß unserer gemeinsam gelebten Werte wie Ehrlichkeit, Aufrichtigkeit und Verantwortungsbewusstsein, zu dem Verhalten meiner Freundin mir gegenüber nicht „gute Miene zum bösen Spiel" gemacht und bin bei meinen Werten geblieben, habe mich mit meiner Freundin nachhaltig auseinandersetzen können und bin authentisch geblieben.

> Habe so, aus Respekt zu meiner Freundin und zu mir selbst, meine Werte und unsere gemeinsame Basis nicht verraten, wenn auch ich bereit war, den Preis für Authentizität zu bezahlen.
> - Ich habe meinen Plan, in diesem Jahr umzuziehen, verwirklicht. Ich habe mit dem Vorhaben weitergemacht, ohne zu dem Zeitpunkt weder das Geld noch die Zeit dafür zu haben, jedoch die Perspektive gesehen, die mir, meiner Frau und meinem Kind die neue Wohnung gibt, und wofür es sich lohnte, mich für eine Lösung anzustrengen. Ich habe durch intensive Recherche eine Möglichkeit gefunden, an finanzielle Mittel zu kommen und habe eine ansprechende, günstige, stimmige Wohnung in einem guten Viertel gefunden. Und meine Familie fühlt sich wohl, wir sind glücklich. Die Anstrengung hat sich gelohnt.

Nun weißt Du schon eine Menge über Dein altes Jahr, was Dir alles wiederfahren ist und Du im Neuen Jahr genauso, viel weniger oder gar nicht aus Dir heraus leben willst. Sei Dir darüber bewusst.

Bete jetzt noch einmal das *„Vater unser"*.

Gott danken
Fahre mit Deiner Andacht fort, indem Du spontan Gott für das alte Jahr dankst. Danke ihm auf Deine freie Art und Weise mit Deinen Worten und sprich aus, wofür Du im alten Jahr dankbar bist. Manchmal sind auch negative Ereignisse, die zu großen Erkenntnissen in Deinem Leben führten, Anlass für Dankbarkeit. Spür in Dir einmal nach und danke jetzt vor Gott für Dein „altes Jahr". Nimm Dir Zeit dazu.

Bete *„Ich bin es würdig"*.

Bleib für einen Moment in der Stille und sammle Dich.

Segnen
Nun segne dieses alte Jahr, welches Du gelebt und erlebt hast. Segne, was Dir über dieses Jahr einfällt, seine Jahreszahl, Deinen Geburtstag, Situationen, Menschen des Jahres, Plätze Deines Jahres ... was Dir wichtig ist und von Dir nun gesegnet werden kann.

Segnungen, speziell für das abgelaufene Jahr:

- Der Umzug, der so kompliziert ablief und mich mehr gekostet hat als erwartet
- Meine neue Brille, die ich mir dieses Jahr gekauft habe, lange gerungen, ob ich mir diese Investition leisten kann, es aber doch getan und bisher nicht bereut habe.
- Der Streit mit meinem Nachbarn, den ich, so ich aufrichtig schaue, selbst vom Zaun gebrochen habe, einfach überreagiert habe, und der mir im Nachhinein sehr leid tut.

Wenn Du mit Deinen Segnungen fertig bist, dann sprich wieder das Gebet
„*Ehre sei dem Vater*".

Geh in die Stille und fühle: Deine Andacht für das alte Jahr ist nun vollbracht.

Nun kannst Du entweder eine Pause machen oder gleich mit dem neuen Jahr und Deiner Silvester-Seelen-Andacht fortfahren.

Die Kerzen lässt Du weiterbrennen.

Teil 2 Deiner Silvester Seelen-Andacht – „Das neue Jahr".

Jetzt entzündest Du die Kerze des kommenden Jahres mit den Worten:

„Dir zu Ehren, meinem neuen Jahr (Jahreszahl benennen), entzünde ich dieses Licht. Möge es mit seinem Licht die 12 Monate des neuen Jahres für mich erhellen und meiner Seele Kraft geben für ein wahrhaftiges, liebevolles, gesundes und stimmiges Jahr. Amen."

Nun betest Du das Gebet *„Ehre sei dem Vater"*
und anschließend das *„Gegrüßet seist Du, Maria".*

Geh danach in die Stille und sei Dir bewusst, dass Du nun Deine Aufmerksamkeit Deinem neuen Jahr schenken willst. Deiner Vision, Deinen Zielen und Vorsätzen zum neuen Jahr.

Bete nun den Gebetsrhythmus des *„Gegrüßet seist Du, Maria"* und achte währenddessen und danach auf Deine Impulse.
 Halte Dein Schreibzeug bereit und mache Dir eventuell Notizen.

Jetzt reflektierst Du die Fragen des neuen Jahres. Sei gründlich dabei und notiere Deine Antworten so gut es geht. Dieses Aufschreiben für das neue Jahr setzt auch „Gestaltungsenergie" für Dich frei. Energie, die Deiner Seele Kraft gibt, für die Dinge, die Dir wichtig sind, im neuen Jahr zu wirken. Auch um die Wünsche in Erfüllung und Synchronisation zu bringen. Nicht automatisch, natürlich mit Deinem stetigen Dazutun. Diese Seelenenergie ist eine göttliche Unterstützung für Dich, die Du unter anderem durch die Beantwortung dieser Fragen forcieren wirst.

1. Was nehme ich mir im neuen Jahr vor, aus mir heraus, zu tun für den Bereich:

> *Familie*
> *Gesundheit*
> *Freizeit*
> *Beruf/ung*
> *Partnerschaft*
> *Persönliche Entwicklung*
> *Freizeit*
> *Freunde*
> *Gesundheit*
> *Geld und Besitz*

Beispiele im Bereich Partnerschaft:

Auch, wenn ich mich dafür selbst überwinden muss, gehe ich mehr aus, schalte Annoncen und gehe auf seriöse Online-Partnervermittlungsplattformen.

… im Bereich Geld und Besitz:

Ich mache eine Inventur meines Besitzes und gebe das in Verkauf, was ich nicht mehr wirklich brauche; ich bewerbe mich auf andere Stellen, die meinem Können und meinem Selbstwert entsprechen und bei denen ich mehr verdiene. Dafür strenge ich mich an und qualifiziere mich weiter.

2. Was wünsche ich mir an Fügungen, Erfüllung und Bereicherung von außen?

> *Familie*
> *Gesundheit*
> *Freizeit*
> *Beruf/ung*
> *Partnerschaft*
> *Persönliche Entwicklung*
> *Freizeit*
> *Freunde*
> *Gesundheit*
> *Geld und Besitz*

Beispiele im Bereich Familie:

Ich möchte mich mit meinem Vater wieder verstehen, weil wir heillos zerstritten sind, in alten Verletzungen festgefahren, bisher keiner von uns den Schritt aufeinander zu gewagt hat. Ich will jedoch eine Annäherung wagen und ich wünsche mir zutiefst, die richtigen Worte zu finden, die richtigen Zeilen zu schreiben und den richtigen Augenblick zu finden dafür. Ich wünsche mir, dass wir, entgegen allen unseren früheren Erfahrungen, einen Weg zueinander finden.

… im Bereich persönliche Entwicklung:

Ich möchte meine Unsicherheiten in den Griff kriegen, meine innere Aufruhr, stets in Panik oder Angstzustände zu verfallen, und ich möchte einen guten Therapeuten finden, dem ich vertrauen kann. Ich möchte den Mut finden, meine Dinge in mir endlich anzuschauen, mich mir selbst zu stellen. Bisher habe ich jedoch den Mut dazu nicht gefunden. Ich bitte sehr um die richtigen Impulse, was ich tun soll. Denn ich will etwas tun.

3. Was möchte ich an seelischen Werten in diesem Jahr besonders leben, entwickeln oder mit Menschen teilen? Welche guten Ergebnisse innerlich wie äußerlich sollen am Ende des neuen Jahres für mich sichtbar und nachvollziehbar sein (Erreichen meines Zieles, einer Vision etc.)?

Beispiele:

Geduld:
Ich möchte mich meinen Kindern gegenüber geduldiger verhalten, meine eigenen persönlichen Überforderungen überwinden und hintenanstellen.

Souveränität:
Ich will mich zum Wohle meiner Familie mehr in Souveränität üben. Ich wünsche mir, mehr als vorher aus meiner Seele heraus, mit meinen Mitmenschen zu kommunizieren, von Seele zu Seele, also mein Gegenüber auch mehr seelisch zu betrachten. Und meine Mitmenschen als Geschöpfe Gottes wahrnehmen, anstelle aus meiner eigenen, hektischen und fordernden Sicht heraus zu bewerten.

Naturnähe:
Ich wünsche mir sehr, das Gefühl von Freiheit und Naturverbundenheit zu leben, meinen Motorradführerschein zu machen und mit meinem Sohn angeln zu gehen.

Fortbildung:
Ich will diese Fortbildung besuchen, vor der ich mich bisher gedrückt habe, im Glauben, ich hätte den Kopf nicht dafür frei.

Geselligkeit:
Ich will mehr mit Freunden weggehen, Kontakte knüpfen und in Gesellschaft sein.

Wenn Du mit Deinen Notizen soweit bist, bete das Grundgebet *„Herr, ich bin es würdig"* und kehre danach für einen Augenblick in die Stille.

Du hast Dir also einen Eindruck verschafft über Deine innere Welt zum neuen Jahr.

Praktiziere nun die Seelenmeditation für ca. 10-20 Minuten und sprich immer den Satz in der heilenden Eintönigkeit:

> *„Ich überlasse Dir, meiner Seele, mein Leben."*

Segnen
Segne ganz innig und bewusst Dein Leben und Dein neues Jahr. Segne die Menschen, die im kommenden Jahr in Deinem Leben für Dich wichtig sind, oder Dinge, die im kommenden Jahr wichtig werden oder es bleiben.

Segne jetzt!

Gespräch mit Gott.
Du bist bald am Ende Deiner Andacht angekommen. Nutze diesen Moment, um mit Gott in Dialog zu gehen und wende Dich ihm in der Stille zu. Trage in diesem Moment Deine Anliegen vor, *befehle ihm Dein Leben*, sprich Deine Fürbitten aus oder empfange seine Antworten durch Impulse.

Versuche dieses Gespräch in Tiefe, Innigkeit und Intensität zu führen.

Jahressegen
Bete nach Deinem Gespräch das Gebet: *„Herr, ich bin es würdig"*.

Öffne bewusst Dein Herz, Deine Seele und richte Deine Handflächen nach oben.

Und nun erbitte andächtig und zutiefst um den Jahressegen und sprich zu Gott, dem Allmächtigen:

„Lieber Gott, Gott Vater, Sohn und Heiliger Geist, ich bitte Dich und die geistige Welt, alle Engel und Heiligen, aufgestiegenen Meister, Jesus und Maria, aus tiefster Seele um Deinen Segen. Segne Du jetzt mein neues Jahr und segne Du mein Leben."

Bleib eine Zeit ruhig in Deinem heiligen Raum sitzen und empfange ohne Bewertung oder Erwartung – Gottes Segen.

Wenn der Augenblick gekommen ist, in dem Du spürst, dass es gut ist, danke Gott für diesen Segen und bete zum Abschluss das Gebet: *„Ehre sei dem Vater".*

Segne zum Schluss die Kerze für das neue Jahr, vielleicht sogar mit dem Weihwasser. Sprich die folgenden Worte:

„Im Namen des Vaters und des Sohnes und des Heiligen Geistes, Amen."

Setz Dich wieder in die Stille, atme tief ein und aus, und sei Dir gewiss, dass Du in Ordnung und Klarheit Dein altes Jahr abschließen und Dein neues Jahr beginnen wirst. Lass diese Andacht in Deinem Rhythmus ausklingen.

Ich wünsche Dir ein gesegnetes, glückliches neues Jahr. Amen.

Fastenzeit – Das Ego-Fasten

Nach der ausgelassenen Zeit des Karnevals oder Faschings beginnt mit dem Aschermittwoch eine sechswöchige Fastenzeit, die zum Osterfest führt. Fasten galt früher tatsächlich mehr dem Entzug und Entsagen von Speisen. Im extremen Fall die Einstellung der Ernährung während der gesamten Fastenzeit. Viele Menschen leben die Fastenzeit tatsächlich damit, dass Sie auf bestimmte Dinge in ihrem Leben verzichten. Seien dies bestimmte Nahrungs- oder Genussmittel oder andere Dinge des Lebens, die ihr Leben bestimmen – auch im Sinne der Reizüberflutung, Informationsüberflutung oder des Konsums. Die Fastenzeit trägt den Sinn des Rückzuges, der Besinnung und des Loslassens, des unnötigen, ja sinnlosen Überflusses in sich, um seinen Körper, seinen Geist und seine Seele zu reinigen.

Beispiele von Dingen, Verhaltensweisen oder Gewohnheiten, auf die man in der Fastenzeit verzichten kann in unserer modernen Zeit:

- Das Konsumieren von Klatschzeitschriften
- Die Teilnahme an Bürotratsch
- Süßes
- Alkohol
- (weniger oder gar kein) Fleisch
- Einkauf persönlicher Dinge wie Kleidung, Dekoration, Kosmetik etc.
- Konsum von Luxusgütern (Luxus-Lebensmitteln, teure Uhren, Anzüge, Handtaschen, etc.)
- Essen gehen
- Internet bzw. Zerstreuung wie Youtube, Fernsehen

Zum Verzicht in der Fastenzeit komplettiert sich diese Vorbereitung und Erneuerung von Körper, Geist und Seele durch den Vorsatz, hier und da mehr für seine Reinigung oder Erneuerung zu tun. Dies könnte in der Fastenzeit eine konkrete Ausleitungskur wie Fastenkur sein, regelmäßige und konsequent eingehaltene Gebetsstunden oder Meditationen, Schweigetage etc.

Beispiele dafür, was man für Körper, Geist und Seele zur Reinigung und Erneuerung tun kann:

- Den Kleiderschrank ausmisten
- Essensumstellung durchsetzen
- Gesünder leben generell
- Mehr Bewegung jeden Tag ausführen
- Aufbaukuren oder Entschlackungskuren durchführen
- Einen Friseurtermin vereinbaren
- Zur Massage gehen
- Schweigezeit im Kloster verbringen
- Frühjahrsputz machen
- Renovieren

Fastenzeit – Die Zeit des Ego-Verzichtes

Aus meiner Sicht geht es in der Fastenzeit ebenso darum, seinem eigenen Ego weniger Raum zu geben, es mit klarem Bewusstsein mehr und mehr aus seinem Leben bis zur Osternacht zu verkleinern, besser noch, zu eliminieren. In der Fastenzeit darfst Du Dich Deiner eigenen inneren Dunkelheit stellen – um Dich bis zum Osterfest seelisch so befreit zu haben, dass Dein eigenes Osterlicht mit Hilfe Deines Fastenlichtes auf dem Zenit Deines inneren Strahlens angekommen ist.

Ego-Fasten mit dem Fastenlicht

Deshalb schlage ich Dir für die Fastenzeit das Ego-Fasten vor. Du entscheidest Dich, Deinem eigenen Ego zu entsagen und dem, was das Ego in Dir ausmacht. Es ist eine wirklich tolle Art der mentalen und emotionalen Reinigung vor sich selbst. Sie kann Tage beinhalten, die schwerer auszuhalten sind als andere. So ist das nun einmal,

wenn wir Entzug durch Verzicht oder Entsagung üben. Sei es, dass wir mit dem Essen aufhören und uns unbändiger Hunger ereilt.
Oder wir mit dem Rauchen aufhören und uns unbändige Lust auf eine Zigarette überfällt.

So ist es auch mit dem Ego-Fasten. Du wirst bemerken, dass Du, genau wie bei jedem anderen Entzug von Deinem Ego, von seiner Lust eingeholt wirst, Dich in Mangelgefühlen aller Art, Selbstmitleid, Ängsten, negativem Denken, Zweifeln wiederfindest. Wie beim herkömmlichen Fasten oder beim Verzicht sind die ersten 3-7 Tage besonders schwer, bevor es mit dem Ego-Fasten leichter wird. Mit jedem Tag des Ego-Fastens kommst Du der Klarheit Deiner Seele näher. Mit jedem Ego-Fasten nimmst Du das, was zwischen Dir und Gott stehen könnte, aus dem Feld zwischen Dir und ihm. Und mit jedem Tag Deines Ego-Fastens geht es Dir seelisch besser und besser.

Du musst diesen Entschluss, das Ego-Fasten zu praktizieren, genauso klar und stark vor Dir treffen wie jeden anderen Verzicht oder Entzug in der Fastenzeit auch. Bleib stark, knicke nicht ein und folge damit nicht Deinem Ego. Bleibe in Deinen seelischen Werten, die das Ego-Fasten ganz bestimmt tragen und erhalten werden, zum Wohl Deiner eigenen Seele und Deines Fastenlichtes. So geht das Ego-Fasten in der Fastenzeit. Auch hier tust Du Dir etwas Wohlwollendes, wenn Du Dir dafür täglich mindestens fünf Minuten Zeit nimmst und diese kleine Fastenzeremonie für Dich vollziehst.

Vorbereitungen auf die Zeremonie des Ego-Fastens
Werde Dir vor Deiner ersten Zeremonie klar, was Du durch Dein Ego nicht mehr zum Ausdruck bringen willst. Also mit Minderwert, Mangel, Ängsten, Zweifeln versehen ist. Du möchtest Dein Ego im Licht Deiner Seele verbrennen. Mache Dir eine Liste dazu, damit Du weißt, was Du alles im Laufe der Zeit mit dem Licht Deiner Seele und mit der Kraft Deines Bewusstseins an Egoanteilen in Dir eliminieren willst. Dies könnten zum Beispiel Deine Mangelgefühle an

Beziehungen sein, an Geld, Kraft, Gefühle von Angst vor Deiner Arbeit, Angst vor bestimmten Menschen oder Situationen. Oder Gefühle von Zweifeln in Dir, über Dich oder zu einer Sache oder Person in Deinem Leben. Deine Abhängigkeiten gegenüber anderen Menschen oder gar Deinem Partner gegenüber.

Schreib Dir das, was Dich hier betreffen könnte, vor der ersten Zeremonie auf. Es dürfen Dinge, die besonders vehement sind, mehrmals von Dir bearbeitet werden.

Zum Beispiel:

- Klagen
- Negativ denken
- „Geht ja doch nicht" – Absprache von Kompetenzen
- In Selbstmitleid zu verfallen
- Eifersucht und Neid,
- Klagen, knatschen, schwarz malen,
- Unreflektiert andere Menschen und Situationen bewerten
- Der Lethargie frönen
- Sich verausgaben, wenig schlafen, viel zerstreuen
- Verschwenderisch sein
- Unehrlich, unwahrhaftig, flunkernd sein

Ablauf des Ego-Fastens
Er geht wieder über ein Licht, das Du möglichst auch nach der kleinen Zeremonie ausbrennen lassen kannst, also hier vornehmlich ein Teelicht, welches in einem sicheren Teelichtgefäß steht.

Du beginnst am Tag des Aschermittwochs zu einer beliebigen Uhrzeit. Da es immer noch die dunkle Jahreszeit ist und Winter, ist der Abend eine schöne Phase, diese Zeremonie in Stille zu vollziehen. Begib Dich an einen ruhigen Platz, am allerliebsten an Deinen heiligen Platz. Sei Dir bewusst, mit jedem Entzünden eines Fastenlichtes für Dich stärkst Du Deine Seele und Du verkleinerst Dein Ego.

Nehmen wir also einmal an, Du hast Zweifel daran, ob Du für einen Job wirklich gut genug bist. Dann erkläre ich Dir anhand des folgenden Beispiels, wie Du – für diesen Fall und andere Dinge von Deiner Liste – Deine tägliche Fastenzeremonie durchführst.

Zunächst schließt Du Deine Augen und wirst Dir darüber bewusst, dass Du Dich für das Ego-Fasten entschieden hast. Das machst Du zu Beginn einer jeden Zeremonie. Du bist Dir bewusst, Du willst im Laufe der Fastenzeit durch den Verzicht auf Dein Ego Dein Seelenlicht stärken.

Dann nimmst Du Dir den Punkt vor, den Du in den nächsten 24 Stunden mit Deinem seelischen Bewusstsein genau überprüfen willst. Von dem Du weißt, dass Dein Ego diesen Punkt in Dir immer wieder emotional oder mental aufkommen lässt. Hier nehmen wir das Beispiel: mein Zweifel, ob ich gut genug für den Job bin.

Im nächsten Schritt lässt Du Dir dieses Zermürbende des Zweifels noch einmal hochkommen. Was es bedeutet für Dich, diesen Zweifel zu haben und was dieser Zweifel mit Dir macht. Er macht Dich zum Beispiel schwach und zurückhaltend, klein. Lass in Dir Bilder kommen, was dieser Zweifel in Dir in Deinem Leben mit Dir macht.

Und dann nimm Dir zu 100 Prozent für die nächsten 24 Stunden, **egal, was passiert,** vor, mit der Kraft Deiner Seele zu beobachten, wann und wie oft Du diesen Zweifel in Dir wahrnehmen kannst.
   Aktuell, von Deinem Ego kommend, über Deine Gefühle und Deine Gedanken.
   Dies bedeutet natürlich, nach der Zeremonie genau das dann auch zu tun. Zu lernen, Dich selbst zu enttarnen. Indem Du immer, wenn Du den leisesten Anflug von Zweifel über das Thema hast, *sofort zu erkennen und abzustellen.* Das heißt, den Zweifel, der sich dann bei Dir

über Gedanken oder Gefühle, Selbstentwertungen und Selbstbewertungen zum Ausdruck bringt, wie zum Beispiel: „Bin ich gut genug für diesen Job? Hat mich mein Partner noch lieb? Ich hasse es, wenn ich so ungeschickt bin".

24 Stunden versprichst Du vor Dir selbst, darauf zu achten, dass Du Deinem Ego die Macht nimmst in diesem Punkt. Das beschließt Du in dieser kleinen Zeremonie des Ego-Fastens vor Dir selbst *ernsthaft und erwachsen*.

Entzünden des Fastenlichtes
Wenn Du diesen Entschluss gefasst hast, zünde Deine Gotteskerze am ewigen Licht an, und sprich:

„Dir, meinem Gott zu Ehren und der nun kommenden, gemeinsamen Zeit, entzünde ich dieses Licht und danke für Dein Dasein. Amen."

Im Bewusstsein darüber, dass Du Deinem Ego die Macht nimmst, entzündest Du die Kerze Deines Fastenlichtes an der Gotteskerze mit den Worten:

„Dir, meiner Seele zu Ehren, entzünde ich mein Fastenlicht. Auf dass Du – mein Licht – Dich für meine Seele ausdehnen und entfalten mögest. Somit Deine Kraft wachse und eins werde mit dem Osterlicht. Amen."

Halte danach einen Moment inne und wisse jetzt Bescheid, worum es geht.
Wenn Du magst, bete noch ein oder mehrmals das *„Vater unser"*, indem Du die Sache mit dem Ego vor Gott und Dir auch nochmal klarstellst und Dein Anliegen bekundest, dass Du um die Erlösung des Egos und der Seelenlosigkeit bittest.

Versuche, so lange es Dir möglich ist, auch nach der Zeremonie das Fastenlicht in Deinem Beisein brennen zu lassen, zumindest aber ausbrennen zu lassen, an einem sicheren Ort oder in einem sicheren Gefäß.

Im Alltag über die 24 Stunden hinweg, erinnere Dich leise in Dir immer wieder an dieses Licht. Erst recht, wenn Du mal wieder Deinem Ego begegnet bist bei dem Punkt, den Du heute als Enttarnungspunkt für Dich erklärt hast. Lasse negative Gedanken, Gefühle, Erwartungen, Ängste, etc. los mit dem Satz:

„Ich bin ein wertvoller, erwachsener und lebenskompetenter Mensch. Amen."

Stelle diesen Egoanteil innerlich in Dein Fastenlicht.
Und so tust Du es alle Tage in der Fastenzeit bis zum Ostersamstag.

Beispiele, welche Egoanteile oder Erwartungen, Ängste etc. man beim Ego-Fasten „bearbeiten" kann:

Man kann dabei sehr gut:

– kennenlernen, wie viele versteckte Anschuldigungen und Schuldzuweisungen man anderen Menschen und dem Leben gegenüber hegt, warum man so „machtlos tun muss", was man tut, oder so ist, wie man ist – spürt dabei jedoch, dass dies nicht die Wahrheit ist, sondern uralte und nie hinterfragte Komfortzonen.

– sich dabei ertappen, wovon man insgeheim doch noch ganz viel „hat" bzw. wovon man profitiert, sich als Opfer fühlen zu können – um so „unmöglicher" wird es, die nötige, aber lästige Selbstverantwortung zu tragen

– seine „Auslöse-Knöpfe", Wunden und die eigenen „Verbeißungen" in kindisch-trotzige Reaktionen aufdecken

– sich bei seinem Pessimismus oder (unnötigen) negativen Erwartungshaltungen beobachten und dabei, wie man dadurch in Eigenregie negative Resultate schafft

– seine Alibi-Armada kennenlernen, warum es wieder grad nicht möglich war, dem Impuls zu widerstehen, seine Ängste und Mängel zu leben.

– feststellen, dass sich als Opfer zu fühlen mehr bedeutet, als andere zum Täter zu machen; es entschuldigt dann auch vieles, was man dann selber macht oder „weitergibt" an andere Menschen (z. B. die eigenen Kinder)

– seine inneren Diskussionen mit dem inneren Schweinehund beobachten und erkennen, wann oder warum er so häufig bisher „gewonnen" hat. Und anfangen, diese Diskussionen zu stoppen.

– diffuse und ohnmächtig machende Ängste beobachten und entkräften, indem man sie mit eigenem Scharfsinn benennt und seziert: die Angst vor Ablehnung, Angst vor dem Alleinsein (nicht zu verwechseln mit der Angst vor Einsamkeit), Angst vor Verlust, Angst vor Versagen, Angst vor der Schmach und Schande (was die anderen wieder über einen denken könnten), die Angst vor eigenen Entscheidungen (man müsste ja dann Verantwortung für die Konsequenzen tragen), die Angst vor der eigenen Courage, die Angst vor der inneren Leere, die Angst, sich selbst vertreten zu müssen, obwohl das Gegenüber doch so stark, mächtig, wortgewaltig, intelligent, gewaltvoll, so verführerisch, überzeugungsstark, so gut im Bett, etc. ist.

– sein Haben-Wollen, -Sollen oder -Müssen enttarnen und sein vermeintliches Zu-kurz-Kommen – und das einmal aus der Distanz zu hinterfragen lernen

Karfreitag und Ostern

Auferstehung Deiner Seele –
Fest der Befreiung aus Deinem Ego

ist das Fest der Auferstehung von den Toten. Nachdem Jesus mit all seinen seelischen Werten und seinem heiligen Tun von den Menschen (und deren Egos) seiner Zeit nicht erkannt wurde, sondern verurteilt und zu Tode gequält, überwand Jesus mit seiner Seele den Tod. Überwand die Vorstellungen aller Egos, nach dem fleischlichen Tode seien sein Leben und die Kraft seiner Seele ebenfalls beendet. Jesus lebt energetisch dadurch, dass Jesus' Seele lebt. Jetzt und in alle Ewigkeit. Ostern ist das „Hochfest" der *seelischen Befreiung* und der Überwindung des eingeschränkten, menschlichen Lebens, des egomanen Lebens.

Das Osterlicht wird entzündet

Während Du in der vorangegangen Fastenzeit Dein eigenes Ego, das Dein Leben negativ beeinflusst hat, nach und nach selbst erlöst und enttarnt hast, bist Du gut auf das Osterfest vorbereitet. Du hast Dich beleuchtet über etwaige falsche Selbstbilder, falsche Worte, Handlungen oder Entscheidungen, Verleitungen zur Unwahrheit, zu Kompromissen, Lippenbekenntnissen und Konsum. Du durftest Dich mithilfe Deines Fastenlichtes tagtäglich enttarnen und damit Deine Seelenkraft stärken.

Jesus ist am Kreuz gestorben, weil er in der Wahrhaftigkeit lebte. Selbst als es darum ging, dass er mit einem Lippenbekenntnis sein Leben hätte retten könnten, konnte er es nicht tun, da ihm die Wahrhaftigkeit im Leben, als göttlicher Ausdruck und damit seine Seele wertvoller erschien als die Angst seines Egos vor dem Tod durch Egos. Jesus hat sich stellvertretend für Gott damit für die Liebe entschieden und für das Wissen über das Selige im Menschen.

Und das Wissen über seine eigene Seelenkraft, die den Tod überstehen und die Vorstellungen der Menschen überwinden wird.
So darf Ostern auch für Dich ein Fest sein, nachdem Du Dein Ego mehr und mehr in den letzten Wochen losgelassen hast. Durch den Verzicht auf Dein Ego und mit der Kraft Deiner eigenen bewussten Enttarnungskünste. Mit jedem Tag der Fastenzeit bist Du mit Deinem Fastenlicht mehr und mehr dem Osterlicht näher gekommen. Auch seiner Kraft.

Das Osterritual

Ostern ist nun Deine Fest-Hochzeit, um Dein Seelenlicht am Osterlicht zu entzünden.

Hierfür nimmst Du Deine bereits bestehende Seelenkerze, die sich an der Osterkerze erstmalig entzündet, auch wenn Du diese schon seit einiger Zeit im Einsatz hast. So erfährt Deine Kerze die Komplettierung ihres Lichtes durch das Licht und die Energie der Osterkerze. Dieses gestärkte Seelenlicht soll für Dich Dein Zeichen sein, dass Deine Seele stark ist, immer wieder Dein Ego mit all seinem Mangel, seinen Ängsten und Zweifeln, Entwertungen und Bewertungen überwinden zu können. Du darfst diese Überwindungskraft in Dir wissen, genauso wie Du von Jesus weißt, dass er die Egos seinerzeit mit seiner Seele und mit der Auferstehung überwunden hat.

Vorbereitung am Karfreitag:

Du besorgst Dir ein weißes Öllicht, welches ca. 7 Tage brennt. Dieses Licht gibt es in jedem Drogeriemarkt. Sei Dir nur sicher, dass es sich wirklich um ein sogenanntes 7-Tage-Licht handelt. Außerdem benötigst Du einen wasserfesten Goldstift, mit dem Du die Osterkerze beschriftest.

Bedenke, dass dieses Osterlicht ab dem Moment, in dem Du die Osterkerze fertigst, *durchweg brennen muss*, um die Überwindungsenergie der Osterzeit vom Karfreitag bis Ostersamstag-Abend oder Ostersonntag aufnehmen zu können. Halte also einen sicheren Untersatz für das Öllicht bereit oder ein Glaswindlicht oder ein anderes Gefäß, in welches Du das Windlicht hineinstellen kannst. Wenn es gar nicht anders möglich ist, kannst Du, bevor Du auf das Osterritual für Dich verzichten musst, das Windlicht in die Dusche oder Badewanne stellen. Doch am allerbesten ist es natürlich auf Deinem Altar platziert.

Am Karfreitag, zu irgendeiner Stunde, ziehst Du Dich mit diesem Licht an Deinen heiligen Platz zurück. Stell es vor Dich auf Deinen Altar und sei Dir bewusst, dieses Licht wird das Osterlicht für Dich und das Licht zu Ehren des Gottessohns, der mit der Kraft seiner Seele das menschliche Ego im Innen und Außen überwunden hat.

Entzünde Deine Altarkerzen
Siehe hierzu wieder »Erwähnenswertes für jede „Allerliebste Zeit"«, Kapitel 3, Seite 126.

Zünde Deine Gotteskerze am ewigen Licht an, und sprich:

„Dir, meinem Gott zu Ehren und der nun kommenden, gemeinsamen Zeit, entzünde ich dieses Licht und danke für Dein Dasein. Amen."

Entzünde ebenfalls Dein Seelenlicht. Da es bereits geweiht wurde, an einem langen Streichholz, und sprich die Worte:

„Dir, meiner Seele, zu Ehren entzünde ich dieses Licht. Wandere mit der Flamme meines Herzenslichtes und mit der Flamme meiner Seele hinauf zu Gott Vater, Sohn und dem Heiligen Geist und wirke für mich aus seinem herrlichen Reich. Amen."

Halte inne und beginn in Stille das *„Vater unser"* als einmaligen Gebetsrhythmus zu beten.

Vorbereitung der Osterkerze
Nimm die Öllichtkerze in die Hand und beschrifte oder bemale sie nach Deinen Ideen. Schreibe folgende Grundinformationen auf die Kerze: „Ostern" – „die Jahreszahl" – Deinen Namen und Geburtsdatum – „Seele" und „Jesus Christus" darauf.

Die Weihe der Osterkerze
Wenn Du die Osterkerze gefertigt hast, dann entzünde diese am göttlichen Licht mit den Worten:

„Dir zu Ehren, Jesus Christus, dem Licht der Osternacht, der Kraft der Seelenmacht, entzünde ich am ewigen Licht und am Licht Gottes dieses Osterlicht. Möge es sich von nun an bis zu Deiner Auferstehung entfalten, ausbreiten und kräftigen und sich mit meiner Seele und ihrem Licht vereinen. Amen."

Sprich dies inniglich und feierlich. Stelle die Kerze ab. Dann sprich einmal das *„Vater unser"* und beginne mit der Seelen-Meditation für etwa 5-10 Minuten (siehe dazu auch Kapitel 5, „Die Seelenmeditation", Seite 97), indem Du immer wieder den Satz in Dein Herz sprichst:

> „Ich überlasse Dir, meiner Seele, mein Leben."

Immer und immer wieder in der heiligen Eintönigkeit.

Danach sprich das Gebet *„Herr, ich bin es würdig"*.

Beende mit Gedanken an Deine Fastenzeit und was Du an diesen Fastentagen mit Deinem Ego erlebt hast. Denke daran, was Du durch die Kraft Deiner Seele an negativen Gedanken, Gefühlen und Situationen überwunden hast.

Abschluss des Rituals für die Erstellung der Osterkerze
Schließe dieses Ritual am Karfreitag mit einem „*Vater unser*" oder so vielen „Vater unser"-Gebeten, wie Du es als stimmig für Dich erachtest. Gehe hier intuitiv vor.

Lass die Kerze in diesem Gedenken bis zu dem Zeitpunkt der Osternacht oder des Ostermorgens brennen. Lösche alle anderen Kerzen Deines Altares, natürlich nicht das „ewige Licht".

Ostern

Am Ostersamstag oder Ostersonntag geht es weiter. Halte Dir hierzu – je nachdem wie weit die Osterkerze schon abgebrannt ist – ein längeres Zündholz bereit, um hier, sofern das nötig ist, Deine Seelenkerze von der Osterkerze anzünden zu können (im Unterschied zu allen anderen „Allerliebsten Zeiten", in denen Du Deine Seelenkerze nie an Lichtern anderer Kerzen anmachst).

Du kannst dieses Ritual entweder am Ostersamstag gegen Abend zur Osternacht hin vollziehen oder am Ostersonntag gegen Morgen.

Ablauf des Osterrituals

Mach dies wieder an Deinem heiligen Platz. Schmücke Deinen Platz für dieses Fest Deiner Seele.
    Entzünde wie immer die Kerzen Deines Altars, jedoch noch *nicht* Deine Seelenkerze.

Setz Dich vor Deinen Altar und sei dieses Hochfestes bewusst. Wie erhofft, hast Du Dich in den letzten Wochen selbst überwunden. Wie stark konnte dadurch die Kraft Deiner Seele sich ausbreiten und Dein Seelenlicht sich stärken! Nun ist es Zeit, dass Dein Seelenlicht

sich noch einmal tiefer vereinen und kräftigen kann an Deiner geweihten Osterkerze.
Gestalte Dir dieses Fest mit Musik, wenn Du es möchtest.

Beginn wieder mit dem *„Ehre sei dem Vater".*

Bete das *„Vater unser"* einmal als Gebetsrhythmus.

Atme tief ein und aus und fühle und spüre, ob Dich Impulse erreichen.

Nun ist es Zeit, Dein Seelenlicht in die Hand zu nehmen und entweder von Docht zu Docht an der Osterkerze zu entzünden oder mit Hilfe eines Zündholzes.
Vor und während der Entzündung Deines Seelenlichtes sprich den Satz:

„Dir, meiner Seele zu Ehren,
Deiner Kraft zu Ehren und Deinem Wissen zu Ehren,
das Ego in mir und im Außen überwinden und loslassen zu können,
entzünde ich dieses Licht an der heiligen Osterkerze.
Möge sich das Osterlicht mit der Kraft des Seelenlichtes Jesu Christi und mit meinem eigenen Seelenlicht verbinden und mein Seelenlicht stärken.

Möge das Licht dieser Osterkerze
jetzt und für alle Zeit
in die Welt hinaus strömen.
Amen"

Halte Dein Seelenlicht für einen kurzen Moment in Deinen beiden Händen und verneige Dich als Zeichen Deiner Ehrung des Seelischen und Jesus Christus vor dem Osterlicht auf Deinem Altar.

Stell Dein Seelenlicht auf den Altar, möglichst neben das Osterlicht, und sieh bewusst dahin, dass zwischen Dir und Gott, Dir und Jesus Christus nichts steht.
Nimm das wahr und sei dankbar dafür.

Dann bete das *„Herr, ich bin es würdig"*

Die Osterkerze Segnen
Wenn Du magst, segne mit dem Weihwasser die Osterkerze, danach Deine Seelenkerze und auch Dich selbst mit dem Worten:

„Im Namen des Vaters, des Sohnes und des Heiligen Geistes. Amen"

Setz Dich wieder gemütlich hin und praktiziere die Seelenmeditation. So lange, wie Du meinst, dass es gut ist.

> *Ich überlasse Dir, meiner Seele, mein Leben.*

Danach kannst Du nach eigenem Ermessen die Zeit der Ruhe und Stille bis zum endgültigen Abschluss dieser Osterzeremonie frei gestalten.

Abschluss des Osterrituals
Du beendest dieses Ritual mit den Worten:

„Ehre sei dem Vater und dem Sohn und dem Heiligen Geist
Wie im Anfang so auch jetzt und alle Zeit und in Ewigkeit
Amen"

Damit hast Du Deine Osterzeit initiiert und darfst voller Freude sein.

Lass die Osterkerze ausbrennen und wann immer es Dir möglich ist, verbringe an Ostern einige Zeit mit Deiner Seelenkerze. Es genügt, wenn Du im Haus oder im Raum bist, auch wenn Du gerade etwas anderes zu tun hast.

Ich wünsche Dir: Frohe Ostern!

Wenn das Brot, das wir teilen

Wenn das Brot, das wir teilen, als Rose blüht
und das Wort, das wir sprechen, als Lied erklingt,
dann hat Gott unter uns schon sein Haus gebaut,
dann wohnt er schon in unserer Welt.
Ja, dann schauen wir heut schon sein Angesicht
in der Liebe, die alles umfängt,
in der Liebe, die alles umfängt

Wenn die Hand, die wir halten, uns selber hält
und das Kleid, das wir schenken, auch uns bedeckt,
dann hat Gott unter uns schon sein Haus gebaut,
dann wohnt er schon in unserer Welt.
Ja, dann schauen wir heut schon sein Angesicht
in der Liebe, die alles umfängt,
in der Liebe, die alles umfängt.

(Claus-Peter März)

Pfingsten

Ausgießung des Heiligen Geistes – Impulsfest des beseelten Menschen

In der Erzählung wird davon berichtet, wie der göttliche Geist auf die Jünger und Maria, hernieder kam und sie so erfüllte, dass sie in anderen Sprachen sprechen konnten und fortan von Jesus' Wirken erzählten. Es ist das Pfingstwunder, von dem uns Christen berichtet wird und welches wir als Gleichnis nehmen können, dieses Fest auch als unser *Intuitionsfest* zu feiern.

> *„Wir bitten Gott, dass er euch mit all der Weisheit*
> *und Einsicht erfüllt,*
> *die sein Geist euch schenkt und dass er euch erkennen lässt,*
> *was sein Wille ist."*
> *(Kolosser 1,9)*

Was soll das heißen?
Wenn Du Pfingsten aufgrund der Geschichte feierst, dann darfst auch Du Deinen Geist öffnen, um an Pfingsten von Gottes Geist wundersam erfüllt und berührt zu werden. Dies geschieht über Deinen Geist, Dein Bewusstsein und ist die Zeit, in der Du Dich mehr Deiner eigenen Intuition öffnen darfst und den Botschaften, die Dir Gott zuteil werden lässt. Du weißt schon von den Grundgebeten und den Gebetsrhythmen, dass es möglich ist, Antworten oder Impulse von Gott aus der Tiefe Deiner Gebete zu erhalten. Vielleicht hast Du auch schon einmal diese Erfahrung gemacht.

Das Pfingstfest allerdings ist eine Zeit, in der sich genau dieses Phänomen in Dir oder durch Dich noch verstärken kann – Dich klarer macht und Dein Herz, Dein Bewusstsein und Deinen Geist für die Empfängnis von göttlichen Botschaften oder Impulsen erhöht.

Ich möchte Dir zu Pfingsten einen Vorschlag für Deine Pfingst-Seelen-Andacht unterbreiten, die Dich darin unterstützt, Gott und das Leben besser zu verstehen, Antworten auf Deine Fragen von Gott während dieser Andacht und auch noch danach, in Form von Zeichen, zu erhalten.

Deine Seelen-Pfingstandacht

Diese Andacht hältst Du entweder in der Nacht von Pfingstsamstag auf Pfingstsonntag oder direkt zu einer beliebigen Zeit am Pfingstsonntag. Wenn Du mit einer Pfingstkerze arbeitest, solltest Du die Kerze so platzieren und sichern, dass das Licht ausbrennen kann.

Dieses Licht ist für Deine Seele eine große Bereicherung, denn es hilft, Deinen Geist für die Botschaften Gottes zu weiten und Dein Ego zu minimieren. Du brauchst, um Botschaften oder Impulse von Gott und Deiner Seele zu erhalten, einen freien Geist, der außerhalb des Haben-Wollens, -Sollens oder -Müssens von Deinem Ego ist, mit seinen Erwartungen, Zweifeln oder Bewertungen.

Du gestaltest Dir diese Seelen-Andacht wiederum nach Deinem Geschmack: mit Blumen, Devotionalien und Musik.

Beginne dieses Ritual wie immer an Deinem heiligen Platz vor dem Altar.

Siehe: »Erwähnenswertes für jede „Allerliebste Zeit"«, Kapitel 3, Seite 126.

Zünde Deine Gotteskerze am ewigen Licht an und sprich:

„Dir, meinem Gott zu Ehren und der nun kommenden, gemeinsamen Zeit, entzünde ich dieses Licht und danke für Dein Dasein. Amen."

Entzünde Deine Seelenkerze, da sie geweiht wurde, an einem langen Streichholz und sprich die Worte:

„Dir, meiner Seele, zu Ehren entzünde ich dieses Licht. Wandere mit der Flamme meines Herzenslichtes und mit der Flamme meiner Seele hinauf zu Gott Vater, Sohn und dem Heiligen Geist und wirke für mich aus seinem herrlichen Reich. Amen."

Entzünde an der Gotteskerze eine 3-Tage-Öllichtkerze in Weiß für das Pfingstfest.

Beim Entzünden des Lichtes am göttlichen Licht sprichst Du die Worte für Deine Pfingstkerze:

„Dir zu Ehren, dem göttlichen Geist der Erfüllung des Menschen, Gott Vater, Sohn und heiliger Geist, entzünde ich dieses Pfingstlicht. Möge es meine Seele

und meinen Geist für die göttlichen Botschaften segnen und weiten, damit ich Gott verstehe."

Begib Dich nun in die Stille und werde Dir des Anlasses dieser Andacht bewusst.

Halte Dein Buch für Notizen bereit.
Atme tief ein und aus und beginne mit:

„Im Namen des Vaters und des Sohnes und des Heiligen Geistes. Amen".

Praktiziere das positive „Kreuzzeichen", wenn Du es möchtest, gerne mit Deinem Weihwasser. (Siehe auch Seite ...)

Bete zunächst das „*Vater unser*" einmalig.

Dann bete das „Vater unser" als „*Gebetsrhythmus*" und lausche währenddessen und danach in Dich hinein, ob Du Impulse oder Botschaften, Ideen zu Deinem Leben erhältst.

Fühl Dich und wie es Dir geht und atme wiederum ruhig ein und aus.

Nun wird es Zeit, Dich bewusst zu öffnen. Sozusagen „symbolisch" Deinen Geist zu öffnen. Hierzu rufst Du den Geist Gottes, indem Du sprichst:

„Gott Vater, Sohn und Heiliger Geist, ich öffne mit meiner Seele mein Herz und meinen Geist und bitte Dich: Du Heiliger Geist, erfülle mich mit Deiner Macht und Güte."

Bete: *„Herr, ich bin es würdig"*.
7 x betest Du dieses Gebet feierlich, innig und intensiv.

Danach öffnest Du Dein Buch und schreibst hinein, welche Fragen Dich im Moment in Deinem Leben bewegen oder was Du noch nicht so ganz verstanden hast. Notiere bitte nichts, wozu Du am Ende ein „Ja" oder „Nein" benötigst. Schreibe einen Zusammenhang auf. Bedenke, Qualität ist besser als Quantität, deshalb notiere nur das wirklich Wichtige, was Dich bewegt und Dir sinnvoll erscheint, beantwortet zu bekommen.

Immerhin hast Du den Heiligen Geist gerufen und ihn gebeten, in Deine Seele mit Impulsen oder Zeichen gar eine konkrete Antwort in Dich einzuhauchen.

Wenn Du Deine Fragen oder Dinge niedergeschrieben hast, geh über in die Seelen-Meditation und sprich in heiliger Eintönigkeit immer und immer wieder, etwa 10 Minuten lang:

> „Ich überlasse Dir, meiner Seele, mein Leben."

Kehre in die Stille ein, atme tief ein und aus und bleib jetzt einfach eine Zeit lang sitzen. (bis zu 30 Minuten)

Sag die Worte:

„Komm, Heiliger Geist, kehr bei mir ein."

Sag das ohne Erwartung, hingebungsvoll, immer und immer wieder.

Bewerte nichts, lass den Druck außen vor und wisse, es ist nicht ungewöhnlich, auch einige Tage später seine Impulse und Antworten zu erhalten.

Sei in jedem Fall ab diesem Moment für die kommenden Tage wachsam gegenüber dem, was Dich innerlich bewegt und aufmerksam werden lässt.

Genieße diesen Moment mit dem Heiligen Geist, denn er wird bei Dir sein, ob Du es fühlst oder nicht, ob Du Impulse oder Antworten erhältst oder auch nicht. Eine Antwort kann sogar nur ein einziges Wort sein.
Nach einer Weile, die Du intuitiv wahrnehmen wirst, spürst Du, dass der Geist in Dich herabgefahren ist und damit darfst Du langsam, ganz langsam die Stille beenden.

Solltest Du Impulse und Antworten erhalten haben, notiere sie in Dein Buch. Überdenke sie, arbeite innerlich mit ihnen oder setze das um, was aufgrund dessen nun von Dir umgesetzt werden kann.

Beende diese Pfingstandacht mit der Segnung der Pfingstkerze, aus Dir heraus oder mit Hilfe des Weihwassers. Sprich dazu die Worte:

„Ehre sei dem Vater und dem Sohn und dem Heiligen Geist
Wie im Anfang so auch jetzt und alle Zeit und in Ewigkeit
Amen"

Danke am Ende dieser Andacht aus Deiner Seele heraus Gott Vater, dem Sohn und dem Heiligen Geist.

Ich wünsche Dir „Frohe Pfingsten" und eine stets gute Verbindung zum Geist Gottes, der Dein Leben begleiten und erfüllen möge.

Kapitel 8 – Dein Leben mit der „Allerliebsten Zeit"

Die Liebe lässt sich nicht zum Zorn reizen und trägt das Böse nicht nach.
(1. Korinther, 13.5)

Schöne Zeit!

Mit meinen Vorschlägen, Dir sakrale Momente in Deinem Leben zu schenken, bist Du im Alltag, am Sonntag und im Jahreskreis ausgestattet, mit Gott und Deiner Seele eine richtig gute und lebendige Beziehung zu pflegen.

Wähle Dir aus all den Vorschlägen, wie Du mit unserer christlichen Tradition bewusst Deine „Allerliebste Zeiten" gestaltest, solche aus, wie sie Dir Wohligkeit verschaffen und regelmäßig vollzogen werden können, Dich niemals stressen oder in Druck bringen.

„Weniger", mit Zeit, Hingabe und Tiefe, ist „mehr" „Allerliebste Zeit".

Alles, was ich Dir an sakralen Momenten aufgeschrieben habe, kannst und musst Du nicht aus diesem Ratgeber praktizieren. Es sei denn, Du hast das tiefe Bedürfnis und die Muße, ja Zeit dazu.

Taste Dich an die Angebote der „Allerliebsten Zeit" heran, probiere es aus. Es kann sein, dass Du Zeiten erlebst, in denen Du fast „süchtig" danach bist, Gott nahe zu sein um dann mit Deiner Seele viele sakrale Momente zu praktizieren. Dann tue das, denn dies ist ein Zeichen, dass Deine Seele die göttliche Energie als „Tankstelle" benötigt – zum „Auftanken".

Dann kann es sein, dass Du eine Zeit lang gar nicht oder sehr eingeschränkt die „Allerliebste Zeit" in Deinem Leben einbaust.

Diese kleinen Alltagsrituale sollen in jedem Fall von Dir kein „Muss" sein (das wäre ein Gefühl des Egos), sondern ein Gefühl der „Sinnhaftigkeit" und „Freude" (der man mit dem Wert der Disziplin vielleicht manchmal auf die Sprünge helfen muss), diese sinnvolle Zeit und Seelenpflege zu praktizieren.

Dein Ego wird sich melden
Ich selbst habe die Erfahrung gemacht, dass mein Ego meinte, mir erklären zu müssen, warum ich diese oder jene sakrale Stunde oder Momente gerade nicht machen könne. Zum Beispiel mangelnde Lust, mangelnde Zeit, zu viel Aufwand, zu faul, zu müde oder „fertig mit den Nerven und der Welt" usw. Doch wenn ich mich entgegen dieser absurden, inneren Stimmen der „Faulheit" überwunden hatte und begonnen, meine „Allerliebste Zeit" zu praktizieren, war ich heilfroh, diesen „inneren Schweinehund" überwunden zu haben.

Beten, andächtig zu sein und zu meditieren ist für mich eine Seelenpflege, auf die ich am Tag genauso wenig verzichte wie auf die Morgendusche und die Essenszubereitung. Seelenpflege darf auch für Dich eine Selbstverständlichkeit und Lebensqualität sein, selbst wenn Dein „Ego" keine Lust hat, sich zum Beispiel anzuziehen und lieber im gammeligen Jogginganzug seinen Tag verbringen möchte, als in frischer Jeans und Bluse. Diese sakrale Seelenpflege, die Du mit der „Allerliebsten Zeit" vollziehst, wird auf Dich und Dein Gemüt stets eine reinigende und erfrischende, zentrierte und wohlige Wirkung haben. Warum solltest Du – wegen Deines Egos, das Dir aus seiner „Komfortzone der Faulheit oder des Stresses bezüglich Zeit etwas vorgaukelt – auf Seelenpflege und seelische Wohltat mit Gott verzichten?

Mit der „Allerliebsten Zeit", kannst Du Dich unabhängig von anderen Menschen täglich erfüllen und bereichern.

Zum Schluss möchte ich Dir zwei Achtsamkeitsübungen vermitteln. Eine für den Morgen und eine für den Abend. Damit Du für diese zwei Momente, in denen Du aus dem Schlaf erwachst und in den Schlaf zurückkehrst, mit dem „lieben Gott" in Verbindung stehst.

Guten Morgen, lieber Gott – „Göttliches Aufwachen"

Die meisten Menschen kommen am Morgen schlecht aus dem Bett. Verständlicherweise, wer möchte sich nicht, wenn der Wecker klingelt, noch einmal unter der warmen Decke umdrehen. Oder bei dem Gedanken, was heute alles „auf dem Programm" an Erledigungen ansteht, liegenbleiben.

Ich selbst erwache am Morgen *mit der ersten Besinnung*, dass der neue Tag jetzt für mich beginnt, mit meinem ersten Gedanken *„Guten Morgen, lieber Gott."*

(Das ist eine klitzekleine „Übungssache" wenn noch ein bisschen Schlaftrunkenheit vorherrscht, die es zu durchbrechen gilt, für eine neue, tägliche Gewohnheit):

Und freue mich mit meinem Bewusstsein darüber, dass es ihn gibt, den lieben Gott.
Dann danke ich ihm für mein Leben.
Jeder Tag unseres Lebens ist eine Chance und ein Geschenk. Mit diesem Bewusstsein gehen die meisten Menschen nicht in den Tag – weil sie einen Tag von so vielen Lebenstagen oft nur als gewöhnlich, alltäglich und beschwerlich erachten und als einen Tag von vielen.
Das Leben wertzuschätzen bedeutet jedoch, jeden Tag seines Lebens wertzuschätzen und als wertvollen Tag seines von Gott geschenkten Lebens zu beachten. Und wenn es nur für einen klitzekleinen Augenblick ist.

So überlege ich mir noch während ich aufwache, was heute auf meiner Tagesagenda steht und worauf ich mich an diesem Tag freue. So zum Beispiel: auf die erste Tasse Kaffee und die Tageszeitung; da freue ich mich jeden Tag drauf.

Danke für diesen guten Morgen

Danke für diesen guten Morgen,
danke für jeden neuen Tag.
Danke, dass ich all meine Sorgen
auf Dich werfen mag.

Und dann suche ich weiter, was mich an diesem Tag erfreut, zum Beispiel, dass ich ein schönes Zuhause habe. Die Schönheit meines Wohnortes, meine Tiere, meine Arbeit, meine Kinder, mein Partner, mein flottes Auto, der Rhein. Ich freue mich über meinen vollen Terminkalender und die Klienten, die mich heute in meiner Praxis aufsuchen werden. Oder das schöne Wetter, weil die Sonne bereits am frühen Morgen in mein Schlafzimmer scheint. Ich suche am Morgen bereits nach dem, was mich im Laufe des Tages erfüllen wird und denke nicht darüber nach, wie schwer wohl der Tag werden wird, weil dieser oder jener Klient eine „harte Nuss" ist oder ein unangenehmes Gespräch ansteht etc.

Ich ziehe mit meinem Aufwachen bereits am Morgen das Wertvolle und was mir Kraft und Sinn gibt in mein Bewusstsein.
Und ich freue mich wirklich, wenn ich aufstehe, auf diesen neuen Tag.
So könntest Du es auch machen, Dir das Schöne vor Augen halten, was Dich am vorliegenden Tag alles erwartet oder begleitet oder fast wie „selbstverständlich" wohltuend in Deinem Leben ist.

Beispiele dafür,

… was man sich am Morgen alles vergegenwärtigen kann, was an diesem Lebenstag im Großen und im Kleinen positiv ist:

- Eine gute Tasse Tee/Kaffee und ein leckeres Frühstück
- Die Unternehmung am Abend
- Dass man es geschafft hat, den Bericht am Abend vorher rechtzeitig fertigzustellen und man dem Gespräch mit dem Chef entspannt entgegensehen kann
- Dass man spontan am Blumenladen vorbeigehen kann, um der Partnerin einfach mal eine Freude zu machen
- Dass man am Leben ist
- Dass einem schon öfter eine Lösung eingefallen ist und man schon das Problem lösen wird

- Man freut sich auf das Lachen seiner Kinder, oder man muss an eine witzige Situation mit seinem Haustier denken und freut sich schon jetzt darauf, wieder mit den Kindern/mit dem Tier zu kuscheln
- Nette Menschen, die man treffen wird
- Dass man gesund und munter ist
- Der eine Film am Abend

… und andererseits, wie man zu dem, was vermeintlich nicht so schön ist, eine stimmige Haltung entwickeln kann
(Beispiele aus allen Bereichen des Lebens, Familie, Kinder, Partner, Garten, Haus, etc.)

Haus: Denkt man an die bevorstehende Renovierung des Hauses, mag einem zunächst der Gedanke durch den Kopf gehen: Wie soll ich das alles schaffen, zeitlich und finanziell? Begleitet durch Überforderungsgefühle.
Oder: Man macht sich klar, dass man eine Wohnung zur Verfügung hat, mit der man einen neuen Lebensabschnitt einläuten kann, in der man sich selbst wohlfühlen und verwirklichen kann. Dass man sich die Gefühle vor Augen führt, die man haben wird, wenn die Wohnung fertig ist. Dass sie einem ein wohliges, neues, frisches, freiheitliches Gefühl geben wird.

Familie: Fühlt man sich innerhalb der Familie nicht wertgeschätzt und hat man eventuell den Eindruck, man arbeitet sich ab und alles, was man bringt und gibt, wird irgendwie selbstverständlich hingenommen, kann man in dem unangenehmen Gefühl bleiben und „gute Miene zum bösen Spiel" machen – still unangenehm berührt bleiben und mit Bauchschmerz an den eigenen erlebten Mangel denken.
Oder: Man wird sich klar darüber, was man alles bereit ist, für die Familie zu tun, und dass man wahrhaft Werte in die Familie mit einbringt. Und überprüft, ob das wirklich so ist. Und sei dies so, prüft, ob das objektiv auch so gesehen und angenommen werden kann.

Und man wird sich aufrichtig klar darüber, dass man einfach nur für das, was man da tagein tagaus für die Familie macht, wertgeschätzt werden will. Und man malt sich aus, dass man das Recht dazu hat, seine Gefühle zu äußern und den anderen Familienmitgliedern die Chance zu geben, seelisch zu reagieren. Liegt man denen wirklich am Herzen, wird darauf eingegangen. Und man kann zu sich selbst stehen.

Garten: Der Lebenspartner hat einen erneut drauf hingewiesen, dass die Hecke beigeschnitten werden müsste, doch man will an diesem Wochenende eigentlich endlich einmal das Arbeitszimmer aufräumen, und überhaupt: Man hat lange nicht mehr gemeinsam mit Freunden eine Tour gemacht; es fallen einem 1000 Sachen ein, die man lieber machen würde, als die Hecke zu schneiden.
Oder: Man wird sich bewusst, dass eine akkurat geschnittene Hecke ein wunderbarer Anblick ist, von dem man monatelang etwas hat sowie ein Gefühl von Aufgeräumtheit, Struktur, Schönheit, Ordnung, guter Begrenzung. Für 2 Stunden Arbeit, nach denen man sich wieder bewegen kann, die Sonne scheinen wird, und man hinterher froh sein wird, wenn es getan ist. Und der Partner fühlt sich gesehen und ernst genommen in seinem Wunsch.

Guten Abend, lieber Gott – „Göttliches Einschlafen"

Vor dem Einschlafen ist mir ein Gespräch mit Gott wichtig. So mache ich es alle Tage, wenn ich meinen Liebsten bereits *„Gute Nacht"* gesagt habe. Dann wende ich mich mit meiner Seele an Gott und trage ihm meinen Dank über den Tag vor, also was es Erfüllendes und Bereicherndes an diesem Lebenstag für mich gab.

Oder wenn ich ihm eine Sache oder Situation oder Person, die sich an diesem Tag für mich nicht gut angefühlt oder ausgedrückt hat, mitteile: Welchen Sinn ich da erkennen darf, im Sinne meiner Entwicklung, um selbst im Unbequemen mit diesem Menschen, etwas zu lernen.

Beispiele dafür, was ich Gott mitteilen oder worum ich Gott bitten kann:

- Ich sage ihm, welche neuen, wertvollen Dinge oder Menschen ich kennengelernt habe oder Chancen sich offenbarten.
- Oder ich bitte Gott vor dem Einschlafen darum, mir genau dafür Kraft zu geben, was auch an diesem Tag als eine Art Prozess in meinem Leben stattgefunden hat und eine Zeitspanne meines Lebens betrifft: diese Situation in Selbstliebe und Liebe zu anderen Menschen mit meinen seelischen Werten meistern zu können.
- Wenn ich es nicht verstehe, warum das eine oder andere geschehen ist und mich negativ während des Tages berührt hat, dann bitte ich ihn darum, mir dieses Verständnis dafür zu geben in der allernächsten Zeit.

Beispiele dafür, dass man nicht versteht, was einem gerade geschehen ist:

- Man ist zunächst erbost, verletzt, oder beleidigt darüber, dass eine bestimmte Person einem gegenüber ablehnend oder abweisend begegnet ist, obwohl man doch nett war, helfen wollte, auf Fehler hingewiesen hat
- Ausgerechnet an dem Tag, an dem man frei hat, passierte der Wasserrohrbruch
- Man bekommt auf Biegen und Brechen das Hotelzimmer nicht gebucht, das man für die geplante Übernachtung bei der Tour bräuchte
- Man bekommt das reservierte Möbelstück doch nicht, weil der Angestellte etwas Ausgemachtes anscheinend missverstanden hat (– es sollte doch das Geburtstagsgeschenk des Kindes sein)
- Man wird vom eigenen Kind belogen

Beispiele für die Bitte an Gott, mir Kraft für etwas mir unverständlich Geschehenes zu geben, um es in Selbstliebe meistern zu können

- Ich bin meinem pubertierenden Kind nicht geduldig genug gegenübergetreten, und ich musste hilflos und ohnmächtig erleben, wie ich es nicht zuwege brachte, die richtigen Worte zu finden, mich und meine Entscheidung dem Kind gegenüber verständlich zu machen. Es artete in lautes Geheul und laute Töne aus, bei denen wir uns beide stark im Ton vergriffen. Und ich hatte das Gefühl, dass es mir mehr leid tut als meinem Kind, das sich unverstanden fühlt.
- Ich kann die „lustig gemeinten" Bemerkungen meiner Arbeitskollegen nicht lustig finden, aber habe in dem Augenblick nicht die Geistesgegenwart, etwas ebenso Lustiges zu entgegnen, sondern lasse eher getroffen und konsterniert die „Witztiraden" über mich ergehen. Abends, im Bett, ärgere ich mich dann darüber, was ich alles hätte sagen können, wäre es mir rechtzeitig eingefallen. Und ich überantworte mich Gott in meiner Ohnmacht, nicht souverän genug zu sein, und bitte ihn um die Kraft zu geben, meine Mitte zu finden.
- Ich rege mich im Nachhinein darüber auf und bin auch traurig, dass mir immer dann Kunden „blöd kommen", wenn ich grad einen schlechten Tag hatte, es mir nicht gut geht, und ich fühle mich sehr empfindlich und angreifbar. Und ausgerechnet dann werden mir Fragen gestellt von Vorgesetzten oder Kunden, auf die ich dann keine Antwort weiß. Das lässt mich inkompetent erscheinen. Und später dann merke ich, dass ich das wusste, ich nur so aufgeregt war und ein Brett vor dem Kopf hatte. Ich kann mich manchmal selbst nicht verstehen, aber auch nicht aus meiner Haut heraus. Dann bitte ich Gott um die Kraft, die mir die Erkenntnisse geben möge, um dies alles zu lösen ...
- Ich wurde beim Ausgehen von einem Mann sehr plump und grenzüberschreitend angesprochen und sogar berührt und

fühlte mich deutlich bedrängt, ja sogar belästigt von ihm. Ich war in der Situation jedoch so überfahren und konsterniert, dass ich es nicht fertiggebracht habe, mich adäquat abzugrenzen und ihm Einhalt zu gebieten und bitte Gott, mir – sollte so eine Situation nochmal auf mich zukommen – mir die Kraft und Selbstliebe zu geben, mich in dem Moment klar zu positionieren und zu „verteidigen".
- Ich habe völlig unerwartet meine Kündigung erhalten, worauf ich überhaupt nicht vorbereitet war und worüber ich jetzt völlig geschockt bin. Ich habe Angst, dass ich keine neue Stelle finde, dass ich nicht genug Zeit habe, etwas Neues zu finden, ich komme in Existenzängste und bin letztendlich fast wie gelähmt in dieser Situation. Ich bitte jetzt Gott darum, mir zu helfen, mit dieser Situation klarzukommen, sie anzunehmen und im Positiven zu lösen, bzw. damit umzugehen und zu schauen, wo und wie es für mich jetzt weitergehen kann.

Am Ende meines kleinen Dialoges mit Gott bete ich noch ein *„Vater unser"* und schlafe meistens darauf hin im Gefühl ein, von Gott behütet zu sein.

Leben mit Gott

> *„Auf mein Herz, preise den Herrn und vergiss nie,*
> *was er für mich getan hat.*
> *(Ps. 103.2)*

Dass aus mir „ein zufriedener Mensch geworden" ist, und dies trotz meiner Herkunft, habe ich definitiv Gott zu verdanken.

Gott hilft jedem Menschen, egal in welcher fatalen Situation er ist, „aus sich selbst heraus etwas zu machen". Egal, wo Du herkommst, wer Deine Eltern sind, welche schlimmen Dinge Du in Deinem Leben erlebt hast und welchen Mangel Du auch immer mit Dir herumschleppst. Er hat es bei mir getan und er wird es bei jedem anderen Menschen ebenso tun. Ausnahmslos. Definitiv. Das weiß ich, als wissende Christin.

Das Wichtige dabei ist jedoch, dass Du Dich Gott mit Deiner Seele zuwendest und Dich für Gott öffnest – also erreichbar für ihn machst – so wie ich dies bereits als Kind unschuldig hingebend getan habe.

Mache Dich für Gott erreichbar! Das ist ein zentraler Schlüssel. Gehe mit Gott, lerne seine Sprache kennen und nimm seine Kraft und seine Impulse auf, um Deinen Lebensweg erwachsen zu gehen und zu gestalten.

Lebe Deine seelischen Werte getreu nach Gottes Geheiß.

Damit kannst Du erleben, ein erfüllter und bereicherter Mensch zu sein.

Ganz gewiss.

Du hast mein seelisches Wort.

Marija

Über die Autorin

> *"Ich sehe die Dinge nicht mit den äußeren Augen*
> *und höre sie nicht mit den äußeren Ohren,*
> *auch nehme ich sie nicht mit den Gedanken meines Herzens wahr,*
> *noch durch irgendwelche Vermittlung meiner Sinne.*
> *Ich sehe vielmehr einzig in meiner Seele, mit offenen Augen,*
> *so dass ich dabei niemals die Bewusstlosigkeit einer Ekstase erleide,*
> *sondern wachend schaue ich dies, bei Tag und bei Nacht!"*
> *(Hildegard von Bingen)*

Marija Hardenberg ist zeit ihres Lebens Christin von Herzen. Ihre Kindheit verbrachte sie als kleines Mädchen mehr mit Gott als mit ihren Eltern. Ein bewusstes, seelisches Leben zu führen und anderen Menschen dieses zu vermitteln, gehört zu Marijas Grundintentionen – als Mensch und Mutter sowie als Beraterin ihrer Klienten und ihrer Leser. Mit Engagement und Hingabe arbeitet sie als Mental-Psychologin in eigener Praxis und hat die tiefgreifende und wirkungsvolle Arbeit der psychogenetischen Beratung entwickelt.

Ihr erstes Buch „Liebe … spricht Klartext" ist im Sommer 2013 erschienen. Weitere Informationen über die Arbeit, das Leben und Wirken von Marija Hardenberg kannst Du auf ihrer Internetseite **www.mental-psychologie.com** erhalten.

Dank und Widmung

> *Die Liebe gibt nie jemand auf,*
> *in jeder Lage vertraut und hofft sie für andere;*
> *alles erträgt sie mit großer Geduld.*
> *(1. Korinther, 13.7)*

Danke, lieber Gott. Danke für Deinen Odem, den ich so gerne atme und genauso gerne ins Leben verströme.
    Dir widme ich dieses Buch.

Marija

Für Deine Seele sind zum Buch folgende CD's erschienen:

12,80 Euro - ISBN: 978-3-00-042668-1

Meine Gebete
Stimmige Gebete für die Tiefe der Seele aus dem Christentum
Marija Hardenberg

1. Holy Spirit Music 2:15
2. Vater unser 1:39
3. Luminiscent Music 1:04
4. Gebetsrhythmus „Vater unser" 7 x 9:59
5. Ave Maria (Franz Schubert) 2:58
6. Ehre sei dem Vater 0:49
7. Gegrüsset seist Du Maria 1:05
8. Luminescent 1:03
9. Gebetsrhythmus „Gegrüsset seist Du Maria" 7 x 6:40
10. Herr ich bin würdig 0:59
11. Holy Spirit (Musik) 02:15

Diese CD erhältst Du im Internet-/Buchhandel oder
unter www.mental-psychologie.com

17,80 Euro - ISBN:978-3-00-042669-8

Ich segne mein Leben
Segenskraft aus der Tiefe der Seele schöpfen
Marija Hardenberg

1. Morgensegen 15:48
2. Mein großer Lebenssegen 30:00
3. Abendsegen 13:52

Diese CD erhältst Du im Internet-/Buchhandel oder
unter www.mental-psychologie.com

17,80 Euro - ISBN: 978-3-00-042516-5

Meine Stunde der Andacht

Liebevolle Reflektion und Seelenstärkung mit stimmigen Gebeten und Musik aus dem Christentum

Marija Hardenberg

1. Einführung „Eine Stunde für meine Seele" 3:43
2. Holy Spirit Musik 2:11
3. Reflektion „Die vergangen Tage" 13:20
4. Luminescent Musik 1:03
5. Reflektion „Vorbereitung auf die kommenden Tage" 6:50
6. The Princess Musik 1:36
7. Herz voller Dankbarkeit 6:15
8. Ave Marija (Franz Schubert) 2:55
9. Gegrüsset seist Du Maria 1:05
10. Aus der Kraft meines Segens 6:51
11. Vater unser 1:34
12. Mein Gespräch mit Gott 6:14
13. Herr, ich bin es würdig 0:56
14. Abschluss: Göttlicher Segen 6:59

Diese CD erhältst Du im Internet-/Buchhandel oder unter www.mental-psychologie.com

Liebe ... spricht Klartext

Was wirkliche Liebe meint und wahre Liebe ist

Marija Hardenberg

Mit diesem Buch offenbart Marija Hardenberg einen
erfrischend ehrlichen Blick auf die Liebe –
die stärkste Essenz im Menschen und unter Menschen.
Folgt man dem Blick, so eröffnet sich einem die Welt der Stimmigkeit.
Erstaunlich wirksam, verblüffend logisch.
Man sollte allerdings nicht vergessen, die rosa Brille abzusetzen.
Es geht um Dich, um Selbstliebe und Werte, um
Gott, Seele, Ego, Körper, Willen, Beziehungen und
Hilfen für Deine Seele.
Es geht um die Wahrheit, die Dir seelische Kraft gibt.
Das Liebesbewusstsein.

19,99 Euro - Softcover - 978-3-95529-320-8
24,88 Euro - Hardcover - 978-3-95529-319-2

Erhältlich im Internet-/Buchhandel oder unter www.mental-psychologie.com

Danke